人生转轨处
迷茫少年蜕变记

曾赞军 著

少年小松,得到曾老师春风化雨般的引导,重建学业、人格和能力……

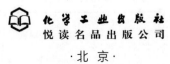

悦读名品出版公司

·北京·

本书记录了一个神奇的教育过程。小松遇上曾老师的那年，15岁，在私立学校读书，最大的爱好是：睡觉。到曾老师身边第9天夜里，他痛哭流涕地忏悔过去虚度时光……

在曾老师的引导下，第一年，他阅读了《瓦尔登湖》《存在与自由》《沉思录》……数学能力从小学三年级追到初三水平；两年后，他参加美国的冬令营，发现自己在同龄人中，阅读、独立思维、见闻、分析能力等名列前茅；三年中，他学习了基础课程、钢琴、羽毛球、诗歌、哲学、教育，还承包了老师家的全部水电工作……三年后，他去英国留学，立志心理学。小松的人生转轨如此显明！怎样的教育才有如此大的魔力，可以改变一生？！

如果你想成为更好的自己，如果你想教育好孩子，如果你想成为成功的老师，如果你想了解教育的真谛，本书是不二之选。

图书在版编目（CIP）数据

人生转轨处：迷茫少年蜕变记/曾赞军著．—北京：化学工业出版社，2016.12（2024.2重印）

（教育新探索系列）

ISBN 978-7-122-28284-2

Ⅰ．①人… Ⅱ．①曾… Ⅲ．①家庭教育 Ⅳ．①G782

中国版本图书馆CIP数据核字（2016）第248710号

责任编辑：李岩松 史文晖　　　　　装帧设计：水玉银文化
责任校对：王素芹

出版发行：化学工业出版社（北京市东城区青年湖南街13号　邮政编码100011）
印　　装：三河市双峰印刷装订有限公司
710mm×1000mm　1/16　印张19　字数273千字
2024年2月北京第1版第5次印刷

购书咨询：010-64518888　　　　　　　　售后服务：010-64518899
网　　址：http://www.cip.com.cn
凡购买本书，如有缺损质量问题，本社销售中心负责调换。

定　价：49.80元　　　　　　　　　　　　　版权所有　违者必究

序

每个人之所以成为现在的样子，都是有原因的。

如果把人生成长的过程，看成类似于搭积木的游戏，那么每个人今天的样子，都是由过去众多形状不一的小块积木排列而成的作品。

假如生命只有一次，这来之不易的一生该怎么过？

越早思索未来，越早醒悟，就越来得及调整自己。

这本书的主人公"小松"是我的学生之一，我们朝夕相处了三年，缘分一场，师徒情深。三年中，他的生活里有我，我的生活里有他。每一餐饭，每一次互道晚安，每一番随机的谈话——这些数不清的生活细节谱写了"我们的故事"。

记得当小松快要离开我、远赴英国留学之前，对我说："老师，我还没有离开，好像已开始了怀念！随着起航的倒计时，这种情绪日渐浓烈。"

我笑笑说："某一天，把我们的故事写下来吧。将感情拷贝成文字，存放在别处，身体会轻松一些，心也就安了！"

于是，就有了这本书。

这是关于一个少年如何变化、如何成长的故事，里面的场景片段和每一个对话都曾经在真实的时空中发生过。

但是读者无需细究真假，就当作虚构的小说来读也不错。用第一人称或者第三人称，也都无非是文学创作中的叙事手法。正如南怀瑾先生所言，小说里的故事常常是真实的，而正史里的记载往往也有虚构的。

只要带着"为我所用"的角度来阅读，何妨"得其意而忘其言"呢？

——曾赞军

目录

序
Ⅲ

第一章　小松到来

003　老妈忧心的少年　　　006　波澜不惊的序幕
005　温文尔雅的客人

第二章　师生初战

011　初步试探找兴趣　　　015　针刺疗法暗点拨
014　约法三章看电影

第三章　灵魂觉醒

021　跟玄幻说拜拜　　　　028　放手，才会自律
024　第一次失眠　　　　　030　有他，指点迷津
025　暗夜中的恐惧　　　　036　觉醒，是一连串努力的结果
026　深悔过往蹉跎

第四章　重塑形象

043　输球赛，换发型
046　新发型，是和过去说再见
048　换镜框，带来积极的暗示

第五章　课程设计

053　从数学开始树立信心
057　让理性和冷静先行
061　古文课建立综合厚度
064　坐在孔林的柏树下
067　对语文教科书的思考
068　熏陶对历史的触觉
071　阅读练就分析能力
074　旅行与教学相结合
076　智者常常是孤独的

第六章　引导学琴

081　设局：播下念头，让其发酵
084　收网：完美理由，促成学琴
088　学琴：抓住心理，有效鞭策
090　揭秘：用心再好也要讲方法

第七章 学打羽毛球

- 103 羡鱼则结网
- 107 愿赌服输
- 110 打球插曲
- 113 贵在坚持,世事都如此
- 115 打羽毛球的好处
- 117 巩固,立足长远的辅助
- 118 以旧换新,转移注意
- 119 孩子不运动的三个原因

第八章 兴趣爱好

- 137 兴趣爱好宜疏不宜堵
- 138 语言是思维的囚笼
- 142 还记得年少时的梦吗?
- 146 人之事,慎乎始
- 148 什么叫"喜欢"?

第九章 自我导航

- 157 "我"是感受世界的主体
- 161 抽离与反省通往智慧
- 162 能对自己负责的只有"我"
- 163 学校是什么地方?
- 167 自助者,天助之
- 169 时机很奥妙
- 171 无知者无畏
- 174 拆开眼睛上的蒙布

第十章　谈音乐

179　什么是"流行"？
184　话语权在作祟
186　理性属于个体
188　有比较，才能谈鉴赏
192　听歌要听有用的
195　音乐提高爱情审美
198　动机不是最重要的
202　专注成就非凡
204　人生啊，如同舞台
206　音乐带来的好
211　有一种玄妙的东西叫灵感

第十一章　培养动手能力

218　第一次安装灯泡
222　紧闭在书堆里的成长是有害的
228　善养吾浩然之气
229　在行动上拿高分
232　遇蛇练胆量
233　培养超前的忧患意识
236　训练心理承受力
238　经历工地生活的磨砺
245　积累动手技能

第十二章　两次惩罚

251　耍小聪明，买新手机
252　真相暴露，接受惩罚
254　烧的可是钱啊！
255　违背归期约定
256　寄望从宽处理的挣扎
259　打在屁股上，也打在灵魂上

第十三章　引导阅读

267　用猎奇心"设套"
268　巧避"大部头"持续阅读
272　详细讲解，帮助理解
276　调用电影，促进吸收
279　入门之后靠自修
280　书，是对所有人都公平的知识通道

小编阿文的话

第一章

小松到来

003 老妈忧心的少年
005 温文尔雅的客人
006 波澜不惊的序幕

曾老师

小松不是我的第一个学生，但他是在我身边时间最长、教学周期最完整的一个。

这些年，许多家长带孩子来咨询我，在这个有些阴翳的密林里，孩子们等待着那束能穿透树林、照亮他们的阳光。可是，生活不是童话世界，非要诸多机缘巧合，才能锻铸成那个宝贵的交叉点。就像储安平那首诗所说：原不过像两片落叶，今天偶尔吹在一起。

然而这偶尔的背后，分明还有一些耐人寻味的缘由。那些缘由，不妨就当作是偶然背后的逻辑吧。

老妈忧心的少年

我像电影《阿甘正传》里的那片羽毛，在混沌里出生，随风飘荡。

父母是二十世纪七十年代初移民到香港的普通工人。后来内地改革开放，他们胆子大，贷款到沿海开厂，经过努力，逐渐成为了先富起来的人。那么，我勉强算是富二代吧。

我父母没有受过多少教育，爸爸以前就是农村的放牛娃，大字不识几个。我童年时，只记得他们很忙，那是办厂原始积累的拼命阶段，压力很大，于是我也跟着奔波了。

4岁之前我在内地工厂里跟着妈妈，然后又回到香港读了几年书，寄宿在亲戚家。后来家里有了些钱，妈妈也比较清闲了，就把我接到深圳读书。

我从小到大没人管，父母也不懂如何管教。他们小时候吃苦多了，现在对我们兄弟姐妹几个的愿望很简单，只要乖就行。物质条件上，我们是很好的，从小到大都有菲佣照顾，上学有豪车接送，所以，我从来就没考虑过要认真读书。上学好像只是父母指定的一项任务——去课堂睡觉，铃声一响就回家，就算完成了任务。

我从不操心考试这档子事儿。到了考场，试卷发下来后，我随便填填写写，然后签名交上去就回家了，管它是零分还是20分，老师表扬或批评都没关系，我不吃那一套。

到了14岁，我妈妈在每天打麻将和享受新富人生的陶醉中，突然发现自己的儿子已经是青少年了，可是什么都不会，也没有任何兴趣爱好，整天就在家里无所事事，像个傻子。她开始着急了！

于是，她把我送到贵族学校，就是那种收费很贵、大部分用英语教学的私立学校。周末回香港的家和弟弟妹妹玩。

对我这个从小到大都不知"学习上进"为何物的人，就算扔进贵族学校又如何？只是更好玩罢了。因为我们班上几乎都是有钱人的孩子，同学间各种奇怪的人都有，玩起来更疯了。

到了贵族学校也无法缓解妈妈的担心，她看不到我有什么改变。

（这里我必须要夸奖一下妈妈。我爸爸是一头埋头苦干的老黄牛，整天就在工厂里兢兢业业地管理工厂生产、联系客户，家里大大小小的事情全部由妈妈负责。虽然她读书不多，可是上进心却非常强。

后来听我的老师说，你妈妈身上有一种很可贵的直觉，她善于在关键问题上做出有魄力的决策，这是你父母从无到有，走向社会成功的关键因素。别小看这一点，这是一种难以刻意培养的能力，获取它和读书多少无关，是一种生活经历与性格结合所带来的禀赋。

是吗？或许就是这种"上进心"和"关键决策禀赋"的驱动吧——当然，最重要的还有运气，构成了我人生变轨的关键原因。）

有一天，妈妈到某个社交场合，闲聊中听到一位企业家郭先生说，他把儿子放到一个老师家里学习了，全托。这个老师是很厉害的，可以全方位解决教育问题，达到常规学校无法达到的效果。

妈妈立刻向他详细了解这位老师的基本情况，然后请求郭先生引见。郭先生说，那位老师只收几个学生，还要看看孩子的情况。可是妈妈的态度非常坚决。经过多次请求，她终于见到了那个人……

温文尔雅的客人

有一天，家里来了个客人。我已经记不起具体的日期了，因为我的每一天都是雷同的：在家里睡懒觉、看电视、吃东西、打电脑游戏。

爸爸妈妈招呼客人在大厅喝茶，叫我从楼上的房间出来坐坐。

他姓曾，人很亲切，温文尔雅，外表看上去很年轻。我也不知道他是干什么的，以为只是爸爸妈妈的一位普通朋友。

他随意和我闲聊，问我爱看什么书，还让我带他到我房间里看看。我的书架里有一排漫画书，他问是不是我自己买的？我说都是弟弟的书，放在这里我也就随手拿来看。由于我当时毫不在意，所以真的忘记那天对话的细节了。

（两年之后，我问过他，第一次见面时，我们都谈了些什么？他微笑着说："你的房间摆设等细节都会反映某些潜在特点，我自然是收集那些你言语之外的信息了。"）

曾老师来过之后，那两天我断断续续听到爸爸和妈妈发生了意见分歧。

爸爸认为香港的教育好过内地，打算把我和弟弟送回香港读书。妈妈觉得孩子这么大了，要承认自己不会管教，必须马上寻找彻底的解决方案，立刻止血！不要等到孩子长大了，毫无办法了才接受事实，到时就没有后悔药吃了。

最后他俩达成妥协，弟弟左转，回香港读书，接受香港式教育。而我右转，到曾老师那里，走另一条道路。

几天后，妈妈对我说："那天来的曾老师是一位特别的老师，我们要把你送到他家里去，往后几年，你就跟他生活了。"

嗯，我点点头，没有反对什么。这是我一贯的风格，对什么都无所谓。

反正爸爸妈妈让我去哪里我就去哪里，妈妈的性格很强势，我们兄弟几个都被她安排习惯了，反对也没用。总之，对我而言去哪里上学也不过是睡觉、玩儿。我不学，谁能拿我怎样呢？

于是，我简单收拾了衣物，就去了。

现在回想起来，那时的我根本就太天真了，以为天下的老师都差不多。

可是一年后，我发现错了。为什么是一年后呢？因为之前我根本都不知道曾老师的手法能高明到那种地步，那是当时16岁的我无法想象的。他的引导手法无色无味，就像武侠小说中的下毒高手，普通人的头脑里毫无概念，无从想象。

那是我的经验、意识去不到的高度，我被他牵引着走而不知觉，等到能知觉时，轻舟已过万重山了。

曾老师就是这样的人，影响一个少年的最高境界，是润物细无声。

波澜不惊的序幕

一天下午，既没有下雨，也没有刮风，一个再普通不过的日子，爸爸妈妈将我送过去，随后就离开了。曾老师把我领到新卧室，闲聊两句家常后，就走开了。

16岁的我不知道，改变我头脑与心灵的风暴，就这样波澜不惊地揭开了序幕！

曾老师的家是一所靠近海边的房子，空气和环境都非常舒服。

在我之前，来来去去有几个学生。现在常驻的，只有郭叔叔的儿子、13岁的小胖和另外两个年纪更小的孩子，一位小男孩叫小可，另一位小女孩叫小雯。

曾老师这里请了几位老师，算是他团队中的助手吧。

这些老师全部是根据不同学生有针对性地招聘的。他的理念是：为了实现具体某个孩子的教育目标，不惜代价，不拘一格，打破常规，集中一点。所以曾老师常常有一些令人意想不到的教学行为，当然，对于学生来说，大部分时间根本就不知道他说的或做的是"教学行为"，因为他经常不让你感觉到在受教，似乎一切都在平淡的生活中。

就这样，这里的同伴和几位老师，将是未来很长一段时间内我这出戏里的重要配角。

刚转学的新生总是怀着好奇和些许忐忑，未知的世界带着神秘的诱惑在挑逗着好奇心。

第一天，曾老师安排了一位胡老师负责我的教学。胡老师是男的，很文弱，戴着厚厚的眼镜，他的理科比较好。

他先拿出英语、数学和语文的测试题让我做，过程就像去配眼镜时按验光师的指示看视力表。先给你看1.2的，看不清，那就逐渐放大字体。最终得到的结果是：我的英语和数学大约小学二年级水平，语文大约小学四年级水平。当时我快15岁半了，这个年龄应该是上初二的。

对这个结果我不感到意外，所以不会害臊，根本就不当一回事。曾老师听到结果后，面带微笑，也没说什么。

接着，胡老师就在房间里陪我玩儿。他倒是想给我上课，不过我就故意像个十万个为什么，老是问别的事情让他疲于回答，打破他的节奏，他也没辙儿。

不过胡老师性情很温和，不温不火的。嗯，一开始我就喜欢这样没脾气的人。果然如我所料，那里的老师都差不多一个样子。

当时如果问我最大的爱好是什么，估计最老实的答案就是"睡懒觉"了。真的，我太喜欢赖在床上了！从小父母就不让我出去玩儿，我也没什么兴趣爱好，加上家里的房间很豪华舒适，所以我一直都喜欢睡觉。

虽然知道上课时间，可是每天早上和下午的第一节课常常是胡老师进来了，才喊醒睡梦中的我。我估计他在背后会向曾老师汇报我的表现，不过他们都没有干预。

曾老师每天也会走进来聊聊家常，坐一会儿就出去忙别的了。

曾老师

小松刚刚到来，我什么都不必做，让他慢慢适应新的环境。越是感觉轻松，他的表现也会越自然，这对于我接下来的观察会有很大帮助。

所以，在第一周，我一般都仅仅是试探性地接触和了解，不会有着急的动作。

冰冻三尺，非一日之寒。同样，要想扭转这多年的冰冻局面，过程也并非短期可以解决。人，毕竟不是工业产品。

第二章

师生初战

011　初步试探找兴趣
014　约法三章看电影
015　针刺疗法暗点拨

曾老师

来到我身边的每个孩子情况都不一样，性格不同，问题不同，成长背景不同，兴趣点也不同。

小松刚来到我这里，对于他的性格等情况我都不清楚。住下来之后，他的每一个举动都是要留意观察的。

首先要了解他的特点、现状，然后才能试探性地出手，看看他对哪些内容感兴趣。走好第一步非常重要，就像两个人初交往，建立良好的第一印象很重要。

为此，我在背后花费了不少心思。

初步试探找兴趣

晚上，老师们下班后，曾老师问我要不要看电影，我当然高兴看了。

于是他带我走进书房，打开其中一个书柜的门，哇！里面简直就是一个电影仓库，收藏了海量的影片。硬盘和光盘放了一个大书柜，光是音乐CD就超过1000多张。

我好奇地随意拿来看看，他也不反对，只要我对哪部电影感兴趣，拿起什么，他就顺着这张音乐或电影的内容简单说说。具体说什么我早已不记得了，只知道整整一个晚上，好几个小时过去，我居然忘记了要看电影，饶有兴趣地听他一直介绍、讲解。

他的口才实在太好了，我从以前直到现在都没有认识另一个比他口才更棒的人。

比如，我拿起肖邦的CD，他就随便谈谈其中一首著名钢琴曲的创作过程，说这是肖邦为想念情人而写的。又说当时流行一种上流社会的文艺沙龙，我问什么是沙龙，他就顺着我的提问一一讲解。然后我总会打岔，提出别的问题，他也总会顺着我感兴趣的方向一直发挥、讲解。说呀说，最后，我忘记了时间，等他说该洗澡睡觉了，才晓得整个晚上已经过去了。

我当时还不知道那种状态叫作博学，大家别怪我，从我数学、语文、英语不超过四年级的水平，你们就能猜想出我当时是多么小白的。只知道，曾老师没有强迫我，一直由我主导着话题，而我也很轻松地了解到一些与电影和音乐相关的故事。

将近一年之后，我才明白那是曾老师的一种教学手法。而他的发挥能力实在太强了，能够从蚂蚁搬运米粒的情景给你说到火星和宇宙大爆炸去，并且保证让你兴致盎然地听着不累。

后来，在看他启发其他孩子时使用了这种手法，我作为旁观者有意识地观察，才知道他的厉害。只要学生开口，曾老师总能顺着你感兴趣的话题去深入，不管怎么绕都能绕出知识来。而且他让学生做主导者，随便问，随便聊，遥控器似乎一直抓在学生的手上。

后来我看一部纪录片，关于日本人在海上捕杀鲸鱼，将倒钩射入鲸鱼身体，然后放长绳子，让鲸鱼拖着捕鲸船游啊游，跑啊跑，直到游不动了，才被人拖上船。曾老师开始时对我使用的手法，就类似于捕鲸，任我跑到哪里，他都能巧妙地把我抓回来。

两年后，我看一本杂志，里面有句话说，你被人卖了还帮着人家数钱。我忍不住扑哧笑了！

不过时间倒流回到当时，对他默默地引导启发，我真的毫无知觉。所有被我知道、现在能写出一点的都是后话了。

那一晚，我愉快地睡觉了，没有压力，感觉还好。

曾老师

小松刚来时，我知道他由于之前和老师、家长斗智斗勇多年，早已有一套防御准备。青少年一般都会警惕老师和长辈控制他们，他们似乎总想取得互动中的主动权。

当他们还没有端正态度，还处于抵触学习的状态时，和师长玩小游戏是他们的乐趣。这时，我先不动声色地陪着他游花园。

我先不主动发力，由着小松带领话题方向。我通过他如何提问，可以侦测他的思维亮点在哪里，看他是真发问还是在逗我玩儿。然后我回答他的问题时，看看他对什么内容感兴趣，从而发现他的兴趣点在哪里。

无论学习成绩多差的学生，都一定有个能被打动的兴趣点，这个兴趣点未必在考试功课之内。不要紧，在我看来，一个孩子最重要的不是考试，而是要发掘出他的兴趣点和闪光处，通过他们感兴趣的内容去激活信心。

目前，家长们有一种错误的观念，认为凡是与考试无关的兴趣都不应提倡，也不鼓励发展，这会令部分学生在残酷而死板的规则下丧失学习信心。他们的自我价值感被牢牢拴在"考试"这根柱子上，让他们身上可贵的闪光点变得毫无价值。这是很可惜的！

通过发现学生的兴趣点和闪光点，然后认同他们，帮助他们深挖下去，由此获得学生的信任之后，帮他们重新点燃自信的火苗。然后再寻找结合方案，将他们的精力引向更高效率的正面战场，力争形成良性互动。

第一次和小松聊电影和音乐，他因为话题轻松，看上去和那些恐惧的功课无关而放松了。功课成绩不好的孩子，大多数害怕和师长聊课业，碰不得，一碰就感觉自己窝囊、伤感。他们的心理压力也很大。其实这种心理成年人也一样，很正常，谁也不想哪壶不开提哪壶！

当小松放宽了心情来交谈，我觉得他还有活跃的好奇心，这很重要！对处于学业困难时期的少年们，假如此时给他们二选一的暗示（在课业与课外兴趣两者之中选择），他们会很乐意主动选择课外项目。一来出于畏难心理，逃避弱项；二来也想向别人证明自己还是有价值的。

对青少年这种微妙心理，老师和家长要注意把握细腻的手法，尽量不露痕迹地鼓励孩子先发展课外兴趣点，等到信心复燃后，再回到正面战场一较高低也不迟。

孩子最怕考试不好就被一概否定为垃圾了，害怕在别人眼中成了废物——这种唯分数论的短见耽误了不少好苗子，令人唏嘘！

约法三章看电影

第二天，胡老师还是拿我没办法，我带着他拉拉杂杂地说话，就是不学功课；但他依然好脾气，不发火。

到了晚上，曾老师问我，昨晚没有看成电影，今晚想不想看？

我当然希望看电影，因为那是娱乐。

他说："在这电影库里随你挑，喜欢看哪个就拿出来。不过，在我这里看电影是有规矩的，选好了影片就要认真看，不得中间要求更换。"

OK！当然没问题。

曾老师

生活中，不少人因为充满选择而淹没在虚幻的自由中。在某些时候，限制一部分选择权能够帮助小松提高效率。

假如我不约法三章，准许他看电影的中途可以更换影片，结果可能就是他无法认真看完一部电影，因为他当时显然是个不大坐得住的孩子。

人们进电影院看影片往往会更专注，其实是因为影院的条件迫使观众心无旁骛，无法三心二意。

无论读书或者看电影，只要认真专注，必定有助于理解。

对小松这种什么都不想学的孩子来说，专注力肯定是欠缺的，所以一开始最基本的就是注意力训练了，就让电影帮他的屁股安定下来吧。

我选了一部电影，曾老师提出跟我约法三章：

一、看影片期间，不得上厕所，不得走动，要从头坚持到底，茶水也只能先准备好了放在旁边。

二、看片子过程中，有任何想法、观点、疑问不解的都可以马上提出来讨论，但是一定要先暂停电影，讨论完了，继续看下去。

三、期间不得接电话或有任何外界打扰，一定要像在电影院那样从头看到尾。

看电影是那么好玩儿的事情，又不是做功课，毫无压力。我当然答应这些条件。

以后连着几个晚上都是看电影，这让我感觉轻松愉快！

曾老师

其实孩子们从小被"学习"两个字弄怕了，以至于凡是与"学习"不直接沾边的活动都欢迎！其实在我眼中，观看优秀的电影本身就是一种极好的学习方式。

电影是我们狭隘生活体验的外延途径，通过别人的故事来获得生活广度的延伸，加上适当讲解，让孩子通过声光画电获得直观感受。这些也是知识，并且是成长中的重要知识。

刚开始和小松一起看电影，什么内容并不重要，透过这种大家喜闻乐见的活动，先让他和我建立起互动关系，有利于增进彼此感情上的互信。

建立任何影响力都必须先有信任，否则将很难开展愉悦轻松的教学活动。

针刺疗法暗点拨

大约第五天，曾老师在书房忙完了事情，端着茶杯走进来和我聊天。

他问我以前在学校里喜欢和什么样的同学交往，我就随口说了许多以前在学校的事情。我总是和那些读书最差的学生扎堆一起玩儿，其中一些是烂仔，而且在教室走廊上，我们那群人经常集体嘲笑那些学习认真的学生，笑他们假正经，还经常想办法捉弄或者打击他们，所以许多同学都怕我们。在学校里，我们那群人还是挺"风光"的。

曾老师耐心听完了，笑着说："你现在还想那些哥们儿吧？"

我说："是啊，我们那群人……"

曾老师突然打断我说："这些天你已经说了很多次'我们那群人'，这种表述以后尽量不要再用了，因为你本不属于那群人。

"小松，你和他们根本就不同。你只是因为成绩不好，担心被同学孤立，为了有群体接受，可以扎堆，你才选择和他们混在一起，一起嘲笑其他同学的。

"要不你现在仔细想想，难道真的与那些曾经被你们嘲笑过、打击过的同学有什么过不去的冤仇吗？"

我想了想说："是没有。"

"那你们为何要以群体的力量去嘲笑人家呢？"

我有点迷惑，噎着答不上来。

曾老师说："有一本书叫《乌合之众——大众心理研究》，里面说——群体的力量经常是邪恶的、盲目的。而作为群体里的个人，很可能是清醒的、独立的。因此，用群体的名义做坏事，并不代表里面每个人都是魔鬼。

"你以前那些行为，现在经过大脑仔细思考之后，却找不出合适的理由，这就说明你内心有健康的道德判断能力，知道做人的善恶准则。

"当你去思考它，搜索的过程中就在寻找能合理化自身行为的依据。可是找了一遍，你发现没有基础，嘲笑别人的依据站不住脚。

"所以，你不是真的坏，只是担心成绩差而没有队伍接纳自己，于是附和那群坏学生，只不过想取得某个群体的身份认同，对吧？

"那么，你现在已经离开了队伍，并且肯定没有机会再回到那个群体中了。忘掉他们吧，以后别再说'我们那帮人'了。你不属于什么帮派，他们以后也没资格和你交往，因为你注定将会远远超越他们！"

说完，曾老师没等我回过神来就起身走了，好像某人拿棍子敲了我的头,然后他却若无其事地走开,没有下文。

(奇怪!其实我现在已经忘记了头一年的大部分情形,可是开始几天的这些话却记住了,也许因为对当时的我震动比较大。曾老师这些话,是以前老师和家长都没说过的,新颖,独特。)

然后,我继续和胡老师耍嘴皮子。可是,刚才曾老师那番话却始终在内心挥之不去,它就像一只小蚊子,在我的脑中嗡嗡作响。

我刻意不去想它,可它就在那里,我无法忽略它的存在。吃饭的时候,散步的时候,睡觉的时候,总会不由自主地开始审视自己的动作哪里不自然。

真别扭!我好像不是我了。

曾老师

这是我第一次对小松使用针刺式手法,用突击点穴的方式,刺穿小松心理上不正确的群体属性。通过针刺,让那个小水泡慢慢漏水,然后消失。

他本来就不是个坏孩子,只是因为学习成绩不好,自然就和成绩差的同学扎堆。当他进入群体之后,就会不自觉地被那个群体的价值观牵引着走。

我现在先给小松不经意地刺一针,泼一点冷水,让他通过刚才话语中带出的逻辑去反思。通过反思,促使他内心发生化学反应,让他内在的原有形象松脱、分离。

就像去除街边粘贴顽固的小广告一样,先泼上一点水,让水分润湿纸张,同时分解了部分胶水,过一阵子再去剥除纸张就容易多了。

针刺式启发的要点在于准确、快速、灵活,话不在多,时机和语言的分寸都要拿捏好。如果能击中要害,孩子内心原有的观念肯定会受到强烈冲击。

针刺之后你可以漫不经心地离开,剩下的事情,就是在他们脑内发生的革命了。你只需等待些时间,让它分解到位了再适当进行启发,这样做的效果更好,因为看上去大部分是他们自己由内在反思所促成的变化,不是由外力强行剥除的,这种自发的剥离效果更稳固,副作用更小。

第三章

灵魂觉醒

021 跟玄幻说拜拜
024 第一次失眠
025 暗夜中的恐惧
026 深悔过往蹉跎
028 放手,才会自律
030 有他,指点迷津
036 觉醒,是一连串努力的结果

曾老师

　　许多孩子之所以浑浑噩噩，是因为对时间、对生命还没经过触及灵魂的思考。一旦经受某些经历或者恰当讯息的刺激，诱发他们思考的话，情况必定将从此不同了。

　　听说，每个人或早或迟，总会开窍一回。我们就像墙壁上被钉子挂着的画框，不晓得哪一天会掉下来，但终究会掉的。

　　开窍什么时候来，无从预料，然而当它来临，一定伴随着激烈波动的心情。

　　在那个平凡的夜晚，小松开窍了，对他来说，那一刻的意义非凡。该为他开一瓶香槟，庆祝一下！

跟玄幻说拜拜

　　平时胡老师不在时，我除了睡觉就是打开手机看玄幻小说。我用的一直是高端新款的手机，这让我在学校里很有面子。

　　大约第六天，曾老师进我房间来，当时我正在看手机里的小说。

　　他好奇地拿过来看了一眼说："不错，看书很好，比不看书的要好。你居然会坚持看小说，让我对你刮目相看呀！"

　　我听了心里很受用，曾老师的肯定是那么自然，就像傍晚走在海边，徐徐吹拂的一阵微风，很舒坦。由于你没看见电风扇或者芭蕉扇在旁边，因此就以为这阵风是大自然的杰作。嗯，跟着感觉走吧！

电影《楚门的世界》里的"楚门"，最初也以为那些海浪是真实的，可是有时眼见的未必真实，曾老师的绝技，正是用你看不见的手来煽风点火。

当我还在享受自然风的舒适时，曾老师接着说："小松，你是不是对黑社会的话题很感兴趣啊？"

我眼睛立刻亮了起来："是呀！"

于是他坐下，对我娓娓道来许多江湖故事。这是我们青少年小混混们的焦点话题呀，听得我两眼直放光。

曾老师说自己少年时也曾经和别人打架，跟道上的人混过。现在年纪大了，阅历丰富了，也知道身边一些朋友的真实故事。他就这样一串一串地跟我聊起那些故事。

他这人总能把平淡的东西讲得精彩，更何况黑社会话题本身就是我最喜欢的。他一连讲了两个小时，听得我手舞足蹈，欲罢不能。

末了，他话锋一转，说："唉！这些故事太多了，我都讲不完，嘴巴累了。这样，我这里有一本坏人写的书，专讲监狱风云的，你要不要看？"

我的好奇心已经被彻底点燃，哪里还停得下来，马上高兴地说："好啊！"

曾老师说："这本书叫作《四面墙》，是网上先热起来的。据说该书作者坐过几年牢，有点文化，出狱后写下自己的真实经历，引起不小的轰动。我看过，很好看，很真实。"

说完，他转身到书房去拿来这本书，放到我面前。红色的封面，厚厚的一本。

正当我要翻开第一页时，曾老师说："还是和看电影一样的规矩：要看就要一口气看完，中间不能放弃不看，也不能再看手机上的玄幻小说了。做完一件算一件。"

我满不在乎地答应了。

捧起《四面墙》，我就被深深地吸了进去，连续两天，一口气把它看完。

曾老师听说我两天就把书看完了，微微有些诧异，不过也只是淡淡地说了一句，你看书的速度真不赖呀！

当时我可不知道，那次不经意的答应之后，就再没拿起过流行于中学校园的玄幻小说了。

人生往往有些不经意的瞬间，过去很久之后你才记起当时已是重要的分岔口。"只缘身在此山中"啊！人往往感知不到"当下"对于"历史"的意义！

直到半年后，我觉得该把那些垃圾小说从手机里删除了。当时按下删除键的感觉至今还记得——就像古人削发以明志，一束长发，象征着把曾经之我扔进了江河。看着它随波漂荡起伏着远去了，有点失落惆怅，又感觉有些淡淡的自豪。

一年之后，我阅读的书目光是名字就让高中生们咋舌了，按照网络流行语：秒杀他们。到了17岁，我阅读的内容就超过了一般大学二年级学生，因为《瓦尔登湖》《存在与自由》《沉思录》《全球通史》等名字，那些被学校灌水的鸭子们根本没听说过。

那是后话了。

曾老师

黑社会的话题，是我对小松的切入点。先找到他关注并且强烈好奇的话题来交流，有助于他接受我递过去的东西。再说，那本书本来就可以满足这类青少年的好奇，看了之后，好奇心释放了，同时也获得了正面教育。

还有，用它来替换小松原先沉迷的玄幻小说，一步步将他的阅读口味引导到其他内容上去。置换，要做得自然，每一个细节都是整体宏大布局的组成部分。

既不能松懈，也不要着急。

第一次失眠

那是某年某月的某一日,也是我来到的第九天。对于别人也许是一个平常的日子,但对我而言,却是一个应该永远铭记的纪念日!

当天晚上,曾老师依然陪我看电影,这次是他选的片子——《霸王别姬》,据说是中国大陆最好的几部电影之一。

影片里,看到身世凄凉的少年张国荣在戏班里辛苦练功,熬不住而逃离,跑到街外,偶然看到京剧名角儿唱戏,突然开悟了。他自愿回去戏班,甘愿接受师傅的惩罚鞭打,一声不吭的韧劲让我感动!

戏中的老爷子说:"人啊,想成为角儿,得自己成全自己。"

经过非同一般的苦练,后来张国荣成名了。他成了京剧的名角儿红星,想收容路边的弃婴,老爷子在旁劝道:"还是不要了,小豆子,人各有命啊!"

(这句话后来被曾老师多次用来阐述一些人生道理,他为什么不能见人都救呢?无缘的人,各有各的命啊!)

在看电影的过程中,曾老师多次暂停画面,对故事里的历史背景、人物的发展线索进行深入讲解,为我的理解作必要铺垫。我当时真让电影内容给感动了!

假如没有曾老师在旁解说,这种影片我是不感兴趣的,也看不懂,因为那些时代背景对我而言太陌生,和我毫不相干。但是有老师在旁适时解说,我似乎不大费力就能嚼出一些味道,跟着故事进入那个时代里。

曾老师总能在关键点上讲解,让我跟得上情节,看得懂,也看得有趣。

电影结束后,我们继续沿着剧情聊天,互动的兴致很浓。曾老师把话题往深处带领,他阐述1949年之前的社会形态和建国后的社会形态变化,让我增长了许多现代史知识。

坦白地说,那晚谈了什么我也记不起细节了,只记得被他的话触动了某根弦,让人忘记了时间。

聊啊聊，听啊听！一晃就到了12点多。他说该睡觉了，这才停止。可是当晚，年少的我第一次失眠了。

暗夜中的恐惧

辗转反侧，睡不着。具体想些什么内容呢？好像模糊一片，似乎没有什么内容的人生也会沉渣泛起。

想了许多，想努力给自己的生命找一点意义，却发现生命的行囊空空如也。蓦然间，我想到了自己的未来——黑夜里生出一股深深的恐惧！

可我以前是从不忧虑未来的，为什么不是从前，也不是以后，而是当晚想起这种问题呢？唉！这就是传说中的焦虑吗？太不爽了！

（这问题的答案在半年之后出现，在看电影《海上钢琴师》时，有一段生动的台词："就像家里墙壁上的一幅画，挂在那里，且年月久远了。它一直很安静，人们甚至忘了它的存在。可是终于有一天，突然'嘣'的一声，它从墙上掉下来了。你不感到奇怪吗？为什么是那一天掉下来，而不是之前或之后呢？是不是画框和钉子之间约定好了？嗨！老兄，我们就在某一天采取行动吧？

没人了解到底原因何在，不过画框就是掉下来了。"哈哈！）

恐惧，如大军压境。对黑夜的恐惧，对未来的恐惧，对死亡的恐惧，混杂袭来。

我想到自己快16岁了，每门功课居然还是小学二年级的水平，那不是羞耻，而是绝望啊！以后还要走自己的人生道路，风云莫测，今天的一切安逸以后都将离我而去。怎么办？

在黑暗中，我用被子盖起头，直至把自己裹起来。真想睡着啊！睡着了就能逃避这该死的思考了。

思考，这东西原本就像别人肚子里的幽灵，和我无关的东西，今晚它却摸上了我的床。而我这个未谙世事的少年，却手足无措地陷入恐惧的深渊！

黑暗里，我不觉中哭了……

过了很久，我无法平息惊恐，不能入睡。那种恐惧太深了，就像坠入宇宙深渊，将永坠黑暗！

快要窒息了，我无法独自面对它。于是起床，打开灯，看看时间已是凌晨两点多。我走到曾老师的卧室前，敲响了房门。

深悔过往蹉跎

曾老师睡眼惺忪地起来开门，问我什么事。我说睡不着，很害怕！他丝毫没有责怪我半夜叫醒他，表情很温和，披上外套，陪我一起回到房间。

他坐在我的床沿，像个洞悉一切的长者，温和地看着我。

我止不住哭泣，告诉他心里的恐惧，突然害怕一切，害怕没有前程没有未来的人生该怎样独自走下去。我是一个废物，今天终于明白了这一点！我以前错过了太多宝贵的时光，如今充斥胸口的全是痛楚和悔恨！

（当然，其时我的口语没有现在书面写下的这样有文采，但真的讲出了我自己都无法想象的肉麻话，并且是发自内心脱口而出的，滔滔不绝，无法自制！）

当晚，我像一个突然皈依上帝，迫不及待对神父忏悔的杀人恶魔，那种悔与痛交织的折磨，从未有过。在曾老师面前，我伤心地流泪，忏悔过去的蹉跎！

我迫不及待地把十多年来没有表露过的自卑、羞耻都喷涌出来了。还有懊悔、痛苦和对未来的恐惧，五味杂陈，上下翻腾。真不知道流下的泪水里，包含了多少种情感成分。

现在写出这些话来都觉得害臊，可是天啊！它们都千真万确！后来通过学习，我才明白一个人在激烈情感的浪涌下，会情不自禁地做出一些理智无法控制的行为来。简单地说——当时我算是崩溃了！

曾老师平静地用眼神鼓励着我，让我的情绪发泄彻底！

哭完之后，我对他说："请您现在打电话让胡老师马上过来给我上课吧，我一刻也不能等了，我马上就要开始学习，去追赶浪费的光阴。"

曾老师看看时钟说："现在半夜三点，不必急于一时。你目前的心情我能理解，但关键在于能否在三分钟热度之后，长久地坚持。"

看我渐渐平静下来，情绪也宣泄完了。他温和地说："小松，你今晚会为自己流泪，我很高兴！这说明你长大了，会想事情了。

"可是每件事都不是你想象的那么简单，你想追赶时光，我可以担保地说：没问题，一定行！可是也要告诉你，这不是靠三分钟热度就能完成的，它需要长久的坚持，每个小时、每一天、每个月、每一年。至少要坚持三年才行啊！

"所以，很高兴你今晚叫醒我，和你一起分享自我忏悔的心情。可是我不会把你刚才说的话放在心上，所有承诺和保证，在天亮后我都一笔勾销，就当没有发生过。

"你是不是真的想改变？等天亮了，你睡醒了，心情平静了，再扪心自问一遍。不管是什么答案，你不用向我保证，我这里不寄存任何人的保证书。

"如果你今晚的决心是真的，不妨对自己的内心许一个承诺，由你自己来监督和保管。

"我很健忘，就算你明天仍不振作努力，我一样不怪你。"

也许是哭久了，疲惫了；也许是夜深了，太累了；也许是将积压多年不敢吐露的心里话全掏了出来——我整个人都觉得空了。

但曾老师的话，倒是很让我意外！

放手,才会自律

一晃两年后,曾老师在教我教育技巧时,专门讲解过这种方法。

他说:"一个年轻人要学会为自己的行为负责,他的精神才能获得真正解放。

"很多家长都瞎操心,代劳、唠叨,无意中反而扼杀了孩子最可贵的东西,就是对自我行为的责任意识。孩子缺乏对自己行为的责任感,就会成为灵魂的弱者,就无法真正锐意进取——其实多数时候是无知的家长们在误伤自己的孩子。

"假如家长希望孩子真正自律,就要放掉手上的鼻绳,让孩子像骏马那样奔腾。当他们知道没有人牵着他的鼻子走,才会时刻为自己的脚印负责。

"先放掉绳子,而后方能催生自律。自律滋长了,就能激活灵魂!

"有些家长把孩子交给我时,总好像把他家饲养的宠物绳子交到我手上。我说,如果想要孩子好,这些绳子将会当着孩子的面扔掉,让他们明白到生而自由的权利是与生俱来的。他们的生命不是谁的附属品,他们需要行使自由意志!"

我问:"那么孩子不懂事之前,没有绳子难道不担心吗?"

曾老师说:"乱用绳子,反而会延迟了孩子懂事的时间。孩子看得见的绳子,大多是制作侏儒的器具,除非家长把一些合理规则通过良好的沟通方式取得孩子的理解与配合,那么可以巧妙地用合理规则取得一定的约束。

"广义的'绳子'是有的,不过最好是隐形的,适度的,就像经济学上常说的'那只看不见的手'。

"在帮助孩子建立自尊、自爱、自律方面,家长露骨地手持缰绳常常会让效果与初衷背道而驰!"

我问:"那么隐形的绳子该怎么使用呢?"

曾老师说:"难点也就在于此了。许多家长都不会用,其实不算太难,有些家长自己去琢磨应该也能想出好办法，关键是他们以前都不怎么往这个方向上动脑筋。

"将约束的绳子隐形化，需要家长具有一定的基础。比如：要求家长性格稳重，不能刀子嘴，爱邀功，爱逞能，更不能嫉贤妒能。最好是沉得住气，管得住自己的情绪，头脑清醒，爱讲道理——凡具有这些特征的家长都比较容易理解隐形绳子的妙用。

"借用武侠小说的语言来比喻：乾坤大挪移这门武功，一共七重。普通人学到第四重就足以帮助自己的孩子发展自主意志，撒开腿快跑了。

"但是，你想要拿来济世救人，做到有教无类、收发自如的话，那就要到第六重以上的水平了。这不是一般人可以学好的，因为想练到最后就要有强大的内功做基础，并且还要融合许多知识和阅历才能贯通理解的。

"我现在也无法简单地通过语言让你明白，就像张三丰手把手传授太极拳给张无忌，张无忌内功深厚，根底深，能听懂。张三丰简单演示一个动作，就够其他弟子苦练几年了。为什么会这样？因为他们的内功基础和对武术的理解差距很大，那些是无形的部分。不管哪一门武功，要想在塔尖再往上走时，无形的那一部分就非常重要了。"

大半年之后，妈妈才告诉我，那一晚之后曾老师就打电话告诉她："你的孩子开窍了，自己懂得要拼命追赶时间了。"

当时妈妈在外婆家里，马上把消息告诉了外婆、外公他们，外婆当时就哭了！

他们期待我醒悟已经等了太久。在那么普通的一天，曾老师的一个电话告诉他们，那盏从来没亮过的电灯突然启动了，照亮了他们长久的愿望。

后来我听说了，连自己都觉得感动，好像是听别人的事。靠！真不好意思，那个故事的主角居然是我！

曾老师 ◁

为触发小松的开窍，我在背后做了许多工作。简单地讲，首先找准学生的性格，摸清他原有的知识基础，然后有针对性地释放对口信息。这些信息假如契合他的基础，就能迅速激发内在的反思。

就像在一个空气不流通的小房间里燃烧着微弱的火炉，只要找对炉子的通风口，在恰当的方位吹进一些新鲜空气，必将引起激烈的燃烧。火炉的温度升高，整个房间将更有活力！

正是源自小松内心的反思，才促成了开窍。我仅仅是给执迷的少年递过一块抹布，让他们自己动手擦除心镜上的尘雾，使灵魂重获明亮！

小松在来到我身边的第九天就开窍，时间之短也让我有些意外。

他的开窍，当然也只是万里长征的第一步。等于一匹烈马懂得爱惜自己，晓得不受调教无法成就自我之后，才愿意低下头来接受驯马师的指导。这时就没有必要再用缰绳迅速套住它了，只需告诉他管理好自己，懂得驾驭自我，就能真正获得强大的力量！

在千里马找到能量爆发点的过程中，外力的作用很小，也许仅仅就是一次针刺，关键还是靠他内在的醒觉。

有他，指点迷津

第二天开始，我就调整好态度，开始认真跟胡老师按照步骤来学习了，从三年级的数学内容开始。

当我认真面对学业时，好像也不算很难。当然，从屁股坐不住到慢慢集中注意力，也经过了一个过程，但是坚持下来，状态就逐步提高了。

曾老师把每节课的时间缩短，控制在三十分钟以内，让我不至于烦躁，逐步加强注意力。

这样又过了几天，曾老师找我谈话了。

"小松，激动过后，是不是还决定要追赶呢？"他问。

我不好意思地点点头。

他拍拍我的手背说："好！自己想上进就好办。别怕！我会帮你。"

"你现在的形势是,该上八年级的年龄却只有二年级的综合知识,而且再过三年你就年满十八周岁,要踏入青年人的行列了。如果你无法上大学,那么很快就会走上社会,混自己的人生。底子太薄弱,此生艰难,可想而知!

"坦白地说,坏消息是,你之前浪费了太多时间,让大脑某些区域错过了最佳训练时机。大脑的某些区域功能需要在适当的年龄段做适当的刺激训练,一旦错过了时机,即使通过后来的加倍努力也无法全部追回来。结果会影响到你思维能力的发展,以后可能对某些领域将感到理解比较吃力,或者比较迟钝。

"在过去15年里,你几乎什么都不学,这自然会影响到你的思维基础,现在从头学习的难度可能会更大。譬如数学运算思考、语文的语感及文字触觉等。虽说勤可以补拙,可终究不能无视大脑发育和人格发展阶梯的科学进程。对此,你先要有点心理准备。

"那好消息是什么呢?是你现在才15岁半,还来得及做许多追赶和补救工作。你目前处在这样的夹缝中:错过了太多,但还不至于时间窗口完全关闭。只要努力还可以追,若不想努力,闭上眼睛就直接给自己一生宣判了事。

"假设你想打一场资源贫乏、以少胜多的战争,如今手上最大的优势王牌就是——有我当你的军师!"

我听了曾老师的分析后,心里有了点底气。我说:"当然不甘心放弃这一生的!"

曾老师点点头,继续说:"有个法国哲学家萨特说过——不管命运和环境把你打造成什么样子,一旦某一刻你意识到这种状态,并且经过审视与反思的过程,你就再也无法安之若素,回到原先不察觉时的样子了。

"因为,不管你之前被拐卖了、被恶意对待了、被环境折磨得如何丑陋不堪,那些外界造就的种种结果都只能接受下来。(除了接受你也没辙儿,对吧?)因为那些都是在非清醒状态下被动接受的。

"关键是,某一天当你的自由意志跑出来,你醒觉到现状局面了,那么从当下开始你就要为自己将来的一切行为负责了。

"这就像你从阳台上发现有个小偷进了邻居家里,在小偷还没发现你、自己安全无虞的前提下,如果你都不打电话报警,不为阻止罪案的发生做些积极的行动,那么其实你已经算是该案的共犯了。

"存在主义认为:人活在当下,只有承认当下,放眼未来,敢于担当,才是强者所为。过往则不究,纠缠于过去是刻舟求剑的行为。只会像怨妇般地抱怨,却不采取积极行动,并没有改善现实的积极意义。再说,喜欢抱怨的人是没出息的!

"顺便提一句,萨特有句名言:他人即地狱!

"小松,其实每个人刚开始都是被'他人'和环境塑造的。人出生之后就像一只空水桶,一定会被别人往里面塞东西。小时候,你这个水桶自主意识很弱,完全是被动的。可是,当你成长到能反思'什么对自己真正有用'时,水桶对食物的筛选与改良行动就注定要发生了。

"'水桶'首先是盘点自己肚子里已经被别人装填进去的内容,当然,你无法将原先的东西全倒掉,因为有些是你短期内倒不出来的——毕竟无法像倒垃圾桶那样完全清除自我已有的思想和习惯。

"好,经过盘点审查,你发现肚子里已经被别人装了半桶浑水,感觉不满意,那么就从现在起给自己把关,专挑你觉得正确的东西装进去吧。承认之前的浑水还在,不过你一边过滤浑水,一边往里面勾兑好东西。只要努力不懈地勾兑,累积数量多了,整体的改善是肯定的。朝这个目标不懈进取,就是强者的态度。

"我们能不能做个真正的强者呢?首先要看有没有强者的态度!

"所以,你的坏消息是昏睡了太久;好消息是——终于醒了!"

我被曾老师说得一喜一忧,不过觉得这些话挺在理的,让我感到踏实。

歇了一会儿,他继续说道:"以你现在的情况,在高考应试这条道路上要和其他同龄人拼高低是太难了。我们要尊重现实,不能够凭空建造目标。许多人不重视现实条件，只会纸上谈兵，结果白白浪费了时间。

"要知道，人生的前面20年是学生阶段，就像一只小老虎刚出生，必先学习捕猎，然后才能独立谋生。要搞清楚，人生的主战场并非在学校。上学受教育是为自己日后的社会生活和人生发展作准备的阶段，上学不是你来人间一趟的终极目标！

"甚至照目前国内的教育体制来看，学校授业与社会需求之间严重脱节。对此自己更要留一份清醒，尽量以社会实用性为准则，帮自己少走弯路。

"可惜，很多家长和孩子都搞不清这一点。我在书房跟他们讲，他们都说自己明白，可是回到现实生活中，他们还是挡不住要头昏脑涨地在滚滚人潮中被推来搡去，都说是身不由己。

"这说明他们没有真懂，真懂的人会把认识落实到行动上。因为人具有趋利避害的本能，假如你避害的行动未够积极，恰好说明是认识还不到位，难道你会刻意寻短见吗？如果预见到危害肯定会发生，正常人早就躲得远远的了。

"'温水煮青蛙'这句话可以解释许多生活中的现象。

"打个比方，你们23岁之前的年轻人全部要去爬泰山，可是通往山脚的道路已经人满为患，拥挤不堪。而你更糟糕，老早就已经跟着些散兵游勇走散了，离开了大队伍，想找回原先的大路已经没时间了。那好，我先用卫星定位你的坐标，找准坐标之后，再带着你走一条小道，缩短距离，直接跑到山脚下和大队伍会合。到了那里再和他们赛跑爬山！"

我听了很开心，但还是忍不住疑惑地问："能行吗？"

曾老师说："人的知识结构其实像搭积木，假设想把A方木块搭放在第五层，其实并不需要杂七杂八一大堆东西去垫底，有方法的人可以循简捷路径达到目标，省时省力就把它垫高到那个高度。

"比如数学、英语、思考能力等，只要真正懂得其中进阶的逻辑路径，就可以走精简道路。注意！我说的是'精简道路'，不叫作'捷径'。

"学习任何东西，找到好方法很重要，好的方法能帮你提高效率。

"比如说记英语单词,我就可以帮许多学生以每天新增150个单词的速度快速增长,而且人家还不累。这套方法建立在遗忘规律的科学研究上,它不是我的独创,只是说明有好方法的确能提高学习的效率。"

(后来我用曾老师说的方法试过连续30天每天记住250个单词,顺利通过了雅思考试。)

曾老师喝了一口茶,继续说道:"其实从效率原则来看,许多孩子在宝贵的儿童和少年时期做了大量无用功。他们的课程设计、作业乃至家庭生活内容都太多无用功了。当然,有人硬要说儿童时代所做的一切对以后都有用的,这句话就像'凡事不能绝对'一样,我怎敢反对这些高深又模糊的口号呢?他们能否运筹好那些人生素材呢?自己心中清楚,否则扛着一些模棱两可的口号自己开心就行了。

"别人确实管不着!就像一个显微镜不会跟玻璃片展开关于清晰度问题的讨论,这是一个实践的问题,也不必做口舌之争。

"所以,小松,你不要气馁。我帮助你制订学习计划,你跟着计划走就行了,可以让你在大学时期赶上他们,在走上社会后具有较强的竞争力。"

我笑了:"不会这么夸张吧?"

曾老师表情很轻松,以玩笑的口吻说:"你不相信?那就当笑话听也行。你知道现在学生们在成长道路上做了多少无用功吗?打个比方,你见过宠物店笼子里的小白鼠吗?"我点点头。

"那些小白鼠在笼子里的滚轮上跑步,看上去整天挺忙、挺勤快的,其实从距离上说,并没跑多远,多数精力用于瞎忙瞎消耗。

"我们中国内地的学生就是这种小白鼠,每天为功课拼命忙,没时间玩别的,没空间想别的。其实大脑不是笨,而是被困在'教育制度'这个笼子里了。"

我瞪大了眼睛,曾老师的话带着冲击波,我以前可没想过这些事情。

他边说边笑,非常轻松:"你不信?想想看那些历史、语文和政治课程，它们就是学生脚下的滚轮，叫大家花力气，踩得欢快！挺锻炼神经的。那些海量的作业，主要目的是为了让孩子喘不过气来想笼子外面的事，对大脑和视线起固定作用的。

"所以，你别怕，他们其实也没跑出多远。虽然你走了弯路浪费了时间，现在用三年赶上高中的同学还是可能的，甚至在某些重要领域超越他们也无妨，因为他们是负重慢行的小白鼠，效率很低。当然你也不是敏捷的小白兔，只不过你无须肩挑两担星夜赶考而已。

"从现在起，你别老想着和他们一起考试，你不必纳入中国内地教育体制的步调了。所以要敢于跳出原有的思维格局，要建立以自己为主的成长计划，放眼未来，步履坚定，才能在天黑前回到家。

"我的学生中，有些人要回去那条跑道，像你就不必，你可以走个性化道路。过几天我会给你制订出一套学习计划的，现在别想太多，放松吧！"

当时的我，脑袋空空，前途渺茫，有的只是无知和悔恨。除了相信眼前这位曾老师之外，我还能说什么呢？

后来在看电影《肖申克的救赎》时，找到了贴切的台词——被终身监禁的囚犯们鱼贯进入"鲨堡监狱"大门后，典狱长训诫他们说："欢迎大家到来！既然进来了这所监狱，就将你们的灵魂交给上帝，把贱命交给我！"

曾老师说要带我抄近路，在前面和同龄人会合，一起竞争。这番话直到两年后，我和一群中国大学生参加美国的冬令营时才得到验证。

当时团里面有5名高三学生，4名大学生，其中两个是北京大学的。我们在一起20天，通过交流后发现，我在阅读、独立思维、见闻、分析能力上名列前茅，只有一位北大三年级女生让我佩服，其他人脑袋里水分较多。

回来后，我真正明白曾老师的策略是对的。但是这之前，我忐忑不安了两年，真怕再走错路了。

觉醒，是一连串努力的结果

大家都渴望每天活得精彩纷呈，激情不断，可现实生活多数是平淡乏味的。生活不像电影，可以专挑美景来拍。

我不是刚刚鼓足了气想撒腿快跑吗？其实每天也不是在飞，照样老老实实在地上龟行。每天睁开眼睛面对的是学习任务，大部分时候都安安静静地上课、做练习。

别以为我有个牛掰的老师就能一日千里了，那是做梦！至少在开始阶段是不可能的。于是，饭就这么一口一口地吃吧。

两年后，有一回在家里听见我妹妹问我弟弟，孙悟空能飞，为什么不把唐僧背着直接飞去天竺取经呢？我弟弟说，孙悟空是仙，唐僧的肉再好吃也是凡胎，要唐僧慢慢走路过去取经，是如来佛定下的游戏规则呀！这叫没辙儿！

我忍不住轻叹了一口气，弟弟还是比我要聪明呀！

在前面大半年里，因为曾老师的手法隐秘而流畅，所以我觉得生活的亮点很少，也记不住细节。后来，当他决定培养我往教育方面发展，才准许我的意识降临舞台背后那片领域。就像一位魔术师，当他的手指向舞台背后说，看！——就像画布上的龙被点了眼睛，从此，我开始看见不同的世界。

但是在时机未到之前，我只能被蒙着眼睛行走一段。

当然，开始阶段蒙着眼睛是为了我好。就像一个病人要动大手术，最好还是全麻吧，连意识也给停止了，在昏睡状态下被医生切开比较好。自己往手术台上一躺，就全交给医生操劳了。等手术成功后，自己也醒了，看见已经缝好的伤口，看见医生护士们微笑的面容，就知道病灶被解决了，这不是挺好吗？

幸好，在那块蒙布还没揭开之前，曾老师预先开了一道小口子。他说："你如果对方法上有什么疑问，全部记下来，不管你是用脑子记住还是用笔记下，反正记下来。我不会马上回答你，只有等到我们出去玩了，旅行的时候,才会回答你这类问题。"

大约三个月后,曾老师带我到大森林里爬山,教我一些户外运动的知识,并且训练我适应森林的感觉。在路上,我问他为什么有问题了一定要旅行时才准发问?

他笑笑说:"这个问题现在还不能回答你,过半年再解密吧。"

越是没有答案的问题越叫人好奇,一天没解答,我就心痒痒,总有点牵挂。

于是,又过了半年,在一次飞往南京的飞机上,我抓住机会再问曾老师这个问题。这次他终于开口了:

"小松,还记得你刚来到我身边时的状态吗?那时候的你像个白痴,脑子里没有任何念想,对什么都无所谓。吃什么,去哪里,自己要干什么,全都无所谓。你那种状态是父母的错误方法所养成的,不完全是你个人的责任。

"当时你的症状,就像局部神经瘫痪的病人,让人打屁股了都没多少痛觉,人就好像呆瓜。

"往好了说,这状态就像悟道的高人,波澜不惊,哈哈!往坏了说,就像行尸走肉。这些症状说明你的内心如同枯木,干涸了太久,神经都快枯死了,所以对外界事物都不敏感。这样不行的!

"我要帮助你好起来,就像医生治病,多管齐下。我在你身上使用了几十种方法,只是你不知道而已。

"那么,心如枯木怎么办呢?先用最轻微的剂量,加一点姜糖水,蜻蜓点水般刺激一下,起活血的作用。当初让你心有疑问,就是为了给你一点念想、悬念。当你心里有了感兴趣又必须惦记的东西,自然心思和情感触觉都会动起来,心理活动也渐渐会多了起来。

"心理活动多了,问号自然也多起来。

"在老师还没给出答案之前,问号憋在心里就会瘙痒。人瘙痒了自然就会自己挠痒痒吧。'挠痒痒'就是为了缓释好奇心而主动去思考答案。在寻找答案的过程中就会带来许多好处,逐步引发一连串心灵的生态改良。

"这就像治理一块沙漠荒地的生态演化过程。

"刚开始那是一片荒凉之地,先开一条水渠,引一点水过去。然后找一些耐干旱的植物沿水渠而栽种,逐步引来蜥蜴、蛇、小鸟等动物前来。虽然改变的步伐很小、很慢,可是这个小生态圈终究会慢慢地活络起来。植物渐渐变多了,动物也会来得更多。就算最终形成了一大片绿洲,也是从最早那一点一滴开始的。

"你的心就像那片荒漠,需要有步骤地激活治理。

"我从你平时的说话、眼神就能看出你内心的活力如何。

"人的眼睛、神态、气质都是很好的观测窗口,藏不了。所以,有时候对小孩儿的疑问,不要一下子告诉他答案。给一点悬念,让他自己去找平息悬念的办法,会有助于催生思考的习惯。家长不恰当地过多代劳,反而会弱化孩子的积极功能。

"以我接触过的正常儿童来看,在六岁之前全都是充满好奇心,喜欢探索的。为何发展到后面,有些孩子就变得死气沉沉了呢?大多是因为家长的方法不当,无意中把孩子的翅膀给折断了,然后就逐步走向可悲的逆向培养了。

"其实很多积弱成疾的少年儿童,可以说是在错误方法下遭逆向培育的结果。

"一个人要有念想。念想不完全等于愿望,它是希冀、好奇和欲望的混合体。有念想的人才活得有精气神,能积极,有盼头,生活才有丰盈充沛的面貌。

"所谓'流水不腐,户枢不蠹',人体内要有流动的血,才健康有活力。假如内心世界一潭死水,心理活动也衰弱枯萎,那么病害就滋生了。

"套用经济学的一句话来说:刺激内需,带动经济。人有需求才能积极行动,都无求了,只能去当哲学家或木偶了。哈哈!

"现在有些12~18岁的孩子,对什么都漠不关心,慢慢自闭起来,容易愤怒,容易极端,甚至怨恨父母,原因当然是多方面的,但是其中一部分原因就是被钳制的比较牢。这个钳制不一定专指家长的作为，很可能是学校制度和家长合力，把孩子的时间全部安排在枯燥的学习项目上，高压加上枯燥，不给孩子留一点私下晒晒太阳的小花园，空间都堵死了，逐渐就将孩子的心灵翅膀给折断了。他们曾经想飞，也一定有过冲击和萌动，不过都在生活中被平叛了！

"家长的过度关注，过度代劳，并且否决掉孩子的大部分自主项目，这样做是极为有害的！当孩子发现没有任何自主的空间，世界上没有属于他自己的色彩，就只能转为消极对待了。

"当消极变为习惯，而习惯又渐渐内化成'自我'的一部分，最后，人为了捍卫自我价值感，就会逐渐认同自己的现状，成为一串复杂的心理顽疾。

"一般家长看到孩子的性格不好了，价值观歪曲了，就痛心疾首！其实这时候类似于假近视，通过努力是可以扭转纠正的。许多家长不知道原因，总以为是孩子的问题。其实在10岁之前，根本没有什么孩子的问题，一切都是家庭和环境的问题。

"孩子何辜呢？不过是上天分配到你家里的一张白纸而已。他们的命，一开始都归家长来涂鸦，涂了一部分之后，家长再和社会力量一起涂。每个新生命在最初十年是很无助的！在平时的咨询工作中，这些案例我看得太多了。

"每当我说家长负有主要责任，建议家长学习好方法来改变状况时，他们的脸色就挂不住了，心里肯定在骂我没水平。这是人性的弱点之一，人们总喜欢听好话，不肯接受批评。或者他们听进去了，但回到家也做不到位。所以，中国目前的家庭教育满眼都是错误，改良的道路还很漫长。只要家长不愿坦诚相对，反躬自审，就无法彻底地反思，更谈不上纠错了。

"以前鲁迅说：道德在杀人。我现在看到的，是制度和无知在合力杀人。并不是很多人能看见那把刀，鲁迅看见一把，我看到另一把。因为我的工作就是收治此类刀伤患者的，所以感触颇深。

"小松，这些道理可以发挥得很深，以后再专门跟你讲解如何深化应用,一天都讲不完。要知道,分析工具就是一把好刀,用好了,用到极致了,可以用一种分析方法解决许多现象。你现在别急,慢慢来。

"之所以现在可以给你透点儿底,当然是因为你的内心早已经活了,而且活力很强。在疗效没有满意之前,我想你应该不会怪我蒙住你的眼睛吧?"

我静静地听,有些感动!因为自己的变化在镜子里能看见,家里人也都感受得到,可是不晓得原来背后有个专家团队为我做了许多事情。我像刚刚从手术台上醒来的病患,虽然未亲见动手术的过程,却感受到自己的病在一点点好转,这叫人活得有希望!

曾老师说的那些青少年的症状,我身边就有现成的例子,到处都有麻木不仁、无动于衷的少年。所以我可以结合生活实际来理解他的话。

曾老师每次对我讲解知识,都会尽量用我已有的经验来举例。他说过,只有这样,才能帮助学生更好地理解。一位好的老师,应当力求每个道理都讲得深入浅出。不懂得深入浅出讲解的老师,就不算是一个优秀的传播者。

曾老师

为了帮小松开窍,我在背后做了许多铺垫。不同的学生,开窍的激发点和时间很不相同,因人而异。

这过程有点像赌场的角子机游戏,我能做的是不断地投硬币进去,促使里面那一堆硬币哗啦啦地全部掉下来。可是具体什么时候会掉,时间点是算不准的,只知道,只要方法正确,位置得当,通过不断地累积,到了某个临界点,事情必然发生!

小松开窍之后,并非一夜的忏悔完了情况就此彻底解决,不是的,局面还会有许多反复,也有些人几天之后打退堂鼓了,像蜗牛般重新退缩回自己懦弱的内心世界,不敢出来面对困难。

所以后续的动作其实非常重要。一个整体的治疗、苏醒过程,能够持续到基本康复,一定是背后一连串努力的结果。当然,这个过程主要是由小松自身来完成的,再好的医生,也不过是起到辅助作用罢了。

第四章

重塑形象

043 输球赛,换发型
046 新发型,是和过去说再见
048 换镜框,带来积极的暗示

曾老师

> 青少年的发型，相信是许多家长都操心过的问题。
>
> 现在，学校的功课压力越来越大，孩子们的活动空间和自主空间越来越小。活动课被取消了，学校的球场也不让玩了，连服装也被校服统一了，于是发型或者小饰物就成了他们展示个性的舞台。
>
> 一般来说，越是没有特长的孩子，他们就越缺乏自信，也就越容易依赖外在的物件，所以发型、手机、球鞋等，都成为他们比拼的阵地。
>
> 他们特别看重自己的发型，也有不少家长因为发型问题和孩子起冲突。其实，就像"哥抽的不是烟，而是寂寞"那样，青少年坚持的不是发型，而是自己的阵地。
>
> 家长最好别在发型上硬碰硬，尽量用柔和的方法。如果光想治标而不治本，强攻下去，双方的代价都不会小，甚至会因无理强攻而导致萌生怨恨，后患无穷。

输球赛，换发型

我来到曾老师身边不到一个月，他等我适应下来之后，就要不露声色地动刀子了——不是要害我，而是要割瘤。

一年之后他告诉我，一开始就想拔掉我身上两件东西：眼镜和头发。

毫无例外，他办得到。

头发是牺牲在先的。

我们青少年的发型一般都有特点，是一种群体符号吧。当时我的头发有一点点长，稍微盖住前额，没想到就被曾老师盯上了。

有好几次，曾老师轻描淡写地建议我换一种发型，剪成他那样的小平头。我当然不肯，心里笑他真老土！在多次给我设糖果陷阱，遭遇抵抗之后，他不正面来，想其他鬼点子去了。

曾老师知道我一直很喜欢打篮球，但是他家旁边没有篮球场，要走远一点才有。他也一直不让我自己去打篮球，搞得我手痒痒，真想打球。

平常我们大家聊天，玩笑中也会说起篮球场的事情。曾老师吹牛说他小学时候是校篮球队的，现在估计投篮找不到北了。我们还笑他居然敢拿小学的当年勇来说事儿。

有一天课间休息时，曾老师突然说："我们去球场打篮球，来一场比赛，怎么样？"

单挑？我一听就兴奋！那可是我的强项，我的地盘呀，谁怕谁！

曾老师说："比赛要有赌注的。你赢了，就让你以后每天自己去篮球场玩半个小时。如果你输了，马上去剪成小平头，并且一年内不许换发型。"

我当时真觉得在球场上解决这位中年叔叔是小菜一碟，就满不在乎地一口答应了。

（最后的结果表明：冲动是魔鬼。买的永远没有卖的精。这一去篮球场，我原先珍爱多年的发型就永远停留在15岁零6个月的照片里了。）

到了球场，曾老师说："怎么比？随你定。"

他很平静，我心里反而有点儿发毛了。脑海不由得再次对双方实力进行对比。

身高：我们俩身高一样；

体重：他多25斤，占优势；

年龄：我占优；

身体状况：我完胜；

其他：他很多年没打篮球了，而我经常泡在球场。

经过数据对比之后，难道需要怕他吗？嗯，不需要！

于是我说："我们打半场，每进一个球就攻防互换，谁先进十个球就算赢。怎样？"他答应了。

先是自由投篮，热热身。看来曾老师真是多年没打篮球，球的重量还没适应，投篮根本碰不到篮筐，这下我更放心了。十分钟后，开始比赛。

一开始，我领先了两球，2∶0。虽然曾老师不进球，可是篮球场上的素养很好，卡位、战术经验都还在的。几个回合后他进入状态了，屡屡借用体重优势压着我上篮得手。他的突破步伐真好，让我感到他身上多出来的25斤体重很快就会吞噬我的发型。转眼比分变成4∶6，我落后了。

"你不能靠体重来压我，欺负小青年身体单薄啊！"我抗议道。

"可以，接下去我就不利用体重，行吧？"

好，接着他的进攻果然没有强行突破了。他在罚球圈附近带球晃着晃着，突然快速往底线沉底，我顶着他不让他进入内圈，他居然跑动中来个勾手，中距离，像姚明那样，还漂亮地进球了。

我不知道他是运气好还是宝刀未老，反正看他得意扬扬的。再过一会儿，又是中距离投篮进球了。

嘿嘿！我一点脾气都没有——人家技术性击倒我了。

没有奇迹发生，离开球场后，我马上就被带去剪成了小平头。

当晚，我梦到自己没穿裤子在街上裸奔了，够吓人的！第二天一早，我赶紧去街边买了一顶帽子戴上。虽然大家都夸我新发型好看，像男子汉，帅气！可是我真难过，有点被阉割了的感觉，整整一周不敢出家门。过了半个月，帽子才肯摘下来。

一年之后，虽然约定期到了，我却已经喜欢上小平头，也不恢复以前的发型了。小平头就一直维持到现在。

（剪头发这件事告诉我：原本以为自己不可或缺的东西，其实放弃掉比想象中要容易。有些观念本来就经不起考验，和街上的标语差不多——时间可以嘲笑一切！）

新发型，是和过去说再见

按规矩，将近一年后，我们去北京慕田峪长城，爬累了坐下来聊，他才肯告诉我关于剪头发的答案。

曾老师说："你们这些跟不良少年一起混的孩子，都对某种群体符号特别看重。那个发型对于你们，就像纳粹党章一样荣耀，像一个党群的标志。你们打死都不愿意更换发型，就说明非常看重那种无形的凝聚力。

"对你们重要的，对我也同样重要。首先要在符号上把你和那个群体分隔开来。

"你看电影里，囚犯们进监狱时都要经过剃头发、穿囚衣这两道基本程序，而且还不准使用原来的名字，监狱给你个编号称呼。甚至像陈水扁那样的身份，照样免不了要被脱光了检查屁股。

"这套形式就像一扇隔离门，它告诉你：里面和外面不同了。

"所以符号的心理意义一直是很重要的。政府规定各种职能部门员工必须穿制服上班，也是同样的道理，用统一符号来规范行为。

"我要帮你从意识和心理上告别原有的圈子，有形和无形的标志要一起扔掉。

"首先要去掉身上的符号，发型就是其中之一。发型更改后，你照镜子就会觉得自己的形象陌生了。随着时间推移，你会慢慢拉开和他们心理上的距离。

"每个人心里都有一个'自我意象'。在你年龄还小，尚未完全定型之前，这个'自我意象'可以进行一定的修正。

"我说服你剪头发，实际上也借此来树立权威，要你从心里服从老师的管理。

"形象刚刚改变时，你会很难受，所以你剪发之后两周不肯脱帽子，这是心理上慢慢接受的调适期，给你时间，总会说服自己的。

"我一直在观察着你，这过程中大家都一直鼓励你。因此，你当时的难受并非由于谁嘲笑了你，而是自己脑海中浮现出以前那些朋友们的眼神。原来群体的力量依然隔空飞来，你感觉自己似乎也变成了他们嘲笑的对象，不但难为情，甚至觉得背叛了群体，背叛了隐藏在漫不经心行为背后的一连串价值观。

"同样，一旦新形象、新观念经由时间逐渐渗透进内心之后，新的价值观和行为准则也一并进驻体内。这是先动刀子挖疮疤，疗伤之后长新肉的过程。

"当你的发型改变后不久，你对眼镜被改掉就比较无所谓了。那时感觉到你对转变形象的推动比较容易接受。这就是一个心理缓慢转弯的过程，转弯如果太急了不行，会翻车。到现在，你自己早已喜欢上新发型和新眼镜。

"其实，外形的变化配合上这一年来你肚子里激增的知识内容，已改变了你的自我意象。从这个意义上说，你已重生了一回。从里到外都更换了，你还会是原来的你吗？"

听完曾老师这番解释之后，我沉默无语，但是暗暗觉得自豪。的确，在他身边不到半年，我已经忘掉了原来的同学，甚至没兴趣找他们了。通过阅读，我逐渐提高了思想审美。每当回想起以前在学校里的小混混行为，自己都觉得有些脸红。

真想不到，我从内心告别过去，会以这样残酷的方式来进行——真是一刀就成两段了。而分明没人逼迫我，甚至没有人知道我内心的渐变是怎样发生的。

至此，知识能否改变命运我不清楚，但首先改变了我这位少年的审美价值标准，已经是铁板钉钉的事实。

假如那时从长城下来，马上让我回原先的学校，我也再不会和那些人交朋友了。就如一开始曾老师预言的，他们实在和我成了两条道上的人，不可能有交叉点了。渐行渐远渐无声，在成长道路上，我们注定要相忘于江湖。

物以类聚，人以群分，原来是这个意思。

换镜框，带来积极的暗示

再谈谈眼镜的事情吧。

我的眼镜框是很普通的中学生流行款。刚开始，曾老师是把我的眼镜款式和发型都当作一种"旧我"的符号来整体改造的。和更换衣服那样，重新包装形象。

这一次他用了点儿技巧。

曾老师很喜欢打羽毛球，他多次带我去球场打羽毛球，每次打完都大汗淋漓。由于我的眼镜是板材的，鼻子出汗后，打球时眼镜容易滑动甚至甩出去。他就劝我换一个金属框的，镜框腿向内弯曲有利于夹紧，不会因出汗而移位。

他说的固然有理，但一开始我坚持不换，后来他正面说服了我。虽然不大情愿，可是算了，经过几个回合的交手之后，我知道搞不过他的，投降算了。

其实更主要的是，当发型被改变之后，我发现只好死心塌地信任他吧。在他苦口婆心说了一套理论之后，我将就着答应了。

一年后我们谈起这件事时，曾老师解释说：

"当时要你更换眼镜框的款式，主要理由和发型相似。但稍有不同的是，眼镜框的款式能给你另一些积极暗示。我当时给你挑选了一副比较文雅、带着书卷气息的镜框，是为了让你照镜子时引导自己重塑自我意象。从逐步接受新形象，到慢慢接受款式带来的暗示。

"人是有对号入座的心理暗示机制的。比如各种职业的制服，穿上去就具有身份和行为属性功能，能潜移默化地影响这个人的行为。

"试想一下，你在开始阶段，发型改了，告别了过去的形象；然后学习态度认真了，也是告别过去；然后成绩上升了，找到了信心，接着见闻视野拓展，百科知识迅速增加了。八个月后，你发现自己许多知识都已超越了原先的同学时，是不是找到了改变后的自信呢？当你品尝到知识带给你横向比较的优越感时，哪怕是一丁点儿的，对于从未在知识上获得优胜经验的你而言，会带来一种深刻的触动。这种甘甜是渗入心扉的。到底有多甜，你心里知道。

"当你某个夜晚因为这种改变的快乐而照镜子时，你会发现这个镜框让你看上去更像是个积极有为的少年，你自然会爱上新形象。新形象慢慢进入自我意象里，与灵魂逐步黏合起来。直到有一天，你会觉得：我就是这个样子的！

"这些过程我看在眼里，你对于自己朝向知识青年的变化，心里是受用的，所以才渐渐信任了我。"

在第一年后，我已经感受到自己的变化和方向了，心里开始对未来有了点信心，同时也逐步对心理学产生了强烈兴趣。如果说，一个人的现状源于过往经验的总和，那么我现在的知识，和以前的某些片段经历都是相关联的，当这些关联因素串成一片时，就构成了实实在在的变轨。

如今，背后那只随时相助的手早已不在我身边了，可是曾老师的背影却永不消失。

曾老师

人的穿着打扮、服饰搭配是一门学问，并且里面反映着许多心理奥秘。从外形到内在，或者从内在到外形，影响是双向成立的。

美国总统大选的竞选阵营里就有专门的形象设计专家在指点。候选人到什么选区，要穿什么鞋子、什么领带、什么服装，甚至衬衣该在哪个位置出现汗渍或折痕等，都有精细的讲究。说明这一套是有门道的。

青少年一般都比较注重发型和服饰等，这时也不妨让他们多了解这方面的知识。认识服饰的搭配，本身也是生活中很实用的知识，能够提高审美和鉴赏水平。

当时为了让小松自愿同意更换眼镜框，我做了不少敲边鼓的工作。因为发型的改变属于硬攻拿下来的，我希望尽量少用打赌或者强攻的方式来改变。还是让他自愿点头的效果会更好，人们更愿意为自己的决定负责。

第五章 课程设计

053　从数学开始树立信心
057　让理性和冷静先行
061　古文课建立综合厚度
064　坐在孔林的柏树下
067　对语文教科书的思考
068　熏陶对历史的触觉
071　阅读练就分析能力
074　旅行与教学相结合
076　智者常常是孤独的

曾老师

> 关于国内学校的教材编写，我不想过多评论。但有一点需要注意，政府对教育的设计思路和具体个人的目标未必相同。大家要正视并且承认两者之间存在差异。
>
> 小松是香港人，他可以不参加中国内地的高考，这使得他的学习能够返璞归真，回到"人的需求"上来，从"爱智慧"和"社会应用"等方面来制定教学目标，量身定制。于是，他在成长路上获得了更高的效率，取得务实、便利的捷径。
>
> 从这一点看，小松是幸运的，这是天然的有利条件。
>
> 虽然在具体的授课中，小松因基础浅薄而记不住很多知识点。不过在三年里，通过大量、高效、便捷的辅导，他还是取得了不错的成绩。

从数学开始树立信心

一开始，曾老师让我把重点放在数学上，其他学科的比重很小。我也没问为什么，反正照着做就行了。他要求胡老师完全根据我的学习状态来教学，不明白的地方搞到明白为止。不做复杂的题型，不拿那些奥数题来开发大脑，只要掌握每个知识点的基本题型就行了。

大半年后,我问曾老师:"为什么只要求掌握基本题型,不按照学校的教材和试卷来进阶呢?"

曾老师说:"回答这个问题,首先看学数学的目标是什么?

"作为一门基础科学,数学很有用,这毋庸置疑。可是大家成年后都知道,告别了校园,小学的数学知识也够一般生活所需了。除非从事需要高等数学为基础的专业工作,否则一般人在生活中并不需要高深的数学能力。

"但这并不代表数学没有用,它的用处很大,最主要是能够训练一个人的思维能力,甚至改变思维方式,一生受用。它的好处在市场买菜数零钱时体现不出来,但是在思考问题以及在生活中解决复杂局面时,都能体会到受过训练的好处。

"有人说,在中学阶段,内地的数学教材太深了,意思是上大学之前根本不必学那么深的数学。像英、美的中学数学教材,注重动手能力和基础普及就行了。

"这个问题我没意见,因为从1949年至今,学校对数学的要求一直偏高,里面有国家在不同历史时期的策略考虑,我不说它。讲到底,数学学深一点有益无害。

"我上面说的话,是帮你把数学的作用分解提炼出来。那么,现在数学对于你是什么功能呢?考试的功能就算了,你还有三年就18岁了,不必在内地参加高考,所以剩下的就是生活应用和思维训练这两点了。

"剔除了考试需要,这就回归到数学的朴实价值来操作。因此我不要求你去做复杂的题海,对每个知识点掌握基本题型就可以了。

"至于思维训练,数学是其中一种手段,但不是唯一的。你现在的年龄学习逻辑最重要,可是学习逻辑也未必要依赖深奥的数学,还有其他途径。

"所以,我说带你走捷径,就要先搞明白方向和目标,知道自己要什么,才能精简上阵。如果要的是人生智慧,那么和数学的关系更小了,它和学习文科或理科都没有必然关系。

"小松,未来几年你要学习的东西很多,数学只是其中一小部分。之所以现在要多放时间给它，是有别的考虑，到某个阶段我自然会更换教材的。"

（后来，我用了一年时间，追上了初三的数学课程，快和我的年龄同步了。这期间曾老师用了很多方法来鼓励我。）

很久之后，我问他为什么最早选择从数学开始，而不是英语或其他科目呢？

曾老师说："你刚来我这里时，你父母，包括你自己，都有点怀疑自己的智力是否正常。我要先解决你们这个心结，把心理障碍移开，才能鼓舞你有勇气爬更高的目标。

"你知道吗？'智力有问题'这块标签也常常成为某些学生躲避的借口。我要把你潜在的借口和心理障碍一起拔掉，叫你心理上既没有包袱也没有盾牌。

"数学是可以短期快速提高的学科，它有窍门。通常，人们觉得能学好数学的人大脑也一定聪明。所以，当你数学有进步了，我就在暗示你的智力优良，这对你后面树立自信很重要。

"假如一开始选择了英语，你会害怕枯燥，一旦产生畏难情绪则不利于你后面的状态。因为你以前从未认真面对过学业，比如专注力、解题习惯、克服枯燥感等，这些良好的学习状态都需要有步骤地训练出来。

"当时的你就像一台库存多年没怎么用过的汽车发动机，发动点火之前，一定要先加好机油。先润，然后点火，慢热，逐渐升温，跑一段路之后还要碎片清理。

"道理就像中医说的'固本培元'，但是过程中要讲次序，慢慢来的。

"你当时承受困难压力的阈值低，如果步骤过急了，本来就不多的自信心会容易坍塌。在改良的开始阶段，我尽量不让你有强烈的挫折感，一点点来。

"后来你不是自愿去学习围棋了吗？说明你对自己的头脑有信心了。

"所以，先让你提高数学水平，然后围棋和阅读同时跟上，你的学习状态就在不知不觉中慢慢调整了。到后来，你的注意力也越来越好，学习强度也跟着越来越大，同时课程也跟着调整。这就是'水涨船高'的道理，好像一块舢板浮在水面，河水慢慢涨高，则船升高，同步来，船上的人就没感觉了。"

后来，常常听到电视中那个光头评论员说："很多看似不相干的事情，其实背后有着千丝万缕的联系……"我就想，人的眼睛太局限了，被眼睛看到的也不一定是真相。

人感觉到舒服是有原因的，感觉到痛苦也是有原因的，只不过看你能否找到最贴近真相的解释了。即使你找不到原因，也不代表这些感觉是毫无来由的——它在，而你却不见罢了。

其实，"思考能力训练"课程是曾老师最早开的课，只是我不知道而已。他的语言能力、对事物的分析能力、逻辑条理等，早已如空气一般进入我的心肺。最开始的半年，他就是靠"言传身教"这种烟来熏我的，这让我深刻明白"熏陶"是什么意思了。

曾老师

对不同的学生，他们的性格与综合基础都是要小心考虑的。孩子信任我，把手交给我，在我还没有将他们的心理调整好之前，他们都是"易碎品"，要注意小心轻放。

我要小松舒适地往前走，就好像提一篮子鸡蛋快步爬山，要想鸡蛋不破，垫底的棉布以及手腕的细微控制都很重要。在开始阶段轻易不能让他摔痛了，否则碎裂的信心和对老师的信任都难再黏合。

许多家长带领孩子实现目标的方法过于死板，要想孩子坚毅地往前走，光用谈话来打气是不行的，还要讲方法。

比方说，你想要孩子走到10公里外的一座山，那么就先要考虑到孩子是否一口气走完的实力。具体实施上，必须考虑路上设定几个休息点，要给什么奖励才能帮他们保持斗志呢？

一个长远的目标不妨拆解成若干个小步骤来达成。

对于孩子来说，能尽快兑现出成果则有利于鼓舞士气。哪怕是小小的果实，比多少空话都更具说服力。这就像农业生态园的管理，需要长期和短期收益品种都搭配好了，才能形成良性经营循环。

这种环环相扣的动力模式就像自行车的链条，每个齿轮转动中一定得咬合到下一个链条空位，才能紧密有力，源源不断地提供前进动力。

可惜，许多家长不近人情，总想让小孩儿长期忍受风雨，兑现一个太遥远的彩虹。想法虽然好，但不切实际。所有目标都要结合孩子的性格、阶段来灵活处理，力求让孩子游刃有余、闲庭信步般走下去。

另外，家长一味苦口婆心的说教也很不好。有些家长把自己唠叨成"唐僧"了，也无法降服小鬼。孩子们的耳朵都听起茧子了，听不进去，没用的。

要想让孩子相信远景，最好是能先品尝到近期努力后回报的甘汁。走几步，回头看到一串脚印，孩子的信心和对家长的信任都逐步好起来了，这才能甘心跟你走，否则就费劲了。

让理性和冷静先行

曾老师很少正儿八经地开课，常常是根据一个电视新闻或者谁的话题，大家说着说着，他就随机切入其中的一块，进行发挥了。

他提倡在生活中的"潜入式教育"。把课堂拆掉，搬到任何一个生活片段中去，与生活实景相结合，这样孩子对于知识点的吸收比较灵敏直观，有助于理解和消化。

有一次，在闲谈"中西方文化比较"这类课题时，曾老师说过这么一番话：

"以前看南怀瑾先生的书，说到'东方有圣人出，西方也有圣人出，此道同，此理同'。当时我还在探索和成长的年轻阶段，对许多文化大课题还没有得到明晰的答案，南怀瑾的观点给了我很大的鼓舞。

每个人的知识进阶都有楼梯的，他的书就曾经帮助过我，成为其中一个阶梯。

"他提醒了我,'道'其实没有黄头发和黑头发的区别。

"'一切有为法,如梦幻泡影','应无所住而生其心',这两句话是《金刚经》里面的。《金刚经》这本书不是一般佛经那么简单,里面蕴藏着极深的哲理,你以后一定要阅读和思考它。

"其实世间许多道理、法则,一体两面,虚虚实实。就拿'内用黄老,外用儒术'来说吧,据说这是历代帝王的治国之术,其实从'民可使由之,不可使知之'这一句话便道破许多天机了。

"简单来说,帝王为了实现某个大计划,让百姓这么做,但不必让大家知道领导的真正动机和意图,而且还用烟雾弹来掩护,虚虚实实。

"'方法论'就是一把重要工具,你的头脑中不要以为凡是'欺瞒'就不好,想问题先不要用情感或道德的标尺,要让'理性'和'冷静'先行。你慢慢品味,争取以后好好用它。

"南怀瑾有本书叫《老子他说》,是讲解《道德经》的上半部分,讲得非常好,深入浅出。它启发我:能够将深刻的思想,用浅显易懂的语言对学生展现出来,令不同的人都易于接受,这是一种本事,更是一种真诚的情怀!

"我很期待他讲解的下半部也出书,可是遍寻不获。

"后来听南怀瑾说过,《道德经》是教人高深的谋略,里面有些常人看来像阴谋诡计的内容,确实很厉害。我现在讲解这本书,以后社会效果好坏难说。好人看了,用以为善。但是坏人也容易学去了,假如用来做坏事,那破坏力可就大多了。所以这下半部稿件已经写好,但是暂时不会出版了。

"我觉得很遗憾,暂时看不到南怀瑾讲《道德经》的下半部了。

"历代有许多建功立业、名垂青史的谋士都曾认真学过里面的东西,譬如:张仪、苏秦、范蠡、刘伯温,都是这一派的。当然,他们奉行'功成、名遂、身退'的原则,深藏锋芒技艺于民间。估计还有许多能人在历史上没有留下名字的。

"南怀瑾不出《道德经》下半部讲稿的用心，我后来也深有体会。你想做一件事情，动机虽然是好的，可是也要综合考虑到方方面面的社会影响。有时为了实现一个崇高的目标，必要时需动用一些放不上台面的策略，也是在所难免的。这收放之间的平衡点在哪里？很微妙，未必会有标准答案，存乎一心的事啊！

"学者李敖也说过，历史上好人的脸谱总是最终要被坏蛋气死的、害死的，其实那不算是真正有头脑的好人。强悍的好人是要斩妖除魔的，具体怎么斩妖？你要有比坏人更厉害的手段才能降服坏蛋啊！这就是'用霹雳手段，显菩萨心肠'！

所以，你们想问题先不要用情感或道德的标尺，让'理性'和'冷静'先行，否则会阻碍你得到理性冷静的判断力，也影响到你和高深智慧交叉碰撞的机缘。"

（曾老师这番话对我影响很大，后来在上高级课程中，我才知道他在教育上使用了许多《道德经》上的武功。南怀瑾和李敖的书我看了不少，他后来还带我去现场听李敖的演讲。）

南怀瑾的书有儒、释、道三家的内容，虽然我还没看宗教那一部分，但有一次曾老师也跟我谈到这个话题。

那是我刚到他身边不久，有一次在弘法寺散步，我以一种无神论者的自豪感嘲笑那些香客，说我看不惯有些亲戚去烧香拜神。

曾老师马上正色地对我说："小松，你年纪还小，不要轻易嘲笑那些自己没有深入思考过的领域。你刚才嘲笑别人拜神，我先不追究观点是对是错，你知道我也是不拜神的。但我要提醒你：不能人云亦云！

"'嘲笑'是一种低劣的作风，尤其是借用一些未经你独立思考过的立场。你要想获得真正的智慧，就必先从尊重每一个现象开始，首先冷静，然后才能客观地思考。"

我见曾老师那么严肃，当然立即收起笑容，肃穆垂听了。那时我与他相处时间还不长，第一次看他这么严肃地教育我，足见此事对他而言是很重视的。于是我红着脸说："拜神的人难道不愚昧吗？"

这时曾老师放松一些了，说道：

"在人类社会中，宗教的作用是很大的。它的作用怎么大？今天不展开说，你的知识基础还没有达到听这一课的时机。但是要提醒你，以后对宗教人士或宗教行为不要嘲笑。

"因为，嘲笑别人首先意味着你已占领了优越于对方的立场，而那个立场还没经过你自己大脑的独立思考，不是你的，你只是借用了某种群体的能量。

"设想，在一个房间里有20个人，其中5个是无神论者，那5人是很难做出嘲笑其他15个人的表现，因为他们在局部里力量不占优，立场就没有底气。

"但是，另外那15人假如以群体的名义去侮辱少数派的思想，也是不对的。因为这不是人数多寡的问题，数量的表象容易阻碍了人们对真理的追寻。

"'以群体的名义'是一种必须警惕的思维陷阱！

"所以古今中外的思想家首先是善于独立思考的人，要与群众拉开适当的距离，然后'卓尔不群'就成了他们的气质，有那种气质才能谈'精神贵族'这个词。

"如果你长大后想成为有思想深度的人，那么以后就不要轻易嘲笑任何东西。首先从调整状态做起，也等于是古训中说的'正心诚意'，先端正了自己的态度，其他的好东西才会紧随而来。

"孟子说：'吾善养吾浩然之气。'你以为这是什么意思？孟子说呀，我自己的气质靠自己培养出来的，不需要化妆。他有一套独特的方法。

"李敖也说过，孬种变成英雄可以靠训练出来的。我相信李敖一样懂得这套（培）养气（质）术。

"以我的经历看，自己培养气质是真的可以做到。"

关于"气质"，本来对我而言是很虚很遥远的名词。可是后来，在看了很多书、思想成长之后，有一回和舅舅等亲戚吃饭，他们说我有点气质了。

这句表扬让我深深记住了孟子那句话，"吾善养吾浩然之气"，原来自己是可以由内而外地改变气质的，诚不欺我也。

古文课建立综合厚度

除了精简我的数学教材之外,曾老师最大的动作还是语文教材。

三年间,他用自己的思路亲自给我上语文课。他把小学到高中的全部语文课本集中起来,古文和诗词全部要学,其他的现代文另说。

曾老师说:"身为中国人,就一定要懂得些基本的传统古文化,尤其是你以后要出国的,遇见老一辈的华人,不要被人笑话了。没有一定的古文基础是不行的,古文中的精品名句是最基本的功底,无论如何也要学一学。虽说并非古文才能代表中国文化,但最近一百年的文章更不具有代表性。

"当我们谈论一个历史集合的概念时,千万不要被眼前的烟花所蒙蔽了。烟花是眼前近距离的光芒,暂时夺目,干扰了视线,可总是会散去的。

"烟雾消散之后能看见的,依然是璀璨的星空。星星的光芒常比人工烟火更耐看些。

"语文教材中的古文,我的要求是:熟读全文,背诵作者名称、写作年代、生平背景和名篇里的佳句。除了教材里的,还要从古典诗词、名篇中扩展内容。

"要知道,中国的文字出现过断层,就是白话文取代了文言文的问题,这当然是好事。虽说通过普及教育,高中生也能看懂一些简单的文言文片段,但一般学生的古文功底不够,远远无法达到流畅阅读古文的程度——这客观上造成了获取古籍知识的障碍。

"这好像你住在一所老宅院里,比如山东曲阜的孔府。祖祖辈辈在藏书阁里沉淀了你们家族三千年的文化精华,可是由于你不懂古文,自然就阻碍了对藏书阁里那些宝贝的兴趣。因为不能流畅阅读,要通过翻译,等于每次都要搬移高高的梯子做辅助才能爬上去,就自然嫌麻烦而不看了。

"当然,现在资讯发达了,让我们视野非常开阔。从一个人的学习成长来说,不看自家藏书阁里的古书,看其他书也一样获得知识,不妨碍成长。但问题是,人活在世上,心里总要有一张出生证的,就是关于你和祖辈生于斯长于斯的土壤信息。不管用'家风'或者'中华文化'等什么词汇,心里总要敬重一个'家'的概念吧?至少,它可以是对一种事实的客观认同与了解。

"有些人对这个大家园的现状不满,觉得家道中落了,并且对现任管家多有怨言,可是不必过激或自卑!

"'家'是一个历史符号,不是街边那个经营了几年就关门倒闭的小吃店。'家'是我们每个成员的,不是管家私人的。管家可能会更换,但'家'依然不变。因为我姓曾,远祖'曾子'和孔家有很深的渊源。'孔、孟、颜、曾'这四个姓的起名辈分至今都是相通的。

"我曾经亲手重修了我家的族谱,所以顺带去探究过曲阜孔府的故事。那是很多年前了,现在忘记了许多。不过记得历代衍圣公的府邸里曾出现过许多精彩人物,不管当时如何,一代又一代,最终全部沉淀在那片松柏掩映的楼阁里,成了一部厚厚的故事。

"再扩大来看,无论善人恶人,终归成了土——全都算进了'家史'!"

曾老师让我按照步骤,把高中以内的古文及诗词全部消灭掉,还补充了一些他认为重要的古籍摘选。

他经常拿南怀瑾先生的书来讲课,除了书里面的内容,还加上大量的个人发挥,结合曾老师自身的人生经历来拆解,基本上是一门综合课程,里面有历史、文学、诗词、战略、计谋、察人、励志等等。

他总能把自己看过的历史故事发挥得淋漓尽致。比如在讲到战国时期吴、越两国之间的故事,这一段很精彩。关于两国之间数十年的恩怨,曾老师发挥着讲述了三十多节课,将五花八门的知识都装进去了。每一节课都不像在上课,就是听他在讲故事时往心理、政治、历史、哲学和军事等方方面面展开。

曾老师主张,对于中学时期的孩子,应帮助他们在知识面建立综合厚度,因此,只要能够引起我兴趣的内容,他都无所禁忌地带出来。然后在讲述中随时观察我的兴趣点，立刻有针对性地深化进去。

另外，他很喜欢唐浩明的小说《曾国藩》，拿这本书详细讲过。还给我讲到曾国藩的看人技术《冰鉴》。

回想起来，名为"古文课"，实际上全都是综合课程。

曾老师说："其实不论古文还是电视上的新闻，都一样的，无非都是一些故事。任何一个故事都是一个躯壳，拆开这个拆开那个，里面无非就是些规律而已。包括人性规律、政治规律、历史规律，整个人类历史都由几大类别涵盖了。

"所以，不管课堂名称是'中国历史'还是'西方历史'，无论怎样都可以任意发挥的。把普罗米修斯换成女娲怎样？把亚历山大大帝换成秦始皇又如何？只要你高兴，我们可以换面具玩都行。

"南怀瑾说，许多正史记载是骗人的，而不少小说其实是真实的。孰真孰假，不必太在意。

"所以，关键不是故事本身，而是希望学生从中找到一个最重要的知识，就是：注意观察及掌握事物的规律。"

为了帮助我更好地理解这个道理，曾老师马上找出了德国"死亡博士"哈根斯的医学解剖视频课程给我看。我第一次看见详细解剖五具人体，具细无遗，真够震撼！

曾老师在我看完后说道："为了尊重死者，这些尸体的脸部都是掩盖住的。假如告诉你，其中一具尸体是某国前总理，另一具是德国冻死街边的流浪汉，你觉得切开之后里面会有什么不同吗？"

我当时看了解剖课程很震撼！情绪还在翻腾之中，哇！曾老师你收集了这些超刺激的资料存放着，敢情就为了震撼我的神经，让我别忘记一个概念呀。你也太费神了吧！

总结起来，我看的古文书籍很少，但是以听故事形式知道的历史挺多的。曾老师讲课内容就等于是串起许多中国古代历史的精华了。

在出国之前，曾老师叮嘱我以后要多和同学辩论问题，多向别人讲故事，分享自己记忆里的知识和心得。因为"温故而知新"，在复述或思辨当中，就自然重温了脑海里的知识，不断地引用素材本身就是巩固记忆，同时更有助于消化及启发灵感。

曾老师

  我平时跟小松讲课之中带出的知识点非常多，但并不强求他每个都记牢，这是不可能的。因为知识从记住、思考、消化、沉淀的通道中走一遍，需要很多时间和刺激点，尤其是时间因素，是难以逾越的。

  对于引起小松强烈兴趣的问题，除了我的讲解之外，还会推荐他看书来加深了解，这个过程当然也就伴随着思考了。

  小松不可能一直在我身边，所以我有时候的做法像金庸小说《倚天屠龙记》里的谢逊，他在冰火岛教年幼的张无忌背诵武功要诀，孩子能记牢固当然最好，不行的话留下一些印象。当他离开谢逊身边以后，在未来的生活阅历和学习思考中，脑海里已预存的知识就会激活贯通开来。别小看年少时下过的苦功夫，好材料放在头脑里总会有用的。

  只要孩子的成长有时间，最好是在5～18岁之间，家长和老师就应该多点开花，让孩子点燃各种兴趣，并且以各种形式帮助孩子探索答案和记忆一些重要的知识点。

  到了初中阶段，孩子体内的综合厚度对学习和思考的帮助非常明显。底子厚的人，中学阶段较容易突飞猛进。当然我这里说的突飞猛进不是指考试成绩，考试只是生活的一部分，家长不要光拿考试成绩来评判孩子的优劣，要多看到考试之外的综合品质。

坐在孔林的柏树下

  曾老师说这番话的几个月后，带我去了一趟山东曲阜。

  他二十多岁时就是一个著名的背包客，曾经以步行、单车和摩托车的方式周游全国。对于旅行他有丰富的经验和独特的视角。

他看景点和一般人有很大不同，从来都是带着自己的目的去看的，从不跟随旅行团，也不会泛泛地走过。

我们专门选在旅游淡季去的。买门票进去孔府之后，他带着我慢慢地参观。

曾老师说："你知道庭院里这些松柏的年份吗？随便都能找到500年以上的老树，不信你看看这些树干上挂着的铭牌，上面有树种名称和年龄等数据。在中国想看古老的柏树，估计就是曲阜最多了，北京的天坛也有少量500年的老树，其他地方就罕见了。

"你看看这座钟楼的屋檐顶，堆积的鸽子粪便会诉说故事的。

"你看看另一座孤寂的阁楼，说不定曾经有位孔子的后人在里面苦练书法而发疯了。

"你看看这块地砖，历朝历代不知道有多少位皇帝到这里踏足过。

"这些房子和建筑都已经数百甚至上千年了。它们都还在，供我们今天参观游玩，可是曾经在这里居住生活的人呢？哪里去了？这就叫'物是人非事事休，欲语泪先流'了。

"你知道孔府从春秋战国开始，一直到五十年前，都还是中国大地上保存最完整、没被破坏过的世袭府第吗？"

我问："为什么是到五十年前呢？"

曾老师微笑着说："两千多年来，每当王朝更替时，新天子都要尊孔、拜谒或册封孔府，唯独今朝没有。在'文革'期间，连孔府也难逃一劫呀！

"中国历史上，每当战乱或者朝代更替，总爱焚烧和摧毁旧建筑，所以中国能够保存下来的古建筑很少。孔府的历史比北京的故宫悠久多了，如果孔府几十年前不被骚扰破坏，中国大地上就能保留下来一项硕果仅存的记录。可惜了，终于没能保住！

"我感到很遗憾，不是为这座延续了数千年的府邸，是为中国的建筑历史而遗憾！其实这对中国人的集体意识是会产生影响的，那些肆意破坏的记录和事件所构成的历史事实，最终都会沉淀为民族集体记忆的一部分，影响到我们的文化意识。"

出了孔府，我们来到孔林，坐在孔子的墓碑附近。曾老师跟我随意闲谈孔府家事的片段，我们在柏树下闲聊期间，许多戴着红帽子的游客跟着旅行团的导游过来，听导游的小喇叭千篇一律地解说一番，然后一拨来了，一拨又走。

曾老师就让我一直安静地坐着。在每一拨游客走后，有了片刻的宁静，他提醒我仔细倾听风吹过树梢的沙沙声响，还有乌鸦的叫声。

曾老师说他喜欢在三个地方听鸦雀的叫声：

一个是山东孔府，在游客们不爱去的清净角落里。

一个是北京故宫午门前，在冬日下午故宫景点闭门之后。

还有一个是北京十三陵，雨后，空无一人时。

曾老师说："人年少时要适当读一点历史，并且故意去训练自己对时空的感悟能力。多读古文，多读历史，然后听鸦雀的鸣叫，就是其中一种方法。

"闭上眼睛，聆听松柏随风摆动的沙沙声响。再睁开眼时，说不定会顿然明白王阳明说的'开门即是闭门人'的意境。哈哈！毕竟这里是孔家的墓园啊！发生点灵异的事情也不无可能呀！

"十几年前，我去十三陵看定陵。也是一个没什么游客的日子里，独自一人走累了，出来在汉白玉的围栏旁边坐着休息。不经意地抬头，突然发现身边的小松树上挂着一张照片，是毛泽东1952年在我坐着的位置上休息时拍摄的。当时我觉得那种时空交叉感很强烈。后来离开曲阜，他就带我去北京定陵看那张照片了。

"时间是横坐标，空间是纵坐标。当初毛主席坐过的地方还在，石头也不会坏，只是我们屁股坐下去的时间不同了。

"现在我俩静静坐在孔林的柏树下，你也不妨想象，千百年来，多少官员、名人都来过这里，空间上，就在我们身边重叠着。那些前辈们拜谒孔圣人的诵读声还在树林萦绕不散啊！

"当然这有点诗意的发挥，但想象力也是感悟力的一种。

"顺便一说，在那次去十三陵之后，没过几年，我居然在一个宴会场合遇见了毛主席的女儿，还跟她合影了。

"现在想想，时空穿梭是一种很奇妙的东西，事情的发展有时带着点戏剧性。"

（曾老师说的那张合影照片我在他家里见过。他不说在十三陵看见毛主席照片的事，我还没什么感觉，他这一说，好像很神奇。不过这些都是他讲学中加强学生兴趣的手段而已。）

对语文教科书的思考

上面说到曾老师对教科书中古文部分的态度，他觉得名篇佳句是我们中国人语言系统中的通配符号，每个人都应该懂一些。因此首先必须把教科书上的古文掌握住。

他在大方针下稍有修剪，有些教科书上不要求背诵的，他要求我记住。同样，有些书上说要背诵的，他却说不必。曾老师是根据自己的判断来摘选取舍的。

但是对于现代文，曾老师就没那么好脾气了——直接开推土机去推平了事！

对此他当然有一番解释。你知道，曾老师的肚子里永远不愁没道理可讲。

曾老师说："语文是什么？字面上讲，应该是关于语言和文字的教学吧？你们很容易把'语文课'简单理解为是'教授学生掌握语言和文字应用的能力'。这也没错，照此标准，任何一本有文字的书，都可以称之为'语文课本'，现在的语文教材也足以教会学生们阅读和书写。假如这样看，那么教材编辑组的工作应该很轻松了。但是，选取什么文章进入教材，一直是政府的大事——因为好文章并不是一堆文字的简单堆砌，同时还'文以载道'。

所以，你注意近些年的新闻里，关于日本的教科书问题，关于中国台湾地区的国民党和民进党对教科书的编纂问题，都成了当时政治斗争的焦点。这说明其背后之功能对于执政当局而言，相当于国防建设了。

因此，用语文书里的文章教会学生语言和写作是简单的，复杂性在于还要同时承担意识形态教化功能。

这就带出了两个问题：

a.作为存活于世界，具有独立人格的我，我自己对未来的愿景与教学目标是完全一致的吗？

b.除了教科书想告诉我的东西，我自己想知道什么？

这是值得每个学生思考的问题。"

熏陶对历史的触觉

曾老师继续说："小松，你知道吗？在不同年代里，语文教科书的内容也大不相同的，从中可以看出些变化的端倪来。我拿出些史料给你看看。"

说完，曾老师就从书柜上找出几本很旧的书。一本是民国二年的小学课本，距今快100年了，一本是1953年的课本，一本是"文革"时的课本，一本是1985年的课本。

他有收集这类资料的爱好。清末民初的书还有一堆，随便搬下来一摞放在我面前，一股久远的味道扑鼻而来。

我带着好奇，随手翻开近百年前的教科书。

曾老师说："我为什么要拿出来，让你的手翻动这些很老的书籍呢？因为历史可以通过触觉和质感传递给你。

"如果你只是听到它，和眼睛看到它是不同的。不但看到，还让你随意触摸翻开，又有不同。因为人听到一个信息，需要经过大脑去理解，而触摸，是一种直观的经验。

"人对自己经历过的东西印象会特别深刻，你很容易就会把经历认同于内心，完全成为自己的东西。因为经历是种很直观的事实，而想象，和事实不大相同。

"很多少年人们都摸不到这种书籍，而你却翻开过，这将对认识和理解上带来一些差异。以后，当你和别人讨论起'教科书'问题时，别人在海阔天空地想当然，而你的底气就会非常足，因为你真正看过、摸过不同时期的，这就是经历的重要性！是自己经历过的事情，胜过千言万语，随手一扔都掷地有声！

"你试想一幕场景——在同学们聚会的餐厅里，大家正热烈讨论电影《霸王别姬》中的张国荣如何风华绝代，表演出神入化。所有人都景仰那个距离遥远的偶像符号，而这时，你轻叹一声说：唉！我八岁时的圣诞礼物就是张国荣送的，他还答应过，等我18岁要带我去夏威夷玩的，可惜还没兑现，他就走了……

"此刻，全场寂静，目光焦点。对吧？这就是见过和没见过的不同。"

我听了挺开心的，手捧着那些他辛苦收集来的宝贝，不由得手心出汗了。

我看了下内容，清末民初时候的小学教材，主要是国学传统内容了。1932年左右的中学教材，里面居然有许多当时先进的西方哲学思想，有杜威的文章，罗素的文章，这让我很惊奇！

曾老师笑着说："你想不到那时的教科书还挺开明吧？那时，蔡元培、胡适、徐志摩他们都在帮助引进西方先进思想给国人，徐志摩还跑去英国想当罗素的学生。他们那一批新文化健将，对振兴中华文化的心意还是很好的。当时整个中国的教育界都出现开放争鸣的局面，现在翻开那个时期的书，你完全可以感受到时代所特有的风气。"

曾老师拿出一本1945年左右的教科书，上面专门讲地雷的制作，如何挖防空洞，机枪和步枪的知识。这个应该是部队用的教材。

他说："我们现在以为年代久远的一些观念，其实年份并不久远，用资料摆出来就能重组当时的风气和片段。"

他拿出一本1946年的《结婚前后须知》，里面可好玩了，有许多新婚科普性知识，甚至一些婚育观念挺适合当今社会的。

我翻开第一篇看到：

性教育的需要——结婚是爱情的坟墓吗？ 可是，结了婚的年轻夫妇开始诅咒，他们感到婚后还是婚前幸福，他们判定结婚是爱情的坟墓。夫妇间没有快乐，有的是忧愁与怨恨。这样渐渐促成婚变的惨剧。这是谁的过错呢？是丈夫的喜新忘旧呢？是妻子的朝三暮四呢？我说，丈夫妻子都是好的，但都有错误，这错误不是他们本身铸成，是社会环境强迫他们踏上歧路。

照理，当青年在一只脚踏在人生的幼年期，一只脚则刚要跨上人生的成年期时，他们的心理生理正开始了最急速的发育变化。由稚态童型转变到完全的成人。这时期，青年要求知识的满足，要求情绪的满足，要求感官的满足，但是环境像铁打的墙一样，全不理会他们的要求。"这是不对的！""这样是罪恶的！""这个是道德法律所不许的。"

从希望得到亲切的指示的四周，投来了这许多冰冷的声音。冷酷的氛围把青年心头体内猛烈地推动着的力量抑阻住了，于是青年开始迷惘，苦闷。青年开始盲目地尝试，也开始了接二连三的失败……

曾老师笑笑说："小松，当我得到这本书才知道，我们在'文革'时，这些书都不准看的，在1983年之前，连这类旧社会的启蒙知识都得不到。"

曾老师又拿出一本民国十九年商务印书馆出版的梁启超《清代学术概论》，翻开自序，梁启超开篇说："吾著此编之动机有二，其一，胡适语我，晚清今文学运动，于思想界影响至大……"

曾老师读了一段，笑着说："看这些书是很过瘾的，人就像回到那个风云激荡的大时代了。那些鼎鼎有名的新文化运动健将们，在讨论和碰撞中引领一代风骚。唉！虽乱世中，却更有精英璀璨、百家争鸣的开放空气。

你记住：历史总是由战胜者写的，所谓'成王败寇'是也。一旦明白这种写历史的规律，人就会多一分清醒，少一点盲从了。

我如果不拿出真正的历史资料摆在你面前，光用嘴巴跟你说历史变迁的奥秘，现在的中学生是很难理解的，毕竟你们不是从那个年代里走过来的人。"

随后，他还拿出几本1940年左右黄埔军校的教材来，看看蒋介石的作风思路等。

这一课之后，曾老师多次打开旧书收藏柜，一本一本逐一谈谈，慢慢引导我，熏陶我对历史的触觉。这些手把手的课程使我有了更多见识，对后来理解历史有很大的帮助。

阅读练就分析能力

曾老师陪我用一个多小时粗略看了不同时期的教科书变迁之后，又回到话题上来。

他说：

"看完近百年来的教科书线索，就知道语文教材的编辑带有很强的现实意味。这里边不但要看当权者推荐什么，还要注意他们不推荐什么。哪些人是官方想捧的，哪些人是想引导人们遗忘的，都很清楚。

"在我小时候的课本里，就看不见民国时期某些文化名人的名字。胡适、林语堂、梁实秋这些名字不大能看到。

"当然，并非说这些人的文章必须读，而是说他们的名字和作品被人故意隐藏起来也是不公允的。对政治来讲也许必然要这样做，但是对具体的学子个人而言，应争取让自己的历史视野更开阔、包容一些，这背后涉及胸襟气宇和世界观的宽容度。

"当然，你也别以为国民党在台湾那边搞的教材会客观些。

"小松，你可能不知道《谁是最可爱的人》这篇文章吧？内容是宣传朝鲜战争中中国志愿军的光辉形象，作者魏巍。

"此文作者凭借这篇文章获得很高的荣誉和待遇。它很长时期都入选了教科书，而魏巍本人成了共产党军队内的文化权威，在文坛的地位非常高。

"魏巍2008年去世，2005年我见过他，合影过。我不是说他的文章不够好，也不觉得他哪里不对，只是拿出有名有姓的例子来说明入选语文教材的选材动机和现实之间的关联性。

"好了，分析完语文教材的选材动机之后，再回到你身上来看，问自己将要走一条怎样的道路呢？

"你不必参加国内的高考，不必争取国内的文凭。你拥有选择余地，就以'自我命运'为中心点出发，提高到'终生战略'的视野高度来思考以后的教材内容。

"你想让自己长成什么样？你觉得吃进什么养分对往后在社会立足的帮助最大，那就找什么内容来学。这就可以跳过'高考'这道鸿沟，直接奔赴人生广阔天地。"

听了曾老师的话，我觉得鼓舞和幸运。能够不参加高考，是追赶、抄近路的一个重要条件。后来我的思想更开阔了，又进一步明白：其实高考这一关也无法真正束缚住"我"的选择自由。

曾老师说过一句话：记住，囚笼里也有自由，每个人都在行使着囚笼里的自由！

于是，曾老师把小学到高中的语文课本全部放在面前，要我学的就打钩，寥寥无几。

在我来到后的第二十天，他扔给我一套《雍正王朝》说：我们的语文课就从这部小说开始上。

把二月河的《康熙大帝》《雍正王朝》《乾隆王朝》讲完之后，加上《曾国藩》，我基本上就对清朝历史和晚清的局势演变都认识了一遍。

曾老师后来说："之所以拿小说当教材用，是为了调整你的学习状态和兴趣。只要你肯学，感兴趣，东一点，西一点，拉拉杂杂就可以构成一锅汤底。汤底自然有不少营养在翻滚，温度到位之后，再放肉和菜进去，自然就容易熟、容易香了。"

接着往锅底里扔的就是更有趣的《明朝那些事儿》了。曾老师还拿金庸的《笑傲江湖》讲解过，他说："悟性高、哲学底子好的人也就等于学会了独孤九剑，破剑式是很厉害的，可以直击各派剑招中的破绽，这些看似荒唐的武功心法其实大有深意，一般人确实小看了金庸的小说。金庸的文字背后，是有非常深的思想基础。"

等这些娱乐性很强的课程上完，曾老师估计我的听课基础提高之后，就开始穿插中国现代诗歌。北岛、顾城、舒婷、戴望舒、徐志摩……然后有王蒙的小说，王小波《沉默的大多数》，吴思的《血酬定律》《潜规则》……如此逐级而上。

一年之后，曾老师要求我整段、整页地背诵《血酬定律》与《乌合之众——大众心理研究》。他对我的语文考试就是填空，全部都是重要的心理学、历史学、政治学规律。

曾老师说："这些东西一段话就顶人家看许多书，不学哲理，走其他路子都太慢了。一般人看哲学很难消化，可是我能帮你消化一些，就像武侠小说里，高手可以输送内功帮助别人打通经脉的。以前我把武侠小说当神话看，后来自己成长了才发现，里面有些描写和比喻是现实中能操作的。"

他还说："你刚开始学习的选材特别重要，尤其是像你这样不容再走弯路的少年。选对教材之后，一开始吃苦，忍一忍，出去后就开始口感回甘了，很快会有安慰的。"

（果然，两年之后我看问题、分析问题的方法、角度发生了本质变化。曾老师也经常当我是半个对手来练习逻辑思辨了，就像师徒之间在大树底下拆招。)

曾老师有时这样鼓励我:"你就像武侠小说里在深山跟樵夫苦练的少年,师傅教你武功,而你没有同伴练手,每天只跟猿猴玩,爬山,摘果子,生活是比较枯燥的。等到有一天,师傅让你下山到集市上买点东西。到了市场,你看见有人偷东西,于是挺身而出,一群小混混围着你,亮出了家伙。结果你赤手空拳把混混们打得满地找牙,这时你才晓得自己原来武功已经不简单了。所以你先默默苦练着,以后会尝到甜头的。"

我出国之前,曾老师对我说过:"你中学阶段就学习了许多逻辑学、社会学、哲学和政治学知识,出去后,当你和同龄人辩论时,可能将体会到武侠小说里的场景,就是会武功的人打不会武功的。眼看别人在你面前瞎挥拳,毫无章法,到处是致命漏洞,你都没胃口揍他。"

这些话,言犹在耳。

后来到了大学,自己觉得思想分析能力好像是好一些,并且很快就让老师特别喜欢我,我这才感受到加强内功的好处。

但是也有一个坏处,就是能谈得来的朋友很难找。比我大很多的师兄师姐又不跟我玩,同龄的同学觉得难以交流,许多人的思考能力确实还没受到启蒙。

现在多少有点明白"曲高和寡"的意思了。

旅行与教学相结合

给我印象最深的诗歌课程,是戴望舒的《雨巷》。

为了让我在一个已不属于诗歌的时代里仍有兴趣认识诗歌,那个夏天,曾老师将我带到江南上这一课。我们来到戴望舒写这首诗的创作地附近,根据诗中意境,选择在雨天,到苏州附近古镇的小巷中慢慢散步。

曾老师让我注意小巷旁边那些住在老屋子里的人,看看他们的生活。他们就生活在那样的里弄,数不清的小巷、青砖。偶尔有年轻女子走过,他就提醒我留意观察江南女子的体态、韵味。

有一回，一位不到20岁的姑娘雨中打伞而来，曾老师叫我过去问路，我不敢，他就上前故意向那姑娘问路。真的，那姑娘甜润温婉的吴音让人听着很舒服。看着她的背影，曾老师笑着说："听到了吧，这就是江南女子的味道了。"

那一晚，他带我住在一座清代朝廷大官的宅院里，现在被改为高级客栈了。住进古老的房子，躺在明清款式的老床上，窗外明月如钩，亭台楼阁，太湖瘦石，构成了一幅画中景致。就在院子里，曾老师对我娓娓而侃江南才子佳人的故事……

后来，我总觉得《雨巷》这首诗很美很美，忘不掉那意境！回忆里也带有江南雨丝的味道，还有苏州女子的吴音飘散。这些都是曾老师所强调的——质感！

曾老师

我每年都要带学生出去旅行的。在做计划时，旅行的目的要设置清楚，想让学生体验什么？哪些地方能带来什么感觉或知识？

去苏州之前，我已经打算跟小松讲解《雨巷》的意境，到创作现场会有助于他理解江南的景致。

我还跟小松骑着自行车在苏州的小巷里穿行，告诉他不必在意那些著名景点，而是主要去体验本地人的生活细节，在细节里才能品尝出真正的苏州味道。

河道、台阶、小拱桥、街角的小吃店等，在路边看到几位老人下棋，我们也停下来旁观不语半小时。买来一个大西瓜，两人坐在河边柳荫下啃，一边听听知了的聒噪，一边在河岸现场给他讲《社戏》，讲清朝江南的漕运，讲为何江南历代才子佳人特别多。

我们去虎丘，坐下来给他讲解吴越之间的恩怨，范蠡和西施如何泛舟太湖，东吴和周瑜的故事，还有赤壁之战。再结合小松看过的明朝历史，讲讲梁羽生笔下的张士诚，又讲讲金庸笔下的陈友谅，再谈谈"当年明月"版的朱元璋、张士诚和陈友谅三者之间的厮杀。

每当投宿客栈或者任何需要与当地人打交道的事务，我都尽量让小松去处理。

甚至带他到菜市场去走走，尽量创造多一点机会让他通过对话交流与"人"发生联系。每个地区的人都有其性格特点，像苏州这种有着深厚历史文化沉淀的地方，更要细心感受。通过接触来直观感受江南人的语音、语速、神态。然后通过闲谈，帮助学生将这些感觉提炼出来，形成对"吴"区文化的感性认识。

将少年带进历史现场，讲课时就很容易理解、吸收，也容易专心。因为场景都是真实的，有身临其境感，顺手拈来都是历史素材。

因此，这种旅行与教学结合法，重点在于结合得巧妙，其实花钱并不比一般人旅行更多。

智者常常是孤独的

曾老师的生活很安静，刚开始我很不习惯这种安静，因为我在家里热闹惯了，爸爸妈妈跟朋友们是成群结队地玩的。晚上，我家里麻将声、电视声，声声入耳，与现在的新环境相比反差太大。

平时，曾老师处理完事情，就静静地看书、写东西，手机一天到晚不响，也没有朋友来家里。

有一次，我看书累了，就跑去书房找他磨嘴皮子，借机问他："你家里怎么没有朋友来玩？"

曾老师放下书，伸伸懒腰说："安静不好吗？"

我说："不习惯这么静。"

他问："小松，如果给你选择，你想不想20年后当一个思想家？"

我笑着说："可以选的话，当一下也不错，看看是啥滋味。"

他说："好啊，想当思想家首先就从适应安静开始训练，然后还要喜欢独处。思想家是不能害怕孤独的，因为这是'思想家'这种产品在生产工序上的重要流程，孤独是必须的。就像最上等的钢铁需要巧妙的淬火过程一样。"

真不知道曾老师的书房有多少宝贝，正说着，他就从书柜上拿下两本书来，一本是《通往奴役之路》，另一本《瓦尔登湖》。

他说："这本《通往奴役之路》不是叫你看，而是听这个书名。

"一个人是如何逐步走向'奴役之路'的呢？'离不开热闹'就是原因之一了。离不开热闹集体、依赖人群者，其实内心是受束缚的。依赖本身就令你失去了自由，容易在人群中被狱囚。

"人类历史上，几乎所有最重要的思想作品和文艺作品都是孤独中的产物。不信你留意看，人在热闹开心时很难调整状态去创作最具价值的深刻作品。

"当然，走这条路也要看人。如果到了中年，你知道自己不是那块材料，不能成为深刻思想作品的创作者，那么就不必担心自己因为耽于热闹而浪费时光了。

"但是，假如你在年轻时有试一把的想法，并且发现自己适合往这方面发展，那就要注意从年轻时起就培训自己适应孤独了。不但要适应，而且要喜欢上孤独，要能够勇敢地与人群隔开来，才不会卷入生活俗务而不能自拔。

"我见过有些朋友坠入社交网中出不来，经常自责，一边跟别人拼酒一边吃胃痛药。属于自虐，呵呵！挺好玩的。

"适应孤独要靠一定的训练，就看你自己要不要成就自己了。这些书你以后慢慢看。"

曾老师这番话确实很新颖。当然，那时候我的头脑基本全是处女地，只要曾老师往里面扔进些什么泥巴，都会成为"史上首次……"

后来我阅读了不少好书，慢慢能适应长时间的安静。其中有一本《孤独六讲》说道：智者常常是孤独的，或者说，智者需要孤独。于是脑海里浮想起曾老师在书房独处的样子，他的身影孑然独立……

曾老师

真正的"教育"，应该是全方位的培养，德智体美劳。我尽量让小松明白，人并不为了考试而活。

  如果家长能够及早意识到"教育"并非仅仅发生在学校课堂，明白真正的课堂就在生活的广阔天地中，那么也同样能够打破思维僵局，帮助孩子从生活中逃离被捆绑的困境。有形的囚笼并不可怕，可怕的是人们认识上的囚笼。心灵一旦突破了围墙，就能真正品尝到"天高任鸟飞"的快意！

第六章

引导学琴

081 设局：播下念头，让其发酵
084 收网：完美理由，促成学琴
088 学琴：抓住心理，有效鞭策
090 揭秘：用心再好也要讲方法

曾老师

> 对一个青少年而言，学会弹钢琴当然比不会要好。想让小松学习弹琴，是个艰巨的任务。在他刚来时，简直无从着手，因为各方面的基础太薄弱了。
>
> 而且，引导学生学习什么乐器，也不能无中生有，要结合他的条件、性格等可能性，做到有的放矢，才能被学生自然地接受并且发展下去。
>
> 在尊重小松基础的前提下，如同在一片荒漠中要硬生生地开辟出绿洲来，这个弯，绕得很大。幸好一切努力都没有白费！

设局：播下念头，让其发酵

有一位少年，父母是小学学历的商人，祖上都在农村生活。

这少年从小到大在睡觉、发呆中荒废青春，不爱学习，没上进心，没有任何一丁点儿艺术细胞，更重要的是，他已经快16周岁了。这种情况下，你相信他会从某天开始认真学习弹钢琴吗？

假如我不认识他，也会瞪大眼睛摇头。但不好意思，那个少年就是我——叫我如何不相信？

在曾老师看来，只有想不到，没有做不到。一切皆有可能！

让我学弹钢琴并不是我爸爸妈妈的心愿。他们是许多家长中与曾老师配合最好的一对，三年里不说一句干预老师工作的话，完全相信老师会尽心做到最好。

所以，弹钢琴这鬼念头，是曾老师的设计！

事情的起因在我看来很简单。

大约是我来到的三个月后，有天晚上，我和曾老师在书房看一部他挑选的电影——《海上钢琴师》。照例，看电影要认真地看完。故事很美，曾老师总会在恰当时机暂停，进行辅导讲解。

故事讲述一个从生到死，始终坚守在一艘豪华游轮上的天才钢琴师的一生，里面有许多台词充满哲理。电影的故事、音乐和画面俱佳，真正感动了我！

电影结束后，听着片尾曲，感觉荡气回肠，让人沉浸在故事中，情绪久久不散。

灯光亮起之后，曾老师轻松地和我讨论刚才的电影片段。

你们知道，曾老师是个"心灵捕手"。在看似不经意的聊天中，其实谈什么片段，怎么说话，全都不是单纯的。从他嘴巴说出来的每一个字几乎都有用意。他做事强调效率，不会浪费一滴口水。

何况，那一晚原本就是他打猎围捕我的专场，一切都在撒网中。

这时必须要带出一个重要人物——曾老师的妻子，我平时叫她"阿姨"，这是魔术师身边最重要的助手。

她很善于配合曾老师的教学方法，经常看上去像"路人甲"，其实是位训练有素的好助理。

阿姨会弹钢琴，也经常像个大姐姐，没有一点架子，我们还常常互相斗嘴皮子。

我们三个人在书房，有坐也有站的，围绕刚才电影的话题闲聊，气氛很愉快。聊了二十分钟左右，曾老师说："我要干别的事情，小松去洗澡吧。"

我刚起身要回房间时，阿姨还调侃了我几句，我停下来笑着和她斗嘴皮。

就在这时，她笑着说："哎，老公，我发现小松的手指长得很修长，挺漂亮的，适合弹钢琴呀！"她说这句话的语调、表情在现场场景中与整体气氛非常连贯协调，毫无破绽，而且是对着曾老师说的。

当时我的笑容还挂在脸上，仍未离开书房门口，曾老师看着电脑的眼睛自然转动过来，扫了我的手指一眼："咦？我怎么以前没有发现。来，过来给我看看。"

我的心情本来就很好，被别人赞美手指，心里当然受用。其实我从小就觉得自己的手指挺修长、挺漂亮的，不过别人一般不会称赞男生的手指——我很自然就把手伸过去让他看看。

曾老师随便抓起我的手掌，瞄了几秒钟，轻描淡写地说："确实不错，早一点发现就好了。好了，快去洗澡吧，不要经常搞那么晚才睡觉。去！"

（各位看官，你们想想，曾老师夫妻如同我的父母一般，在同一屋檐下朝夕相处。当他们对我设下陷阱，我这单纯的少年如何能够识破啊！唉！我情不自禁地陷入了包围圈。）

在洗澡时，我的心情如海燕滑翔般轻快，嘴巴不禁哼唱起歌曲来。穿衣后，还不自觉地把双手放在水汽蒙蒙的浴室镜子前，得意地审视这双刚刚被赞美了的手。

从浴室出来后，听到书房传来放电影的声音，我就走过去看看他们在搞什么。原来他俩找出几部有关钢琴的电影片段来看，像《钢琴师》《钢琴别恋》《闪亮的风采》等，阿姨专门挑出弹钢琴的画面，指指点点地评论电影中主角弹琴的手指，拿我的手指和别人进行对比。

他们在谈论时，都没有特别留意我，只是在讨论着关于手指长短和弹琴之间的关系，我也站在旁边一起看。阿姨笑着说："小松，可惜了，你的手指那么好，小时候没学弹琴浪费了好材料！"

我马上和她斗嘴说："大器晚成的人更厉害！"

曾老师马上接话头调侃道："是啊，听说苏东坡中年之后才开始练书法的，人家很快就成书法家了。不过，可惜你不是苏东坡呀！"

我们三人就这么嘻嘻哈哈地贫嘴了一通，然后睡觉去了。

到了床上，我脑子里浮现出很多《海上钢琴师》的画面，想起我那修长的手指，隐隐觉得有些遗憾！

第二天午饭时，老师们都在议论我的手指，几位女老师还拉着我的手比较一番，夸我的手指漂亮，不弹琴可惜了。

这事说完也就过去了，几天后没有人再提。

当时，我们这些学生之中有个小女孩小雯，她每周两次要去附近一位钢琴老师家里学弹琴的。平时由她的老师带过去，但有一次老师请病假了，曾老师叫我带小雯去钢琴老师家里。一开始我反对，不想去，曾老师笑着说："你就去看看那个老师的手指有没有你的手指长嘛！"

既然他硬要我去，没办法，只好遵命了。

到了钢琴老师家，门一开，眼睛一亮。哇！这位老师真漂亮！很有气质。青春期的少年如果说对美女视而不见，那肯定是骗人的！

她叫谭老师，非常有亲和力！叫我坐在她旁边，给了本杂志让我打发时间，她就教小雯弹琴。我的眼睛忍不住要去看她的手指，真美！

课程将要结束时，谭老师的另一位女学生来了，她是紧接着小雯后面学琴的学生，提前来到。她的年龄和我差不多，长得也漂亮。

我见到同龄的女生就浑身不自在，坐立不安。她问我是哪个学校的，我说"不告诉你"。

回家后，那天晚上，我的思维很活跃……

收网：完美理由，促成学琴

又过了几天，曾老师和我一起看电影《钢琴师》。

影片讲述第二次世界大战时，一名犹太钢琴家在德军迫害之下，被族人甚至是德国军人尽力保护起来的故事，很感人！电影告诉我们，一个有价值的艺术家是人类的财富，不应当命如草芥。艺术家的价值是超越战争和政治的。

看完电影后，我们照例聊了一下剧情和观感。他把艺术家描绘成一个非常值得世人尊敬的标杆。

曾老师说："电影中那位德国军官为什么看到犹太钢琴师却不杀，还要接济他、保护他呢？是因为这军官本身也喜欢弹琴，也拥有良好的艺术鉴赏力。他们民间整体的文化素养比我们中国高太多，这的确是西方文化中值得我们羡慕的地方。

"你看，在古希腊，早有思辨的民风。民间崇尚讨论，崇尚逻辑，然后才能催生许多伟大的哲学家，以致后来影响到整个西方文明的发展。苏格拉底、亚里士多德的影响力如何就不用我介绍了。

"但是请注意一点，催生这些思想精英，和当地民间的土壤基础是密不可分的。

"近代德国、奥地利也出了许多大哲学家。康德、马克思、维特根斯坦等，这当然也和他们成长的文化土壤息息相关。他们推崇严谨、精细的作风，逐步变成了国民集体性格的一部分，因此整个国家发展进步很快，'二战'后至今，'德国制造'仍然是工业品质的骄傲！

"在欧洲文艺复兴时期，科学、文艺，各方面群星璀璨，都是因为那片土壤民风中长年积累的厚度，到了某个临界点，终于大爆发了！

"欧洲发达国家的人民，文化素质高，学乐器的人多，自己会弹一点，虽然达不到演奏家的水平，但鉴赏力普遍较高。

"这说明，一项艺术门类，群众中票友的数量众多而且水平高，就会鞭策舞台上的演奏家们精益求精、节节向上。因为台下的观众品味高，台上的表演者想要博取掌声就必须奋力向上，出类拔萃——土壤品质与出产品的关系很大。

"因此，反观中国，这些年出不了世界性的艺术大家，其实也反映了民间艺术基础贫瘠、票友的水平低。如果将这条规律引用到教育领域，之所以中国的应试教育愈演愈烈，素质教育无法推广，虽然这种局面和政府的政策思路有关，但是把视野再拉高点，也是和千百年来沉淀在国人意识中的陈旧教育观密切相关的。民间的教育观念尚未割掉辫子，现代教育观念尚未充分启蒙。

"试想，假如民间的呼声足够高，教育部如何能抵抗山洪般的民意？所以，正是土壤的成分结构支持了这样一株畸形的植物依然长生不死。

"像《钢琴家》里那位德国军官，居然冒着巨大的风险来保护一名犹太钢琴家，正是因为他从小受过艺术的熏陶，这种熏陶赋予了军官另一层人格，这也是故事的动人之处——对艺术的珍重超越了生命和政治！那位德国军官也因而受到别人的敬仰！

"准确地说，正是音乐鉴赏力拔高了一个战争机器的人性！

"因此，我们学习艺术的目的，未必是强求要成为顶尖的专业人士。能成就一番固然好，但'顶尖'的毕竟是少数。我们通过学习乐器、绘画等艺术文化的过程来提高自身的内涵和鉴赏水平，这些东西作用于内在，终生受用，并且对以后理解各种学问都能起到触类旁通的作用。

"我小时候对音乐很着迷，可那时家里没有条件让我学习钢琴，我只能在那种20多个按键的玩具钢琴上自己练琴了，心里多渴望有人教我啊！如果当时有机会学，我肯定会学得很好。你无法想象那种强烈的渴望！

"我从小喜欢唱歌，小学时是学校合唱团成员，只要我会唱的歌曲，就能在小钢琴上弹奏出来。可惜没条件深造，那个年代里没有'娱乐界'这一说，在弹琴方面也只能到此为止了。

"不过即便这样，经过简单的音乐训练之后，到了中学时我迷上了古典音乐，大大超前于同学们。我对音乐的理解比较细腻，甚至后来学习写诗歌等，其实都和音乐的熏陶有关。别以为看上去毫不相干，其实两者是有许多关联的。

"那时的我真的叫'音乐发烧友'，后来还用土办法录了唱片，你想听我年轻时唱的歌吗？"

啊？我瞪大了眼睛，几乎不敢相信。从没有听过曾老师唱歌，他居然还录制过唱片？当然要听了！

只见他取出一张光碟来，一边放进CD机一边介绍说："录音的时候还没有CD，先用磁带录制的，后来才转制成光盘。当时我们几个发烧友买来日本的二手音响器材，自己拼凑出一套录音设备，在当时来说，算是民间可以低成本搞出的最好录音效果了。"

说话间，音响里传出了他的歌曲。18岁时的声音很年轻，唱歌的水平相当高，算是业余中的佼佼者了，我心底不得不佩服曾老师的才艺！

曾老师说："这歌声，对我而言和18岁时的老照片一样，都记录了自己青春的片段。经过时间的酝酿后，它们就非常珍贵了！随着年纪越大，越不敢轻易去听它们，那是一种什么感觉，30年后你就知道了。

"所以，我以前接触过乐器，沉迷过音乐，虽然没有走上专业道路，可是那些素养分明已经沉淀在我的体内，融化在我的举手投足乃至思维里面了。

"学过弹琴的人，能提高音乐素养，至少能帮助自己以后欣赏钢琴曲。你试想看，现在播放一首肖邦的钢琴曲，你耳朵听到的感觉和另一位曾经练习过钢琴的人相比，感受是很不同的。人家耳朵听到的音符具有触键的质感，而你却听不到这种质感。其中的差别，只有过来人才知道。

"就像你们青少年，喜欢那个女孩子，没拉她的手时是一种感觉，当拉过手之后肯定会是另一种感觉——这就叫'质感'了！哈哈！"

曾老师这样打比喻，我们都笑了起来！

他顺着气氛说："小松，你希望以后像我那样，成为一个对音乐有鉴赏力的人吗？"

我说："当然想，可是听不懂高雅音乐呀！"

"谁都不是一开始就懂的，关键在于想不想开始，只要迈开脚步，一定会渐渐靠近目标的。我看，你干脆先跟谭老师学一学弹琴吧，不用学很深，达到3~5级的水平就可以了。"

自从十天前阿姨夸我手指漂亮、可惜没有学琴开始，"学弹琴"这个命题已经在我心底里流动了一段时间。所以，当曾老师这回提出来时，我竟然没反对，只是有点不好意思。

　　曾老师似乎看出了我的心思，于是接着鼓励了我几句。他说只要我去开个头，不想学了就停止，没压力的。主要也是给自己未来是否具有音乐修养一个机会，并不强求在钢琴上有多深的造诣。像我这样的年纪才开始学，也别指望能够成为钢琴家了，纯粹学着玩儿。

　　我觉得曾老师说的有道理，加上我在这个小团体里很少出去，也觉得憋气，有机会出去走走还是很好的。再说，其实我也想见到谭老师和那个女学生，能认识她们并且经常接触也是不错的。

　　你说人是不是很奇怪，假如提前几个月跟我说学习弹琴，估计打死我也不干，可是现在却觉得这是挺自然的事情。是啊！这么好的东西，为什么不学呢？

　　于是就答应了。

　　有时候，人点一下头，就像开车时在某岔口不经意转了个弯，接下去所看到的就注定是另一番风景了。

学琴：抓住心理，有效鞭策

　　谭老师说没有教过这么大年龄才起步学弹琴的学生，不过她跟曾老师很熟，才答应教我的。

　　一开始是每周两节钢琴课。但是后来，我总遇不上第一次在她家里见到的那位女孩，听说她的上课时间和我不在同一天。

　　学习了一个月之后，曾老师问我感觉如何，我说还好，只是有些单调，那些初级练习曲太儿童化了。

　　曾老师说："你要增加练习的时间才会加快进度，像你这么大的孩子，学弹琴可以比年幼的孩子快很多。现在家里没有钢琴，让你妈妈给你买台钢琴来练习吧。"

我心里想，能否坚持学下去都不知道，买了钢琴之后假如半途不学，岂不是浪费钱了？

于是我支支吾吾，不敢答应。曾老师似乎看懂了我的顾虑，就说等我不想弹了，可以把钢琴运回家里给我妹妹学习。

我想想也有道理，就同意了。

我妈妈知道我要学钢琴，简直感觉太阳从西边出来了，高兴得要死！曾老师提出买琴她当然乐意！于是，没几天钢琴就到位了。

后来我一直跟着谭老师学琴，用了一年多时间。大概学到4级的水平就没再去谭老师那儿，改为平时自己练习了。

对我后来不想继续弹下去，曾老师持开明态度。

他说："你现在已经有了弹奏的基础，以后只要愿意，随时都可以捡起来再加深，最可贵的是现在手上有了选择权。假如从来都没学过，成年后基本上就永远失去了这种可能性——这也是当初尽量劝你学钢琴的考虑。

"你现在觉得弹琴枯燥无味了，所以练习不下去，这我可以理解。但现实情况就是——你已经具备了一定的弹琴基础。而两年前，钢琴对你而言只是商场内的陈列品，你连摸一下的兴趣都没有。你觉得自己和艺术无关，你也不会买票去听名家的演奏会——而今天，一切不同了！

"生命中有许多东西，有了就是有了，没有就是没有，结果截然不同的！

"试想一个画面：几年之后，当你和女友到高级会所晚餐，那里摆放了一台三角钢琴。就在等侍应生上菜之前，你也许会走到钢琴前坐下，即兴弹奏一首《水边的阿狄丽娜》献给女友。一气呵成，流畅无比，博得掌声一片！佳人眼中的爱慕值飞速激增，搞不好她激动到马上暗示你赶紧求婚吧，那是何等浪漫的事情！

"然后，第二天，你也许就会利用一切空余时间去找钢琴来苦练，因为那时你有目标自然就有动力了，练习起来就会非常专注，不再乏味。

"如此这般，一来二去，再过几年，即便女友和你分手了，但是你的琴技却已大大提高，永远是你的技术，结果还不算人财两空啊！哈哈！"

曾老师总是那样，讲话无所禁忌，很对年轻人的口味。

经过一番努力，后来我真正喜欢上了音乐，回想当初学琴的确是对的。随着对古典音乐的认识加深，确实觉得自己会弹琴和不会弹琴是不同的。正如他说，飘进耳朵的音符更多了些"质感"。

曾老师经常带我去音乐厅看名家演奏会，这些熏陶也必不可少。现在，音乐成了我持久不断的爱好，这些都与曾老师耐心巧妙的引导有关。

揭秘：用心再好也要讲方法

我一直没问曾老师为什么要我学弹琴，因为总觉得那是我自己自然而然想要做的，不觉得有什么诡计。弹琴是挺好的事情呀！

一年多之后，他带我到新疆的昭苏草原去学骑马。那是中国的种马基地，有好马，也有好的驯马师。

我们在草原深处的牧民帐篷里住了下来，跟牧民一起生活。我很快就学会了骑马，很兴奋！我们每天骑着马往草原深处跑，享受信马由缰的感觉。

有一天，我俩策骑到小山坡上，累了，让马儿慢慢吃草，我们就随意聊起了天。

话题谈到了我这两年的变化，那时曾老师已开始对我解密许多教学方法了，他知道我非常喜欢音乐，并且已经成为不会逆向退步的爱好。

曾老师说："小松，会做事的人一定是懂得灵活应用方法的。许多事情的成功，不是直来直去、蛮干硬推就能推出个理想的结果，这背后其实很需要技巧和好方法。

"比如说，在平时教学中，我为了培养你们一种好习惯，或者给个营养丰富的好东西给你吃，首先也要考虑到孩子会不会接受。就像医生给幼儿喝的止咳露，一定得搞成糖浆，甜甜的才利于治病。

"真正让病情好转的不是糖浆，而是混合在糖浆里的其他有效成分。但是把病治好是整体诸多环节的合力结果，很难说与糖浆没有关系。有时看似无关的小环节，其实就是整体成败的关键因素。

"多数家长教孩子都是走'苦口婆心'这条路，有没有用？大家心里清楚。我是不来这一套的，因为，一个未成年的孩子，限于人生经验和心智，未能真正明白那些大道理。年轻人的特点是容易被感官牵着走，过于注重眼前的感受。

"所以，我出于好心，不但让你喝药，还要想办法把那碗中药熬制得甜蜜可口才好意思端上来。见你欢欢喜喜地喝下去了，有时先不告诉你这是治病的东西，甚至还把中药装进汽水的瓶子里，就因为担心你们听说是药物而抗拒。喝下去之后，等疗效开始显现了，我才能有限度地透露一些。

"什么时候透露，怎么透露，都有讲究的。

"比如，你刚来时我建议你去学弹琴，就是一个例子。

"刚来时，你的脑子像只空瓶，一片空白。其实可怕的不是单薄空洞，而是造成今天单薄空洞的原因。

"我担忧你的'自我意象'是不积极的。作为一个以过往十年失败记录为'自我'蓝本的青少年，你心中将自己归类为与读书、艺术、精英相对立的阵营，这种心理的站位意识才是最大的阻碍。

"人的'自我意象'，如同导航仪里面的地图，它影响着我们一生行进的路线。

"书店、音乐厅、乐器、文化思考或者领奖台，这些符号以前都是你躲避的地方。就像磁铁的同极，碰上了自然就排斥绕开。在学校时，你和那群不良学生以集体力量去嘲笑别人来相互鼓舞，用群体洪亮但浅薄的声音来给你们的自卑打气。

"所以，钢琴学到什么水平是次要问题。我要让你的手指去触摸琴键，让你成为充满艺术气质的美女老师的学生，让那些钢琴比赛和名家演奏会上的观众席前排有你一席之地，让你最终发现曾经以为是别人的东西，原来一直虚席以待你的光临。

"一句话——让自己的身体触觉来说服你！

"琴键是用手指去亲吻的，一遍一遍，一天一天。从童话般的虚无感开始，慢慢随指尖触觉走进你的神经深处，直到你看见琴键就觉得那本是属于我的地盘。

"街上、电视上的美女和坐在你身边的美女，有气味和情感的不同。你如果不学琴，那些气质优雅的老师根本不会与你有交叉点。

"当她在身边亲手辅导你的动作，琴技是伴随着一股无形的魅力一起传授给你的。假如乐理知识是药，那么她和你近距离的磁场就是蜜糖，然后你学会了一个又一个技术难题。以后，也许你会忘记她，可是却忘不掉那些知识了。

"那充满艺术氛围的音乐厅，也是一种身份符号。进去一次不稀奇，任何人出于好奇也可能偶尔为之。可是，当你成为它的常客，你将无意中慢慢认同那种身份感，认同那个艺术殿堂是为你而建造的。

"这些认同是通过你和朋友们交流时激发的，我不需要做任何事情，只要适当鼓励你和同龄人交流就行了。在交流中，你自然会发现优越感原来已经储存于丹田，源源不断地烘焙着快乐的情绪升温。

"这种优越感是身体告诉你的，不需要我任何言语的提醒代劳。我要做的，只是默默地旁观，并适当提醒你不要过于沉醉在根基未深的骄傲中！

"然后，就看见你开始挑选另一种风格的衣服，从着装上开始调整自己，认同新的身份符号了。

"还记得一年后，我带你去香港铜锣湾商场买衣服吗？你很想买一件电影上那种西方体面人穿的白衬衣，带有金色袖扣、袖口是折过来扣的那种。我答应了，陪你找啊找，最后满足了你的愿望。

"这种钱要花的，因为它是强化你新'自我意象'的黏合剂。你喜欢那种衣服，也就透露了你内心对形象的追求方向。

"后来，你逐渐去找古典音乐来听。虽说有我的引导，但关键还是你自己想加强音乐素养，我不过是顺水推舟罢了。

"还记得吗？有个晚上，我发现你半夜两点还没睡觉，于是推开你的房门。你正躺在被窝里戴着耳机听歌，我并没有责怪你，因为深夜里听歌，本就是一个少年思考人生的灵感温床。我也年轻过，知道深夜那片领地会催生什么。

"我拿过你的耳机来听听，里面传来爱尔兰风笛的声音。我跟你聊了几句风笛的味道，还有风笛的名曲，然后就关上门，不打扰你了。

"当时等于是给你一种授权：当你在做着正确的事情，我会默许你偶尔打破常规，因为一时的睡眠不足远远无法和催生思考灵感的作用相比较。

"其实，青少年只要是往积极方向发展，父母就应该偶尔灵活地给他们一点突破规则的刺激感，那些刺激感会比一千句鼓励和溢美之词更有用，而且能让孩子觉得父母贴心、开明，从而更有利于彼此的沟通。

"后来，你很喜欢《故园风雨后》这部电影，我知道你看了许多遍，里面贵族式优雅的生活片段，还有故事里的青年男女所发生的纠结，你觉得有自己的投影。

"人们喜欢一首歌或者一部电影，往往是因为里面有些情节或画面引起了共鸣。从你的关注点也可以反推出你内在的知识结构与兴趣。

"张清芳有一首歌《出塞曲》，里面歌词说：如果你不爱听，那是因为歌中没有你的渴望。

"这一切现象，都说明你的内在已经改变了太多太多。"

听完曾老师这一番解释，我觉得都被说中了，可是还有一点不明白："当初我答应学钢琴怎么觉得那么自然就去学了呢？"

曾老师笑了笑，说：

"对于引导你学弹琴，背后其实动用了很多方法和群众演员。

"首先，引导孩子学什么，不能完全按照老师的意志想怎么样就怎样。我要看这个孩子的基础、性格、肚子里有什么底料等，综合起来判断他可能会接受什么选项。

"小松，你的手指长得修长，这点我一开始就注意到了。然后发现你的性格比较柔和，不是粗鲁的类型，可以往文艺项目发展。

"接着就是布局了。先是带你看一些有关弹琴的电影，还有一些学习艺术的美女的故事，让主角的气质和不同凡响的味道被你感觉，包括我平时给你讲过许多这类小故事，故意描绘那种艺术的美感和人生的关系。

"通过电影里的故事和我描绘的画面，去引发你的情感产生涟漪，就像往平静的湖面不时扔一块小石头，引起内心一点点向往。每次的分量都不用多，给你一点推力，却千万不要感觉到有我在推动，因为孩子不喜欢按照大人设定的局面去走，想按照'自己的感觉'行事。

"好，既然这样，那我就帮助你形成这种'自己的'感觉吧。让你的脑海从洪荒野蛮中开始萌生'弹琴'这个念头。阿姨表扬你的手指也是抛出一个信号，促使你的内心去想这个议题，放进心里慢慢发酵。

"在美国总统大选时，听说有这么一种暗示手法。

"候选人A通过电视广告去攻击候选人B。这种攻击内容不是泼妇骂街，相当讲技巧。其中一种手段是：在播放竞选广告时，画面中夹杂了一些人眼睛看不见却能感觉到的隐藏画面。因为有声电影是每秒钟过片24个画格，这个速度符合人的视觉特性。如果这24格里夹着3格是旨在抹黑对手的画面，它巧妙地利用人的视觉残留特性，让观众的视觉中好像没有这个画面，可是大脑却'看到'了的。通过反复播放，不知不觉中就把一些针对候选人B的负面信息植入观众的意识中。

"可别小看这种策略哟！有时候选民对另一个人没有好感，却说不上原因，总之就是反感他，很可能是受到这种宣传手法的蒙蔽了。

"所以，我当时也使用了这类手法来帮助你。缓慢、持续地给你散播学习弹琴的正面信号，让你的脑海出现这个议题，然后帮你慢慢越来越清晰，还结合其他动作。比如：夸你手指长得好却没有学弹琴，让你自己觉得遗憾。然后身边朋友也多次认同你这种遗憾，加深了你的念头。

"然后，美女老师出现在你眼前，是一种感官吸引。在这之前，很久不让你接触外面，制造渴望同龄人为伴的心理需求，接着在琴房看见同龄的女同学，这些都是辅助元素。

"当各种因素发酵一段时间之后，你的念头清晰了，还不行，因为你的性格，自己不好意思主动说出一个感觉突兀的建议。我还要继续通过电影、故事和书籍等，多次提到钢琴对于拔高艺术品位、提高人生感悟、雕琢自我灵魂等功效——将你本来已经萌生的念头包装成一个高雅的、提高思想层次的积极追求。

"替你制造完美的理由，最后还临门一脚，主动劝说你一番，让你觉得不会特别难为情，好像是我劝你学弹琴，而不是你自己想学的。在那时，你羞涩的心理需要细微的掩护，最终才把动机善良的事情做成了。

"这就好像海边有个美女不幸溺水昏迷，救起来之后，还有气息。围观众人都知道要马上给她进行人工呼吸，同时把胃部的积水压出来。但你知道中国人的性格，生怕被人嘲笑，都不好意思出手救人。

"而你是个血气方刚的男子，本来怜香惜玉也是必然的，你是想马上去做救美的英雄，但顾虑重重。

"时间分秒过去，对昏迷女子很不利。这时我在身边鼓励你说：都这关头了，怎么还想那些男女授受不亲的古板念头呀？太迂腐了！见死不救才是最大的可耻可悲，男子汉就应该当机立断，不拘小节。愣着干什么？你赶快去帮人啊！

"我这番话就是给你临门一脚。于是，你在'舆论'的帮助下，就果断地在众人注目下开始人工呼吸、压胃部积水等，按正确的急救步骤操作起来了。

"因为有我的话做背景音，你才打消了恐遭旁人讥笑你借机非礼女人的顾虑，你的抢救行动才会坚决果断。

"后来，那溺水女子在你的正确帮助下活过来了。她感谢你，你做了件普世善举！从中你也获得道德上的快乐，是皆大欢喜的事情，对不对？

可是我关键时候那番话是临门一脚，踹你屁股一脚，帮一件双赢的事情扫除了障碍。

"所以，说到底，学琴是因为你的内在先有了这个底子，我不过是帮你发现并且激活它们罢了。

"'弹琴'这颗种子一旦放进土壤发育，自然会催生后面一番生态局面，那后续的发展就由不得你拒绝了。

"后来你答应学琴，开始是兴奋的，但过程是枯燥的，要坚持下来才能继续进步。

"为了帮你持久学琴，我故意要求你妈妈给你买钢琴，就是想用这个套住你，让你不敢轻易放手不学了。

"我观察到你还是比较心疼花钱的。根据这个特点，既然买了钢琴，你每次看见那么大个儿的钢琴摆在那里，对你都是无形的鞭策，可别对不起那几万块钱呀！

"你总算一直坚持到4级的基础之后才慢慢停下来，这时已经过了一年多。先不说进度如何，至少时间要拖得足够长，因为需要学琴的过程来培育你体内的艺术种子，慢慢成为新的自我意象的一部分。时间不够，温度不持久，种子是无法生根发芽的。

"这个过程也花费了我大量的心血。为了达到整个目标，我起码用了十几种不同的方法，或轻或重，百折千回，只是不让你看到有一只手在悄悄地帮你稳定住而已。现在好了，可以把这些绑带和支撑架全部撤除了。

"你学会了弹琴，已成事实。

"所以，家长想帮助孩子达到一个目标，不能光靠嘴巴唠叨，还要有一整套行之有效的组合拳，光用嘴皮子是难以达成目的的。"

听曾老师全部解释下来，我如梦初醒。

就像在农村老家的院子里听爷爷讲故事："三十年前，这里是一片荒地。我觉得可惜，就弄了些小树苗种下去了，常常施肥、浇水。后来你出生了，树苗也长高了，我砍下几棵小树给你做摇篮、小床，还有玩具。

到了你7岁，我砍树卖一些钱给你交学费。再后来你结婚了，我把剩下的几棵大树砍了，给你亲手做了新婚的床和衣柜。现在还剩下两棵，就给咱爷俩现在乘凉聊天的用了。"

我还能说什么呢？因果相生，循环不息……

曾老师

家长在帮助孩子成长时，心愿当然是好的，但结果常常事与愿违。很多家长不懂得掌握时机、步骤、策略，方法简单粗暴，这是能力所限。就算孩子怎么抗拒，家长依然理直气壮，没有悔疚之心。

为什么家长能这么牛气呢？就因为有个坚硬的理由——我是你父母，一切都是为了你好。就算搞错了，也算好心办坏事吧，在道德上无过错。

由于家长手持天然的道德盾牌，因此后顾很轻，就可以不顾方法和效果，举着道德盾牌肆无忌惮地蛮推。即使把孩子搞砸了，有"可怜天下父母心"这块金牌顶着，他们就不会受到社会舆论的谴责，在道德上立于不败之地。

正是家长的角色能够天然免责，才导致他们很少考虑孩子的感受。

我多年前就写过一篇文章指出，在中国的传统家庭观念中，父母容易把孩子的生命物化，视为自己的财产。所以在古代，卖儿女是法律所支持的。现在虽然不卖了，并非认识上有本质的进步，只不过是生活好过了。

如今街上还不时看见有人脖子上挂着卖自己去给父母治病之类的牌子，跪在路边，博取路人的同情换得施舍。之所以这种骗局行得通，正是因为人们头脑里觉得它符合道德标准。

这种以"子女是父母的附属品"为前提的伦理观，融化在"传统文化"的水塘里，随其他养分一起灌溉着我们成长，成了"孝道"文化中的一部分。

正是有些家长不把孩子当作独立的鲜活的灵魂来看待，所以才会这么自私，只求自我心安，不怕弄砸了别人。他们真不觉得孩子是独立的"别人"，以为是自己的"东西"。

有时候，当我好心劝别人要注意教育方法时，不少家长振振有词地说："自己的孩子自己养，不用别人说三道四！"这语气掷地有声，好比"主权在我"的神圣宣言！其实正是这种"孩子是我的东西"的观点支撑着许多家长蛮横的行为。

看看美国，他们的法律规定了父母不能够过分体罚孩子，否则会被剥夺监护权，甚至要坐牢的。

这个规定并非关于体罚对不对的问题，该法律精神在于：孩子具有不可剥夺的独立人权。在未成年之前，父母有责任养育他们，但是无权伤害孩子的肉体或灵魂。

这就是文化差异。

于是，美国家庭中的亲子关系就有一道和我们不同的界线，那界线虽然无形，却导致许多现象有本质上的差异。中国的家长假如对此不能醒觉，就不可能真正反省错误。就像一种隐藏很深的电脑木马，你不用安全模式，就根本无法找出它们来清除掉。一天不察觉，都会干扰你的思考。

只有把"父母伤害子女无愧"的道德盾牌打破，才能促使家长思考"如何尊重孩子的心灵自由"！

尊重孩子，就要多考虑他们的感受，不能像弯树枝那样，想怎样弯就怎样弯，毫不考虑树枝的弯度极限在哪里？万一折断了怎么办？

想帮助孩子，用心哪怕再好也要讲究方法才行。没有好的方法，效果就不好。效果不好，你的动机再好有什么用呢？

我见过许多被家长误伤的例子，家长的错误方法造成了孩子的残缺。等孩子长大了、定型了，家长也闹腾累了、认了。那时即便对孩子说声"抱歉"，又于事何补？站在你对面的，可是一个独立生命的一生啊！

以前有个家长来找我，他是部队的干部，一身军人的作派。

他女儿16岁，读书成绩不好。而他经常出差不在家，看管不够。回家了经常痛骂孩子，当然是想为了她好，可是方法简单粗暴。结果女儿成绩没有好起来，更怕爸爸，感情上很疏离，也自卑。

终于有一天，在被父亲责骂之后，她离家出走了，一段时间内都找不到人，也不上学，把家里人急死了。后来从女儿的好友那里得知，她现在和社会上的男人同居了。快一年之后才联系上女儿，得知她流产过，更惨的是她现在吸毒了。

这位父亲心都快碎了，在我面前，他挡不住后悔的泪水。现在一切都无所谓了，只要孩子回家，戒毒之后做回一个健康的社会人就好了。他希望我去和他女儿谈谈。

几天后我见到了她，一个憔悴、神情恍惚的女孩。她不说什么，只是啜泣。她说："我是完蛋了，让爸妈忘掉我吧。"

她爸爸本打算将女儿拉进戒毒所的，不过和我见面后没几天，她就跟别人走了，据说在内地某城市，现在不知命运如何了。

这件事对我触动挺大，因为比较极端。亲眼见过和听说过是很不同的——我忘不了那女孩空洞绝望的眼神。

所以说，教育上方法很重要，好的方法讲求提前预判，及早化解，而不是事后补锅。

南怀瑾的书里有篇文章叫《曲则全》，说一些小故事，告诉大家做事要注意方法。就算要实现一个崇高的目的，假如方法不对，不考虑别人的感受，做不出效果来，那你的崇高目的去讲给鬼听吧。

第七章　　　　　学打羽毛球

103　羡鱼则结网
107　愿赌服输
110　打球插曲
113　贵在坚持，世事都如此
115　打羽毛球的好处
117　巩固，立足长远的辅助
118　以旧换新，转移注意
119　孩子不运动的三个原因

曾老师

　　小松刚来时，唯一喜欢的运动项目就是打篮球。这不但是他擅长的项目，更主要的是，篮球场上有许多他以前的朋友、生活片断的记忆。那些记忆的影像在他还没有扭转之前，都是负面的拖累，不利于他除旧换新的过程。

　　长远来看，打羽毛球比打篮球更利于持续，而且羽毛球是我擅长的，把小松拉到羽毛球场上来，将有助于我们建立共同的活动项目，增进感情。

　　为此，我想了不少办法。

羡鱼则结网

　　在我过去单调的生活中，妈妈同意我外出玩耍的几率极小，唯一不反对的就是每个周末到小区球场和一群同学打篮球。其实打篮球只是活动的一部分，趁此机会，我们还可以去网吧玩游戏、偷偷地抽烟。

　　除了篮球，我没有别的体育爱好。在学校里打篮球，我的身高、球技都是中等水平。每当球赛前进行分组时，总是很羡慕那些技术好的同学，哪一边都想争取到高手加入队伍，被两个阵营争来抢去，众星捧月，就像美国NBA赛场上的乔丹或科比，哪个队拥有他们，胜利的天平就偏向哪边。

可我不是那种强者，从未受到大家的重视，只是球场上可有可无的一个备选者。

自从去了曾老师那里，很久没有接触到篮球，非常想念篮球场，但多次要求打球，都被他阻止了。

曾老师说："球场只有一个，经常都是比你大的一群人在玩。你的实力不济，也只能旁观而已。就如一个太监，还偏偏喜欢去青楼爬墙偷看女人，没多大意思的。越看别人，羡慕和嫉妒就越强烈，可是身体条件和本领都摆在那儿，这不类似于自虐吗？所以，大好时光别用于徘徊在球场外围。"

曾老师的话听起来总是有道理的，我默然无语。

他看出我的沮丧，拍拍我肩膀说："这样，你要么苦练一番，技术练好了再去，凭实力赢取别人的尊敬。要么就改一种体育项目，别玩篮球了。"

我说："改另一种项目？我不喜欢呀。"

"那么就先用第一种策略吧。苦练技术，练好后再去球场上较量。你看那些赛场上的佼佼者，哪个不是台上一分钟，台下十年功的？你光看到他们人前显贵，不晓得背后受罪。"

我说："你都不让我去篮球场，我怎么苦练？"

他说："只要你想苦练，我会想办法的。"

这事就这样定下来了。

曾老师是这样的人，他不怕你有想法，就怕你没想法。只要你提得出来，剩下的就交给他办好了。

于是，两天后吃午饭时，我发现地板上放了一个崭新的篮球筐，他刚买的。

我很惊讶地问："我们这里有空地安装篮筐吗？"

他说："条件虽然差一些，还是可以的。"

原来他打算把篮球筐安装在院子里。房子旁边有一条不到三米宽的巷道，篮筐就固定在一面8米高的墙上，按照标准篮板的高度定位安装。

曾老师家里各种工具很齐全，他是个DIY迷，总是强调要自己动手。

他说人在少年时，每动手做一件事情，都等于为自己将来的账户上存入1万元。在后来的三年中，他利用一切机会让我动手，学会生活中许多家庭必需的维修安装。

那是我第一次动手参与的大工程。是的，对蚂蚁而言，掉进脸盆了不啻游泳渡海的壮举。

他拿来长梯、电钻、扳手、螺丝刀等，这些工具都是进口的好东西。他说"工欲善其事，必先利其器"，他在任何时候都强调好工具对于工作效率的重要性。

曾老师帮我扶好梯子，叫我爬上去给篮筐定位。天啊！我可从来没有干过这种事情，有些犹豫。但是他态度坚决，一定要我自己动手，否则就没有篮球可打了。

我只好胆战心惊地踏上高高的梯子。从小到大，父母都没让我干过任何一件工程维修类的事情，我甚至都不知道家里的工具箱在哪里。

我有点扭捏，他说："男子汉，别跟小妞似的，干脆些！"

没辙儿，我只好硬着头皮往上爬了。

我敢肯定地说，站在梯子上面测量高度，再根据篮筐的螺丝孔确定好水平位置，是一件连八年级的学生都不容易顺利做好的事，因为动手解决和在纸上做题目很不同。何况，我当时的数学能力是三年级的。

曾老师一开始没帮我，就在下面扶着梯子旁观，让我自己想办法处理好它。（后来，他说当时在观察我解决问题的能力和面对此类阻碍的心理反应。）

我独自站在高梯上笨手笨脚地定位，方法弄错了，他就开口责骂。奇怪，在这种时候他一改往日和蔼的脸谱，就像军队教官般严厉。我在挫折感中一点点被他指导、纠正，似乎是花了一两百年那么久的时间，才完成了几个孔的准确定位。

曾老师终于让我下来了，他说我还没学会用电锤，打孔的工作就暂时由他来。换我下来休息了几分钟，又让我上去拧膨胀螺钉。

这个差事更苦，因为一只手要拿扳手，一只手要拿着篮球筐，高空作业，累且悬。但他在这个环节没有严厉责骂我，而是在下面指点我怎么把螺钉拧好，用扳手上紧。

等我完成之后，大汗淋漓，两只胳膊酸得不行。

下来之后，迎接我的是他递过来的一瓶冰镇可乐和微笑的面容。

曾老师说："怎么样？抬头看看篮筐，很有成就感吧？这个篮筐可是你自己亲手安装上去的，很不简单。以后你跟同学打球时感觉就不一样了。每次上篮投球，都会对那几枚螺钉倍感亲切的。

"而且，你经过动手操作，就会真切地体会到那些工人叔叔在高空作业的危险与辛苦。因为你做过，自然会推己及人，有个词叫'感同身受'，说的就是这个道理。

"一个人为什么会对受难者心生恻隐呢？因为会易位思考，己所不欲，也别难为他人。丰富的感情和触觉要建立在经验之上，一个人假如总是生活在深宫大院，从不出去了解世间百态，就难以萌生丰富的情感。

"小松，你以后就会知道，一个人内在的丰富，不是光从书本上得来的，而是要结合行动与经历才能真正成为自己的学问。'能力'这个词里面，书本知识所占比例并不高，更偏向于解决实际问题的行动力。

"很多家长只知道鞭策孩子读书、做功课，此外什么活都不让干，这相当于把孩子的眼睛蒙住、手脚捆绑，然后却要求孩子'德智体美劳'样样皆优，这样做的都是些缘木求鱼的糊涂人。

"像我们以前这一代，小时候并没有很好的读书条件，资讯也不像现在这样发达，可是为什么照样人才辈出呢？因为成长中动手机会多。早年适当的艰苦生活，从长远来看，对人一生的影响是利大于弊的。

"有生活经历做基础，一旦看书就很容易理解贯通。反之，离开生活的土壤，缺乏动手的训练，剥夺各种生动的情感体验，得到的只能是抽象而肤浅的想象。就如无土栽培，培养出的大多只是温室的花朵，怎么也培养不出山野植物那般顽强的生命力！

"这个道理，以后你会渐渐明白的。"

后来那几天，我都有种扬扬得意的心情，感觉自己完成了一件大部分同龄人都没机会做的事，比别人厉害些。其他老师都夸奖我，能够在那么高把篮球筐装好真不容易，至少她们都做不到。

"事非经过不知难"，亲自动手做过和光用嘴巴说就是不一样。这个道理经过无数次亲身体验，现在已经真正成了我的切身感悟。而触发每次感悟的具体经历却无一相同。并非所有人都能有机会主动去体验这种过程，有些人是生活所迫，自然而然地去体验；有些是被别人推动着或引导着去体验；也有很多人根本没机会去体验，与"证悟"失之交臂。而我呢？有曾老师悉心引导，很幸运！

篮球筐装好后，曾老师在每天午饭和晚饭前三十分钟都会和我玩投篮比赛。我们设定各种投篮距离，还设计了一套进阶和奖惩的规矩，这样的游戏有竞争性，很好玩，其他老师也加入我们的比赛一起玩。

曾老师说："你的个子在球场上毫无优势，就苦练投篮的准头吧，准头好可以弥补对抗时身体上的劣势。"就这样，我们在每天的投篮比赛中玩得不亦乐乎。可是，我投篮的命中率始终没有超过他，我提高了，他也一样在提高，始终旗鼓相当。

愿赌服输

经过一段时间，我的投篮命中率提高了许多，自然就技痒了。

（一年后曾老师说，这一点早在他预料之内。某个项目进步了自然会技痒，技痒了就会有要求，有要求就会被老师借用。）

我要求去篮球场找别人打球，他说，你现在投篮的准度是提高了，但是想去篮球场就要答应一个条件，就是每去一次，就要和我到体育馆练习两小时羽毛球。

我当时根本就不会打羽毛球，一点兴趣都没有，可是作为交换条件，我也没意见。

当天我去篮球场找别人玩，但是那些人年龄都比我大，没什么意思。可是明显感觉到我的投篮准头大有进步，这让我觉得功夫不负有心人，经过大量练习，效果是看得见的。

当然，晚上就和曾老师去球馆打羽毛球了。曾老师的羽毛球技术很好，陪我这个菜鸟慢慢玩，可惜我的基础太差，索然无味。

如此这般，在我们交手几个回合后，有一天，曾老师建议我应该把羽毛球学好一点，他说："因为篮球这种项目难以持久玩下去，它要有一个稳定的群体才好玩。但是出到社会工作之后，想要组织起一个篮球兴趣群体是很难的，没有同伴就持续不了。

"而且，打篮球作为一种激烈的对抗性运动，对于中年人风险较高，容易受伤，毕竟身体的柔韧性到了35岁之后是每况愈下的。

"而羽毛球持续性好，对中年人的肩部、颈部、腰部的好处都很大。再说了，等到你以后恋爱了，不可能在周末约心仪的女孩去打篮球呀，打羽毛球就很合适。如果羽毛球打得好，人也会显得阳光帅气些，还能通过指导她的球技而获得感情交流的机会，岂不是一举多得吗？"

曾老师又来这一招了，可是说得在情在理。

我被他的道理说动了，可是面对一个从头开始的新项目，难免令人觉得沮丧。我没有打羽毛球的运动细胞，曾老师很耐心地手把手教我，如何发力击球、脚步如何、反手如何、战术如何等，一次又一次，不厌其烦，但我的球技进步很缓慢。

（曾老师一年后对我说，当时他也觉得让一个16岁且没有运动细胞的孩子培养起球感非常困难，幸亏有几年的时间可让他慢慢来雕琢。）

于是他动了另一个脑筋。

有一回，我们在篮球投篮比赛中，他跟我打赌，如果他赢了，他要我去体育馆的少儿羽毛球兴趣班学习；如果我赢了，由我选相应的奖品。我想了想，要一周的假期，他答应了。

（一年后曾老师告诉我，其实和孩子们打赌他是不会输的，因为他手上的牌是打不完的。这一次输了，下一次总能赢，方法和机会是源源不断,随时都可以借题发挥。就算那时我赢得一周的假期,他一样会让我的假期过得很有效果,并不脱离他的培养思路。

曾老师说:"在精密安排下的时间是不存在无效碎片的,每时每刻都会别具意义。就算你在休假了,我也会随时制定一个小目标放到你的假期里让你做,只不过那些事情看上去不像是功课而已。

"宏观上看,其实并没有什么'废品'。现在一些发达国家把垃圾废物分类收集之后,进行重新提炼,所有材料都会再变成有用之物。这个过程就像重新排列组合,用能量守恒的观点看,全部物质都在,只是以不同面貌重新组合了。而生活内容就是一大堆素材,关键在于自己是否善于整合排列。

"孩子的时间也是那样,只要在我身边,无效空度的部分就很少。即便他们产出一些'废品',我也会用另一种黏合剂让他们把'废品'黏合起来成为有用的'产品'存放起来,日后激活,自有用处。如何把时间效率编排到极致,很有讲究。")

结果,比赛还是我输了,只好答应去参加那种很多人跟随一名教练学的羽毛球训练班。曾老师带我去报名,一次性地交了30节课的学费。

(一年后他告诉我,当时一次性付那么多节课的学费,就是为了要套住我时间长一点,怕我打退堂鼓。我笑着说,本来觉得自己怕浪费钱是个优点,可是连这优点也会被你这种坏蛋利用,可恶!他哈哈大笑说:"'高尚是高尚者的墓志铭'嘛!")

第一次上训练班我就傻眼了,天啊!全都是小屁孩儿,我是年龄最大的,这情形让我无地自容,觉得那一刻我似乎成弱智儿了。更难堪的是,我很快发现那些小朋友们只要跟了教练学过两年以上的,在球场上基本都可以把我当猴耍。

看来从小接受正规训练的效果不是吹的。

最初的羽毛球课程很无聊,无非是如何握拍,怎样挥拍,连续对空中做一个动作上百次,让人羞死了。后来曾老师说,这就是为什么年龄小的孩子比较好教的原因:心理障碍少。年纪大,心理障碍也越大,可塑性就越低。

第一节羽毛球课上完后回到家，曾老师笑眯眯地看着我，没问训练班的情况，因为他定的"家规"就是谁都得说话算数，不能半途中断。就算赌博，也要有愿赌服输的度量才行。当然，他本人也恪守规则。

第二节课，教练把我调整到一个13岁的男生旁边，让他和我搭档练球。后来才知道是曾老师给教练通气了，照顾一下我的心理。每当我训练回来，发牢骚说练球死板无聊时，他就笑笑说："哪有不经历风雨，天天看见彩虹的好事。苦练基本功，是通往成就的不二法门。"

于是，我就这么坚持把课程渐渐学了下去。这过程中，他每周都有两次陪我去球馆打球，只要我有一点点进步，就不停地鼓励我。他鼓励人的手法变化多端，写到这里，相信也不用我说得太详细，大家都可以想象了。

上完那30节训练课之后，他也没再要求我去了。这时我已经具备了较好的基本功，和刚开始时已经判若两人。动作看上去很有样子，发力、步伐也马马虎虎吧。曾老师说以后我可以跟着他打球了。

打球插曲

曾老师和一群中年球友每周打两场球，他们这群球友关系很融洽，曾老师是这个小队伍的组织者。

有一次在打完球的回家路上，我问他："你们一帮人每次打球都很开心，嘻嘻哈哈，好像从不谈论工作的事情。"

他笑笑说："也曾经有爱打听人家工作的球友，总想从打球中牵引出一些社会利益，都被我慢慢清理出去了。所以你现在看到的是个纯洁的队伍。

"大家工作劳累之余，本着运动健身和对羽毛球的爱好，聚在一起是为了放松，而不是社交。越纯净的气氛就越有凝聚力，所以我们不管年龄大小，大家都玩得像孩子那么开心。

"其实群里面有几个人是每天要穿西服板着脸到办公室上班的单位领

导，大家都很珍惜这个不用互相防备的氛围。每个人在社会压力下，都想找个能放松的小花园，每周两次的球友聚会就是我们的小花园。

"我们这群球友一直坚持每周两场的聚会，能够风雨不改到什么地步？每到打球日，我们把能推掉的饭局、应酬都推掉，在那一天打球最重要！呵呵！这也是物以类聚的道理吧。"

（曾老师这番经验对我后来在英国学校成为兴趣小组的组织者，帮助很大。）

时间长了，我偶尔听到他们在场边休息时，有些球友对自己孩子的教育问题抱怨唠叨一通，曾老师听了，也跟别人一样平淡地说些无关痛痒的话，安慰一番，但并没有告诉人家他是有方法的人，别人也不知道他的工作。

我觉得很奇怪，从球馆回家的路上忍不住问他："为什么不给球友一点专业意见呢？毕竟彼此关系都很不错。"

曾老师说："我就算给建议也没用的。简短说，别人听不懂；就算听懂一些，也做不到。解决教育问题重在行动。

"这里面有个悖论：你一点他就能通的人，通常不用你点，他的视听范围自然会有书籍或者其他信息去推动他思考及行动。而另外一些家长，你说了他们也听不懂你建议的可行度，甚至会反感你装专家。这种情况我见过太多了。

"这其中还有一部分道理和'远交近攻'的内涵相似。人们总喜欢去远方拜神，越远越神秘，而对于自己身边能遇见的，大都觉得不值钱。

"把这个道理再扩大些，就能发现一种现象：就是大部分思想家、艺术家在活着时不值钱，但死后就立刻被神话了。道理很简单，因为他们活着时如果声望太隆，是要影响现实权力分配的。要分房，配车子，要话语权和地位，甚至搞不好会危及一群政治蛀虫的座椅。这当然不行！

"但人死后就不同了，人一死事情就好处理了。有些官员就像秃鹫，专门等着哪个学术界大人物归天。只要你肯死，想怎么隆重厚葬、想要多少溢美之词都行，因为死人是不会与活人争利的，也不会给领导添麻烦。

"更妙的是，人死了，就方便给死人的牌匾涂脂抹粉了，基于利益考虑，想怎么包装打扮都行。不但把死者生前说的话印出来，还敢把他们没说过的话都编造出来。

"以前看过一个西方的笑话：某位潦倒糊涂的船夫因酗酒死了，在教堂里的遗体告别仪式上，牧师说了一大通对死者的赞美之词。说着说着，船夫的遗孀忍不住细声对身边的小儿子说：'你过去棺材那儿看看，里面躺着的到底是不是你爸。'

"所以，我们看到许多思想家、艺术家生前无人问，死后有哀荣，其实背后都是人性及种种利益在博弈罢了。

"有个当代大学者季羡林，就是看透这种政治把戏的智者。

"前些年季老先生还活着时公开说过：'我算什么大师？我生得晚，不能望大师们的项背，不过是个杂家，一个杂牌军而已。不要放我同领导的合影，不能借领导的光来宣传自己的书，也不要放我的录像片。'

"他这番话应该成为学界的楷模流传下去。这就是继王国维、陈寅恪、老舍这批文化精英死光之后，又一个称得上'人格独立'的大学者。能够在生前大声说出来的人，我都要为他鼓掌！

"所以北岛诗中说：'卑鄙是卑鄙者的通行证，高尚是高尚者的墓志铭。'

"当文人，要及早想通这一点才会长寿些。你以后要记住这个道理，很多事就能想通了。"

曾老师这番话让我印象太深了，就像剃刀轻轻划过皮层，感觉力量不重，可是却鲜血直冒。

原来，好人就算肯帮人也未必帮得上，不是一厢情愿就可以把事情办好的。后来，我看到他和许多家长的接触，就更加印证了他说过的话：

一个无法从逻辑上感受真理的人，只能从市场里肤浅的吆喝声中汲取信仰——信春哥得永生！

大家别以为我在借着打羽毛球把话题发挥得没边没际，其实真不是。

曾老师很少正儿八经地等到大家在课堂上坐下、捧茶端坐后才像老学究似的给学生开课。他强调在生活中，随着具体事件，随着学生的视线关注点而临场发挥，把知识带出来，这样才更有利于记得住，效果好。

学过快速记忆法的朋友应该明白，变换场景往往可以取得加深记忆的奇效。

他那一晚在路上就说出了一番书中难得一见的观点，我因而记住了"季羡林"这个名字，记住了那个让儿子往棺材里望的船夫遗孀。那些名字和故事片段情节随着回家路上婆娑的树影，一起黏合在我的记忆里，成为知识的一部分。

贵在坚持，世事都如此

好了，回到打球的话题上来。

我的球技远远跟不上他们那群人，曾老师就常常单独另开一块场地陪我练球。其实每周和这群人打球，是曾老师最快乐的时光，而他为了照顾我的球技进步，做出了很大牺牲。

他曾经说过："在平静的水面上，没有不推就走的船，一切事物的运动发展都必是一番努力推动的结果。前面偷懒就没有后面的舒坦，没有行动力的家长，嘴巴怎么说也没用。对孩子不但要有牺牲精神，更要有牺牲的行动。"

他永远是一个行动派！

曾老师还经常让阿姨来陪我打球。一开始我打不过她，后来慢慢就超过她了，再后来变成是我在陪她打球了，呵呵！

有一回在打球中途休息时，曾老师特意在我耳边说："你好歹要让一下阿姨，让她觉得好像能赢你却又总是差那么一点，她就会有兴趣陪你打下去了。如果你一下子大比分拉开，人家就不跟你玩了。知道不？"

说完，还做了个鬼脸，逗得我哈哈大笑！

我就这样慢慢进步了。有一回，我妈妈和朋友们去打羽毛球，把我也叫去了，结果让她们吃惊，都夸奖我进步神速。其实打赢这些阿姨们也没多大成就感，不过作为家长，对自己的孩子取得哪怕一点点进步，都会觉得安慰。有时我也会替妈妈高兴！

后来，打球的习惯就这么一直持续下去了。每当我偷懒，曾老师总有办法让我回复正道，他总是说："你做任何事情都不用东张西望了。看看窗外的街道上，别人对许多事之所以忐忑不安，是因为对走向及结果没有把握，因此而彷徨。而你不应当有此顾虑，因为我建议你做的每一件事，自会有其中必然的道理。我能看到终点是什么，你只要坚持再坚持，一路走下去即可，没有什么比专心致志的效率更高了。"

后来，我的羽毛球水平还算马马虎虎，比不会的人好很多，比会的人差一点。到了英国之后，和同学们打羽毛球，还好，起码属于中上水平。

其实对于打羽毛球这事，时间过去一年多之后，我并没有刻意回想个中的起承转合，就像人身上的一道小伤口，刚刚被划开时痛了一下，然后慢慢伤口愈合，新生肌肉长回去了。到后来连疤痕都消失掉，你自己也就忘记了。

它愈合得那么自然，你不会想到当初究竟有没有被植入或更替了什么，因为是自然而然的过程，所以你的意识不会主动去搜寻那片特定区域。

反之，这类方法也可用以制造人的思想盲点。幸好，曾老师手上的奇妙棒是用来引人向善的。

打球这事儿，只要坚持，度过了最初不适应期之后，慢慢会尝到乐趣，心里也就自然而然接受了新项目。再者，通过一年的相处，我对曾老师已经死心塌地地信任了，没什么好质疑的。从医患关系来说，对医生的信任是治疗的重要一环。一个名医，会让病人心里踏实。

曾老师和我的关系不像教育部和学生的关系。教育部是为国家制造标准配件的，和社会个人的需求并不一致，而曾老师是位雕刻灵魂的爱好者，我自己有目标，他则帮助我实现愿望，两个人方向是一致的。

在尝到诸多甜头之后，我没理由不放开大脑，接受他的帮助。

打羽毛球的好处

学习羽毛球大半年之后,我就没再去打篮球了。有一天,我和曾老师在看美国 NBA 篮球比赛,才突然想起已经离开篮球场很久了。虽然每天仍然和他在巷道里投篮比赛,可是好像没有跑去篮球场打球的强烈念头了。

于是我顺口就问他:"当时你劝我转为打羽毛球,难道打羽毛球比篮球更好吗?"

曾老师说:"如果仅从锻炼身体的角度看,任何一种运动方式都是可取的。比如在大楼里走楼梯,反复上下,或者在自己家里从阳台快步走向卧室,连续来回 500 次也是锻炼方式。别笑!我有个朋友就是专门用爬楼梯来锻炼身体的,那个人你认识,就是郭叔叔。"

我点点头,我们和郭叔叔一起爬过山,他是个知识丰富、思维敏捷的人。

曾老师说:"他是事业上的成功人士,年纪轻轻就当了上市公司的副总经理。

"他住在北京的高层住宅里,经常回到家就穿上跑步鞋和短裤,带上 MP3,一边听着奥巴马或者马丁·路德·金的演讲录音,一边沿着楼梯从 1 层爬上 35 层。

"打扫楼梯的清洁阿姨还以为遇到传说中的蜘蛛侠呢,不过那是个胖蜘蛛,呵呵!

"他为什么要用这种枯燥的方式来锻炼呢?除了爬楼梯相比于出外打球可以节省时间外,最重要的是,他没有一项擅长的球类爱好。

"在学生时代他就不爱好运动,错失了发展球类技术的机会。人到中年后感觉该运动锻炼了,才发现乒乓球、羽毛球、网球全都不会。于是,爬楼梯就成为无奈之选了。

"当然,他就算爬楼梯也能甘之如饴,孤独却快乐着,但毕竟这不是他最愿意的结果。如果在他的学生时代里对运动项目考虑长远一些,相信他会在18岁之前做出更多前瞻性的行动。

"小松，你以前除了会一点篮球之外，基本不碰其他运动项目，这会使你离开校园之后，一旦失去了打篮球的环境，就没有其他擅长的锻炼方式了。因为篮球是一种集体运动，球友圈子不稳定，场地也少，条件的制约自然会逐渐浇灭了兴趣的热火。

"到社会上工作几年之后，别以为随时再学习一门球类运动就行了。如果你的运动细胞不是特别好，千万别无视运动项目的学习能力也随年龄增加而衰减的规律。记住自己是凡人就行了，别轻易在背上绑两只翅膀就从楼顶跳下来。

"而且你的篮球技术和身体条件太普通，很难帮助你树立自信心。假如你无法通过某个项目长久地获得他人的尊重，难以持久地汲取快乐，那么终将无法持续。

"不管你现在多么渴望它，不久之后你也可能就渐渐与之疏离了。

"当然，对成年人而言，这条规则略有不同。有些成年人在社会上已经有了安身立命的强项和自信支撑点，那么他们走向球场的目的很单一，就为了锻炼身体。

"结果就会出现像郭叔叔那样以爬楼梯为锻炼方式的人。一来因为他在事业上有自信的支撑点；二来有些成年人能够为一个理性的目标而长久忍受枯燥。

"可是你的年纪和综合基础，暂时不具有他们的条件，所以为了促使你学习新项目，就要用迂回的办法了。

"羽毛球在城市中的普及率不错，属于群众喜闻乐见的大众项目，可持续性好，对身体条件的要求不高。在少年时期苦练几年就可以在成年之后打赢很多人，综合来看，玩篮球的长远效益不如打羽毛球。"

巩固，立足长远的辅助

也许，时间这个魔术师已经悄悄地将我改变，当我的羽毛球水平在慢慢成长，而且有曾老师和球友们的带动，我不再渴望回到篮球场，更喜欢羽毛球场的欢乐气氛了。

曾老师每周两场球是风雨无阻的，后来我的球技进步了之后，他还经常白天带我去球馆打球。整个球馆静悄悄的，他专门陪我练球。

有一回，打球中间休息喝水时，我问他："一周两场球还不够吗？为什么要增加训练量？"

曾老师说："小松，你之前荒废太多时间了，来到我这里，现在必须把时间编排得更有效率。

"一般的孩子没有像你走那么多弯路，他们在童年、少年的阶梯成长过程中，自然而然能够开拓和吸收多种有用的元素。这些元素即使杂乱无章，毕竟也有些综合厚度沉淀下来了。

"在人生发展中，沉淀下来的任何素材都能够促进思考，变为思考和成长的养分。

"而你在沉睡中虚度了太多宝贵时光，基础非常薄弱，并且没有自信。现在知耻而后勇了，想追赶就更要强调效率，争取在短时间内尽量为日后的人生打好基础。

"当初我想尽快让你学习羽毛球，因为从零开始到初见成果，需要一段时间。而在你的一生中，我能陪伴你的时间非常短，所以必须在很有限的时间内，尽量把好东西带给你，还要帮助你巩固起来。

"就像用水泥钢筋搭建一座桥梁，不是将水泥倒进模板里去就好了，还要等到时间够长了，水泥干了，强度够了，工程师才能拆模板走开。

"大部分时候，年轻人的'自觉性'和'坚定性'是成就自我的主要障碍。假如你身上也有这些弱点，那么在这个阶段就要由旁人来监管帮助会更好。

"很多家长不明白我为什么要把学生留在身边几年时间，其实就是为了给孩子一套立足长远的辅助,整个链条缺一不可,否则效果根本没法保证。

"就好像医生给病人治病,手术后医生要求病人住院,并且由护士专门护理,按照有利于完全康复的正确程序来监督。

"病人一开始会觉得不自在,很难受,可是在专业照料下,伤口愈合得很快,病症好了。当伤口已经不会再裂开,完全没问题了,这时候医生才说可以出院了,这番治疗才算告一段落。"

以旧换新,转移注意

还是老样子,我每周数次跟着曾老师打羽毛球,成为了生活的一部分,自然而然,水平逐步提高。一年之后,曾老师在教我"声东击西、转移注意"等孙子兵法里的一些策略时,顺便又提到了当初引导我打羽毛球的想法。

他说:"当时帮助你将运动爱好从篮球转向羽毛球,还有一层考虑,就是帮你从情感上逐渐和原来那批同学剥离。

"你刚来我身边不久,离开了群体,进入比较孤单的生活状态中,很自然会更留恋群体生活,孤单反过来会强化思念。你去篮球场,其实也折射出对往日生活的怀念,那些球场的回忆包含了一群特定的朋友。在篮球场上,似乎回荡着你和朋友们的欢声笑语,虽然不是同一个球场,但是那里能勾起你的许多带着汗水的记忆。

"让你喜欢上新的运动项目,是帮你割断与过去的情感纽带,它和剪头发、换眼镜、看书、提升思想内涵、弹琴等措施一起,属于系统工程中的配合措施。

"这些措施在你来到我身边的半年内,分批次地逐一登场,其中的上场次序和间隔密度都是根据你的实际情况伺机而动的。

"从效果上看,短期内恰当的'饱和攻击',能够在最短时间内取得良好效果。

"知道什么是'饱和攻击'吗？就是战争中那些惊人的立体轰炸场面。比如电影《现代启示录》里面就有这种轰炸画面，为了瞬间消灭某区域的所有敌人，某方集结空军和炮兵以及导弹部队，弹药、后勤全部一级待命，突然同时对锁定的区域发起无缝隙无死角的猛烈打击。

"那种场面是很惊人的，瞬间一片火海，区域中的敌人基本被全歼。虽然弹药消耗很大，但是效果也很好。

"引导你打羽毛球就是前半年中'饱和攻击'的其中一环。

"其实'以新换旧'、转移注意力的方法在生活中被经常运用。比如，我们以前看过的电影《甲方乙方》，里面有个情节：一个痴情男子被恋人甩了，朝思暮想、精神恍惚、寻死觅活的。冯小刚帮助他渡过难关的方法就是介绍另一位大美女给他，还包装成阿拉伯公主，还娇声唤他'达令'，勾得痴情男魂飞魄散，他发誓要好好活下去，等公主回来。

"其实冯小刚不拍电影也挺适合当心理医师的，他让痴情男的情感转移了目标。他在电影里的台词说：任何一服药都不能包治百病。就像一个患了绝症，病得要死的人一样，明明知道吗啡只能暂时减缓痛苦，甚至还有不良作用，你给不给他注射？是看着他在痛苦中不管，还是让他获得短暂的安宁？所以说，道德不是空泛地脱离了对象孤立地存在。你给一个健康的人注射吗啡是犯罪，而在法律允许的情况下你给一个垂死的人注射吗啡就是最大的道德。"

（——这话说得好！他用活了转移注意力的策略。）

曾老师讲课，常常踩着一块西瓜皮腾云驾雾，滑到天涯海角去。你根本不用拉回他的思绪，只要跟着飞就行了。何况，一次快乐的知识旅程，即使飞远了，谁想拒绝呢？

孩子不运动的三个原因

关于羽毛球的话题，时常会在曾老师的谈话中被带出来。

一年多之后，当他手把手教我教育学知识，其中有些是拿我自己做案例来剖析的。有一次专门讲述运动对于孩子成长的重要性，顺便分析了一下现在学生不爱运动的问题。

曾老师说："现在许多家长忽视了孩子的运动训练，害处是很大的。这些害处，令孩子在成长中因缺失某些必要的元素而产生缺陷，最终也让家长们深受其害。

"在1990年以前的中小学，孩子们的活动空间还是很大的，放学后打球、玩耍、游戏，甚至还有许多家庭生活中本身需要担负的家务，都是身体和智力上的锻炼。

"孩子们整体上在比较宽松的气氛下成长，自然可以拥有更多乐观精神和自爱意识。心理比较健康，生存能力也比较坚韧。

"时间上算起来，最后这一批人现在也到33岁左右了，如今正是社会的中坚力量。"

我问："那么是什么原因导致后来变成不怎么运动的呢？"

曾老师答道："导致这种宽松氛围改变的原因主要有三个。

"一个是因为计划生育政策的负面效应开始显现。你要知道，人有趋利避害的本能，任何行为都是权衡计算的结果。当你一辈子只准许生一个孩子，那么血缘和情感意识将轻易战胜大多数人的理性。

"只有一个孩子，就意味着家长们都要在悬崖边行走了。

"我相信政府制定一胎政策时，想到的只是控制人口数量，但是对于连带的负面效应，当初也许没有考虑周全。

"一胎政策就像要每个家庭去走钢丝，还不是走一小段，而是担惊受怕一辈子。当你无奈地站在钢丝上，'千万不能掉下去'将成为你这辈子的重点任务。其实那一刻许多家长的行为与生活内容已经被锁定在'担心模式'了。作为一个孩子的父亲，我同样受此规律的制约。

"更要命的是，有一种规律叫作'墨菲定律'。大意就是，你越担心害怕会发生的事情，即使是低概率，它却偏偏要发生。

"所以，每当在新闻上看见有些孩子被人贩子拐走或抢走，看到那些因突发灾难而瞬间失去孩子的家庭，我想旁观者都会感同身受地心碎。一个孩子的消失，就意味着整个家庭的碎裂，损失是无法弥补的。

"前阵子，深圳不是发生了一个司机开车失控撞上人行道，撞死了许多小学生的惨剧吗？这种新闻对独生子女的父母产生的震撼力与30多年前相比，是大不相同的。以前家家户户大多都有几个孩子，孩子受伤或意外夭折了，虽然家长也伤心，心境和今天相比还是有所不同，毕竟还有剩下的儿女可以安慰。谁都不想断了血脉啊！这一点以后你当父亲了才能真正明白的。

"自保，是人的本能反应。

"由于总在悬崖边行走，父母再怎么理性也会忍不住过分关注和担忧孩子，这是正常心智计算的合理结果。人永远是规则下的动物，有怎样的规矩就会导致怎样的行为。只能有一个孩子，家庭风险就会被无限放大，这是基本人性所决定的。

"于是孩子受到过多不恰当的关注，因而就产生一系列问题。比如意志薄弱、以自我为中心、缺乏同情心、承受心理压力的阈值低等。"

我点点头："原来这样，我还从没想过内地的计划生育政策会有这么深远的影响。"

"就像海洋或森林，生态平衡性是个庞大而微妙的动态过程。在平衡状态中改变一个重要元素，肯定会引起连锁变化，形成骨牌效应，效果好坏参半吧。

"所以如果政府的政策，没有经过科学的实验验证，仓促落实，其副作用要很长时间才能显现。

"我也不能说计生政策绝对不好，而是在检讨某些领域的课题时，发现了它身上的其中一种副作用，这不必回避，该挑出来摆在一边。在讨论孩子们和家长们的行为模式被改变这一题目时，计生政策的副作用不应当被回避。"

我接着问："我知道你先把'政策'这个大原因挂起来了，那么除此之外，还有哪些理由呢？"

曾老师答道："你的头脑里想到'生态'这个词，就要立即联想到有无数个参与因素，大部分现象都不是单独原因所引发的。在此问题上我也不能展开得无边无际，就谈三个重点，现在说说第二个。

"孩子受到家长的过度保护，自然被限制了许多活动空间。这里不让去，那些不能玩，怕受伤，怕出意外。家长心理承受不起意外的代价！

"这时恰好碰上一个经济大发展时期，广东沿海经济起步更早些，但是没有代表性，我们就说全国许多省份生活好起来，大概在1993年以后，就是邓小平南巡讲话之后，全国迎来经济大发展，许多家庭的物质条件大大改善了。

"要知道，经济能力不但可以决定人的行为模式，还能严重影响到一个人的思考方式和人生观。所以说，经济学是很厉害的一门学问，你要好好学它。把经济学和哲学结合起来，那是大杀伤性武器。

"用经济学的眼光也可以洞察许多社会问题。多少家庭的喜怒哀乐、悲欢离合，其实都是由他们抽屉内那本小存折上的数字所决定了的。

"许多家庭的经济条件大跃进后，一些深层的渣滓便不由自主地泛起来了。

"你见过上海一些女人爱穿睡衣上街的现象吗？"

我说："没见过，穿睡衣上街好看吗？"

曾老师笑着说："我们是觉得怪怪的，问题是她们或者她们身边的人肯定觉得正常。在《锵锵三人行》节目里，来自上海的许子东教授就讲过这一现象，以前这种现象算是挺普遍的。

"要知道，人一般不会故意丑化自己。就算是古代的东施效颦，丑女效仿美女的打扮和仪态，在旁人眼里效果上可能更恶心，但是对于东施本人而言，重要的是她自我感觉良好。"

我问："那么她们为什么会觉得这样穿是美呢？"

曾老师答："因为上海在二十世纪三十年代曾经很威风，东方之珠啊！到处是租界、洋房、洋人、十里洋场，中国的经济中心、影艺中心、远东新潮文化的大基地啊！那时可比香港还要牛。当年上海某些阶层的穿着风格是引领潮流时尚的，就像今天的中国香港和日本、韩国的服装潮流让中国内地青年争相模仿。

"即使有其他力量想取代，可是人的心理惯性是需要很长时间的消化才能停下来的。所以，看看麦当劳和肯德基，从登陆中国市场开始就主攻低龄人群，策略上很成功。就要你从小认定他们的口味，培养长期的忠实消费者。

"我不想说得太远了。简单地讲，就是三十年代的审美标准，即使经过数十年关起国门的剧烈政治运动之后，由于国家一直没有打开窗户，使得旧时代的审美观依然不能消散。"

我问："时间无法冲淡这些观念吗？"

曾老师："时间本来是一个重要因素，可是不开窗，在相对封闭的空间里观念的延伸能力很强。

"虽然1949年后，国人的服饰与以往有了彻底的改变，可是局部范围内，一些人的审美观念仍储存于脑海中，沉淀着。因为资讯封闭，所以旧观念没能在五十年内全部散去。

"于是，穿洋气些的睡衣走出家门，这种跨越时空的审美标准就像一个弹簧那样，松手后还是自然会弹起来的，只不过弹起之后变成了另一种模样。就是这个道理。

"当然，也不要单拿上海某些女人来调侃，全国各地有个时期都曾经历过服装审美上的躁动学习期，比如男人穿西服不剪掉袖口上的标签等。时代开放后，空气流通了，观念自然会更新调整过来。

"好，刚才绕了一个圈子，是为了让你明白一点，有些久远的观念是如何跨越时空、隔一代两代再影响我们今天的行为。就好像提出进化论的达尔文，偶尔去一个小岛，发现岛上居然有一种其他大陆上都没见过的猴子。他当然很好奇，周边都是海，这些品种罕见的猴子最初怎么来到这个岛上的呢？

"思考一些看似不是问题的问题，力求找出线索，那就是科学的态度。

"哦！后来达尔文发现，原来这个岛在数百万年前与远处的大陆是相连的，只不过这块地（球）板（块）的移动变迁非常剧烈，才几百万年就跑远了，有些物种就此隔绝了大陆，才单一地在孤岛延续了下去。

"那么，达尔文的发现，给我们今天分析这个问题带来什么思维线索呢？来，我教你另一种分析方法——切洋葱，玩拼图。

"影响孩子行为方式和思维方式走向的，主要是家庭中的大人。而人的行为由其思想观念所驱动，因此，要分析孩子哪里出毛病，需要找出孩子身边大人的观念根源在哪里。

"但这不是我们的专业课程，稍微找一点来用就够了。"

我笑笑，饶有兴趣地点点头——知道曾老师又要开始用小刀切洋葱片了。

曾老师说："好，你先拿个盘子来装这一片洋葱。

"刚才不是说了，1993年之后，大家开始有点钱了。要知道，孩子的爷爷、奶奶、爸爸、妈妈这两代人都是吃苦过来的，我来给你分析他们的基本背景。

"计划生育政策在八十年代初颁布，可实际上全国性真正严格抓落实大概是1985年左右。

"1985年到1990年生孩子的家长，妈妈是1956年到1968年之间出生的人，爸爸是1953年到1966年之间出生的，这批父母们的少年时代都是在革命运动中成长过来的。由于历史无法给予的匮缺，使他们对知识、对文凭有着你们今天无法想象的崇拜和渴望。这点心理后来被教育产业化充分利用了。

"另一方面，艰苦的成长环境磨炼了这代人的生存意志。但要注意，他们中的多数人并没受过良好的思维教育。你以后看《1984》这本书就会更明白了。那时候的大多数人，思想被高度集中，各种科学知识极度匮乏。

"当然,我指的是一个时代背景下的群体,不是针对里面的个人。这批人中也有大把精英,呈两极分化,我这里说的是时代文化背景下的人群平均值。

"人有一种普遍心理,就是补偿心理。补偿心理类似于弹簧原理,受外力的压制,则心理自然产生反向的欲望。这批人当了父母之后,碰上计划生育,只能生一个孩子,而人到中年,恰好物质生活又慢慢好起来了。结果很自然,有些人难免把自己对过去童年时的遗憾和所有曾被压抑的渴望都想通过孩子补偿回来,获得浅层的满足快感。

"我们平常听了很多这样的话:来,乖!吃多点,要知道妈妈小时候可是想吃都吃不到这些好东西哟!

"家长们禁不住会把自己童年的遗憾投射到孩子身上,他们没想过,自己的行为就像拔苗助长。望子成龙,心意是好的,可是方法并非多放些单一的肥料就能解决,更不能将苗拔起来,不让根须接触泥土啊!

"所以,'再苦不能苦孩子,再穷不能穷教育'这句广告词具有核爆一般的杀伤力,就是为特定客户群量身定制的。你看多合身,放在2000年之前,这句口号鼓舞了多少家庭节衣缩食、集中资源供给孩子呀!

"没办法,这群家长做梦都会梦见学校围墙上的'知识改变命运'。以前邻居家出了一个大学生,几条街道的人都羡慕得快哭了。我喜欢看世界经典广告,觉得中国这句广告词绝对是广告史上的经典作品。

"小松,现在的你很难理解我们曾经处在怎样的社会氛围下,对知识和文凭的渴望远比你们想天天玩游戏机还强烈。"

"好,父母这块分析到这里,再拿一个盘子来装另一片洋葱。

"影响孩子的,还有爷爷奶奶们的作用。

"这批爷爷奶奶大概是1932年到1940年出生的,整个童年是战乱流离的岁月,没多少机会受教育那是肯定的。"

(第二天,曾老师陪我看电影《活着》,让画面来告诉我鲜活的历史。这部电影让我很震动,数十年间,人间大变!当他看到那个小男孩在参加大炼钢铁之后疲倦地睡着了,还有那哑了的小女孩推着一车暖水瓶的画面，曾老师说他感觉非常熟悉。)

"这群人当了爷爷奶奶之后是什么心态呢?这些老人如果晚年生活富裕些,是很舍得疼爱小孩儿的,因为你不知道他们脑海中是经过怎样的人生洗礼,你不懂的。

"告诉你一点吧。'文革'后,文学界有个名词叫作'伤痕文学',内涵大概是感伤或反思作为个人命运处于历史旋涡中的痛楚。写那些文字和思考那些时代背景的人,如今就是当爷爷奶奶的年纪了。

"在电影《活着》里,那个将要被政治斗争旋涡卷入深渊的绝望的'春生',当他深夜偷偷向'福贵'告别时,小松,你不明白那种复杂感情和细微的背景。而我们家的长辈身上就发生过类似的故事,在我的脑海里,充满关于那个时代的种种细节。

"我能理解许多老人,那都是我父辈的故事。通过什么去理解呢?凭借对古代历史、近代历史和现实的理解,再加上古诗词。

"告诉你几句诗词:世乱遭飘荡,生还偶然遂。

"这是杜甫写的。说战乱动荡的时代背景下,妻离子散了,几人生还归来呢?要好好珍惜自己的家人啊!能够都齐全地围在一桌吃饭,就很美好了。

"还有一首:

季子平安否?
便归来,平生万事,那堪回首!
行路悠悠谁慰藉,母老家贫子幼。
记不起,从前杯酒,
魑魅搏人应见惯,总输他,翻云覆雨手。
冰与雪,周旋久,
泪痕莫滴牛衣透,
数天涯,依然骨肉,几家能够?
……

"这些诗词的意境,是许多年轻人难以理解的。那是经历过颠沛流离、生离死别,从动荡年代里走过来的人才能品尝的苍凉与悲怆!

"我从小就是在伯父和父亲的故事熏陶下长大的,那些大时代的故事,我脑海里有一大堆。那些亲历者的乱世情怀,我体内也有,通过一定训练是可以获得跨时空的强烈感觉。所以当我和老人谈论起解放前以及之后的一些事情,有时候比他们知道的还要全面。因为从小喜欢穿越时空进去那个年代,我能从他们的口述中,捕捉到他本人都表达不出的情感。

"我常常不自觉会念起这几句诗词,里面的意境分量沉重。多少人惶然一世,惨淡一生啊!这是另一幅世间真相!

"这群老人的前半生太苦了,如今他们看着孙儿,止不住哄啊、笑啊,希望孙儿天天多吃几碗饺子,多穿一些好衣裳。这一生铅华与征尘洗尽之后还剩下的,恨不得全来换取与儿孙的快乐时光。于是宠啊、爱啊,真希望徜徉在孩子永远长不大的童真中度尽晚年。

"他们内心那种情愿不计一切的溺爱,反射出一道极深极深的历史伤痕,还有即将被时代遗忘的孤独感。我熟悉他们所走过的时代背景,很熟悉这整一代人。

"我以前就写过一篇关于老人溺爱孩子的文章,轻轻提醒父母们要注意老人的夕阳心态,溺爱起孩子来完全不顾后果的。他们不管以后如何了,人老了,就想放任自己一把,这种心情很让人心酸。"

我默默地旁听,曾老师讲故事充满感染力,声音、情感、画面都随着语言及神态钻入心扉。我突然也想起自己的外公外婆来,他这番话,似乎在为我日后亲近老人搭建起一道桥梁。

我说:"老人的心情也挺可怜的,但他们的儿女正是社会中坚,知识和见识会高一点吧?应该想办法阻止他们溺爱孩子呀!"

曾老师叹息一声道:

"唉!家家有本难念的经,天平的两头,总要有轻有重,取舍之间太难了。这个课题我也不知道如何完美解开,难题啊!

"你刚才的话低估了两点:一个是'孝道'观念在那一代人的头脑中

有多强；二是你不知道儿女和父母从二十世纪三十年代一路走来，那种历经苦难、相依相伴的情感纽带有多强烈。理解了这两点，就会看到有些做爸爸的是含泪看着老人把小孩儿娇宠坏的。

"没警觉的父母倒好些，无知则不烦恼。我认识一个有学识的老总，事业很好，人很正气。当他说起这个问题来，那种折磨是非常强烈的！一方面自己经过努力拼搏日子好了，要孝顺父母，大家一起住，赡养老人过好日子；另一方面又想教育好孩子，把自己对知识的渴望寄望在孩子身上。可是老人非常溺爱孩子，当爸爸的只能一切依顺老人了，但背后却充满矛盾和痛苦，独自内伤！

"我深深同情这种家长，因为他们意识到了让老人高兴，牺牲的不是他的孩子，而是一个独立的生命，想让老人开心却不得不以伤害小孩儿为代价，这种认识越清醒就越痛苦！

"所以，世上有些事情想解决，不是没办法，而是很难完美周全，背后的决心是很难下的。这些处境与为难不降临到自己头上，你很难真正明白的。"

"好了，分析了一番独生子女的家长们的背景，现在看看那些因素合力后，将会催生怎样的行为和想法呢？（当然这是针对普通人群而言的，有许多优良的特例就不说了。）

"于是，父母以显摆、放任、骄纵孩子为表象的诸多劣质行为浮了起来，这些有害成分令孩子的性格在成长过程中自然被锈蚀。长辈们也很可怜，因为无知，不晓得孩子是有灵魂的，不能当宠物来养。结果有一部分孩子给弄坏了。

"所以，当你看见被宠坏了的孩子当街撒泼，或者带着一大堆毛病走向成年，其实都很可怜！他们小时候被大人当宠物玩具养，长大后又被痛骂为十分没用、久坐不动、八抬大轿、七天逃课、六亲不认、五谷不分、四体不勤、三餐不吃、两眼无光、一脸苦相。谁想天生如此呢？

"以前听说有个故事，我没有去证实真假。说是有个人自小被骄纵惯了，挥金如土，不愿意吃苦。20岁之后，发现自己无法凭实力在社会上赚取欲望中的一切，于是就去犯罪，想走捷径搞钱，结果被抓，判了死刑。

"庭上宣判之后，他要求最后和妈妈告别。他妈妈哭着过来与儿子拥抱在一起，他突然狠狠地咬住妈妈的乳房，直到鲜血淋漓被拉开后，歇斯底里地对妈妈大骂：就是你，从小把我养成这个样子的，我恨死你！永远恨死你！

"这是一个悲剧生命的最后绝唱！

"我想，关押在死囚牢房里的许多日夜，让他终于想明白自己是怎么一步步走过来的。有别人的错误，也有自己的软弱，在大限来临之际他才会醒悟。所以，通常大难不死的人会通达许多，常有豁然开朗的感觉。

"其实并非智慧之光离我们遥远，只不过生活就像一层混浊的猪油，蒙住了我们的心镜。

"禅宗有诗写道：

身是菩提树，心是明镜台。

时时勤拂拭，莫使有尘埃。

"要是尘埃好办，扫一扫就行，但是蒙上猪油就难搞了，光是用水和布怎么擦洗都油腻腻的。那么就等待一点洗洁精吧，可惜在故事里那个被枪毙的小青年，他的洗洁精买得太昂贵了！

"所以，这一代独生子女有些深层的问题存在，虽然不能妄下评语，时代的每一拨产品都会有许多优秀者，但整体而言，这一代的'残次品'还是不少。

"作为个体的你，当然可以努力突破，在超越自己的那一阵子，必是经历蛹化蝶的痛苦过程。只要挺过去就好，以后往上走了，看人生都不一样。还没有过自己内心这一关的，克服不了软弱，告别不了过往坏习气的，自然让命运来惩罚。

"近些年来，新闻上总爱拿这些孩子的负面代表来议论，比如什么留日学生机场刀刺生母、药家鑫案、'我爸是李刚'案……都被拿来当批判教材了。

"可是电视机前面的年轻人看别人的热闹起哄是容易的，假如事情降临到自己头上,你又会如何处置?多想想这些,经常自检一下自己的灵魂没有坏处,只会带来进步。"

我点点头说:"明白了,我自己是可以通过努力摆脱那些时代氛围的,对吧?"

"是的。"他说。

曾老师继续往下说:

"那么第三个原因是什么呢?再拿一个盘子来放洋葱。

"孩子们不爱运动,或者说被剥夺了运动的空间,上面说到家长溺爱是一部分原因,可是教育政策才是决定性的。

"对于教育产业化政策,我想政令的初衷也不算坏。目前社会教育力量整体上有进步,从而实现了某些发展阶段中需要解决的步骤,可是缺乏监督和检讨的制度常常会把好意变成坏事。

"小松,我们经常在明斯克航母旁边散步,在不远处的盐田港码头偶尔也看到过巨型油轮。你知道一艘航母或10万吨的巨型油轮,它们的船底每年要花多少钱去清理那些附着其上的海洋生物吗?就是那些贝类或者海藻等微生物——少说也要数十万美金。不清理就会越积越多,首先导致动力下降,最终没法开动,整个巨大的油轮被微生物拖垮占领了。

"整个教育系统现在就是寄生虫的天下,这艘船像是它们的。

"都说现在的教育制度是填鸭式的,题山试海,学子们重负不堪,其实就是吸魂的和吸血的在玩二人转。

"在教育产业链上附着许多寄生虫,印刷、卖教材、补习、文凭腐败、名校效应、借读费、考试经济等,他们要靠高压来吸链条上的血。教育市场规模很大,因为一整代家长都有心理上的硬伤,就是以前太渴望知识、太崇拜文凭了!

"你看过关于海洋的纪录片吧?巨大的珊瑚礁附近,那些肥美的鱼群数百万条集群活动,而附近的鲨鱼群悄悄围拢集结,有策略地诱捕鲸吞。

"诱饵有两个,都很香。一个是'再苦不能苦孩子,再穷不能穷教育'，这个诱饵对城市、农村、中年、老年全部通吃。

"另一个是后来的升级版，是展开的第二波攻势——那就是著名的'别让孩子输在起跑线上'。

"本来骗钱也就算了，重要的是浪费了许多人一生的重要时光！

"国外有一出木偶戏，蓝木偶问另一只红木偶：你为什么那么笨？

"红木偶答道：因为有人教我！

"这就是目前国家教育后面的另一种真相。

"家长们被注射了两种肾上腺素，一种叫'头悬梁，锥刺股'，另一种叫'万般皆下品，唯有读书高'，所以他们永远督促且积极配合学校的高压政策。

"没办法，因为家长们的头脑里没有可供超脱的思维，就等于你的火箭推力不够，飞不出地球引力。"

"慢着！那么您自己是怎样在教育制度下脱颖而出的呢？"我忍不住插话了。

曾老师笑笑说："我属于王小波笔下那只特立独行的猪。

"王小波那只猪跑得比我早多了，他年纪比我大。但不约而同，我这个猪后来跑的，在读他的《沉默的大多数》第一版时，我发现了它。哈哈！

"我的成长路径有些独特，对教育醒觉比较早。

"小学五年级开始偶然接触哲学读物。有一天从我姐姐（她是知青）的书柜上看到一本教材，《哲学简明读本》。随便翻开，看到'什么是真理'、'什么是客观'、'什么是唯物主义'、'什么是辩证思考'。"

（曾老师一边说着一边从书柜上拿出当年那本再普通不过的书来给我翻看。）

"其实这本书只不过是普通的马列毛思启蒙读物。而我这个不安分的小学生，居然第一天看到两个名词——'客观'和'唯物主义'，马上就推想到一个问题：如果'客观'指的是用理性不偏不倚地探究事物，那么为何大家都嘲笑'唯心主义'呢？我当时虽然不知道唯心主义的全部内涵，可是大家都在嘲笑这个概念，似乎'唯物主义'是至高无上的。这态度本身是违背了马克思和毛泽东两位老人家要求'客观'的指示，有矛盾呀？

"惨了！因为对现象的质疑，从此就打开了那扇门。我经常在小学放学后躺在路边稻田收割后的草垛上发呆，自己在脑袋里玩迷宫游戏，开始了思维逻辑的自我启蒙训练。

"你说我小时候够调皮吧？就这样，门一打开，再也没办法关上去了。就像电影《楚门的世界》里面，被我发现了海天尽头的假象，之后再怎么也挡不住我要出去的念头了。

"接下去的事情好办，每天睁开眼睛，最快乐的事就是发现自己很年轻。

"呀！我才13岁耶！

"有时间，慢慢读书，慢慢思辨。就这样，个子越来越高了。直到今天，我这只野猪就长成这个模样坐在了你面前。哈哈！这就是野猪的成长史了，不吃饲料的。

"我从13岁开始一直是自己培养自己成长起来的，没有按照'老大哥'制定的教育内容来走，所以不怪爹妈也不怪学校，我的生命我做主，跟他们无冤无仇。

"好了，这个问题现在不说。"

我听了他的话，想起网上有人说：成名要趁早。我想，面前这个家伙的脑门开得也太早了，而且居然是被马列著作这样的"苹果"砸通了经络。

曾老师最后说道："那么，回过神来。上面用了老半天，分析了计生制度，家长背景还有教育政策与教育产业链上的利益，找出各方动机和主要参与因素之后，剩下的事情就简单了——综合起来就是今天的现象嘛！

"任何表象，都是各种动机驱使下的集结。

"家长都想要孩子读书上大学，学校就大搞建设增容扩招，必然就兑水了。高压下，家长无奈，只好边走边骂。一边要打屁股，另一边不得不挨。

"孩子们被告知不让这样不准那样,慢慢学校操场变成了只是早操和开会的地方,然后再缩小,沿街的操场干脆变成了商铺。而可怜的孩子们被慢慢提起头发,像一棵萝卜被拔出了泥土,只好在没有精神养分的空气中苦苦挣扎了。

"很多学生放学离开校园就到了补习班或者在家里独自待着做功课,这叫什么快乐人生?连周末也围绕着一大堆功课,整天就是学习学习,全部生活就围绕着考试来进行。上小学是为了读一所好的中学,上了中学就为了考上好的大学。上大学之后呢?难道从此就能幸福快乐一辈子了?

"这哪里是学校?分明是一只大笼子,囚禁着家长和孩子们的身心。看他们在铁栅栏内发呆,作为一只早早就跑开了的野猪,我一直在野地里微弱地呐喊,想唤醒笼子里的人。

"可是又想起鲁迅的话:'假如一间铁屋子,是绝无窗户而万难破毁的,里面有许多熟睡的人们,不久都要闷死了,然而是从昏睡入死灭,并不感到就死的悲哀。现在你大嚷起来,惊起了较为清醒的几个人,使这不幸的少数者来受无可挽救的临终的苦楚,你以为对得起他们吗?'

"这番话让我顿感渺小!

"渐渐地,当学生们的活动空间和时间都被一大堆不情愿的功课挤占之后,窒息感带来的恶果就要由全社会慢慢消化承担了。"

曾老师

人与人之间的感情和友谊不是凭空而来的,而是由共同的生活片段或者经历来黏结。为何人们常说,战友和同窗之间的情谊往往最深呢?就因为他们有着大量共同的经历,在记忆里你中有我,我中有你。

这些事实构成了无可取代的感情基础。

有些家长,或者忙于工作应酬,或者喜欢高高在上,在孩子上中学之后,很少和他们有共同的活动,各有各的生活,这样不利于家长了解孩子成长中的思想变化,也会造成彼此的感情慢慢疏离。这种疏离感在青少年时期可能会增加父母和孩子沟通的困难。

如果父母和孩子之间有共同的兴趣爱好,不管是打球还是周末定期的郊野远足，都等于有了一个交流的良好平台，不但可以增进彼此的感情和互信，而且在"兴趣"这个筐筐里，家长尽可以巧妙地往里装东西。五花八门的知识，都可以分多次一点一滴地在活动中抛出，这就是生活中对孩子的浸润。

这样交流可以获得家庭、学习、感情诸多方面的收获，好处之大，不言而喻。

第八章

兴趣爱好

137 兴趣爱好宜疏不宜堵
138 语言是思维的囚笼
142 还记得年少时的梦吗?
146 人之事,慎乎始
148 什么叫"喜欢"?

曾老师

> 兴趣爱好对人的一生影响很大，绝不是"生活的调剂品"那么简单。在如今"应试教育"越演越烈的情况下，许多家长早已将培养孩子的"爱好"弃如敝履了。夸张点说，完全脱离了兴趣爱好的学习，如同没了魂魄的躯壳。
>
> "兴趣爱好"是什么呢？其实它像是一个个不同领域的符号，就像商业街两旁的一个个大门，都有各自的品牌标识，不是可以随便乱闯的，要看清楚招牌才能入内。
>
> 有些门里面是书店，有些门里面是卡拉OK厅，有些门进去是麻将馆，有些门进去是酒馆，有些门进去是监狱，有些门进去是教堂……每个门都凭借你内心潜藏的自我属性意识而通行。
>
> 因此，在青少年选择兴趣爱好上，也可以说：选的不是爱好，而是某些攸关未来的走向。如果这个时期导航图错了，人生将要走一些弯路，而许多人走弯路了之后，才发现回头太难。

兴趣爱好宜疏不宜堵

有一次，一位家长带着上初中的女儿来咨询曾老师，我在一边旁听。那已经是师从曾老师一年多了，他允许我旁听一些教育咨询案例。

那个女中学生不爱做学校的功课，而是沉迷于文学名著和音乐。她妈妈带她来曾老师这里，希望曾老师劝说女孩专心读书，不料曾老师却劝她妈妈多鼓励孩子发展高雅的兴趣爱好。

女孩听后很开心，家长却很郁闷。后来那女孩答应曾老师在看名著的同时，也花心思提高数理化的成绩，把两者兼顾好，才能堵住父母的反对声音。

她们走后，我问曾老师："你好像把培养兴趣爱好看得比学校的功课还重要，为什么？"

曾老师笑笑说："学校功课固然重要，可是学校、家长和社会氛围都把上学这件事给弄拧了。课堂内容枯燥无味，考试和作业压得学生透不过气。

"都说'兴趣是学习之母'嘛！现在的制度和环境氛围等于把人家'兴趣'这个母亲都枪毙了，剩下'学习'这个孤儿在沙漠苦旅中艰难跋涉。到了这时候，你说哪个是'本'，哪个是'末'呢？

"这个女初中生不爱学校功课的原因是多方面的，以后我会再专门讲。对她现在的情况，当务之急是要有人引导她把宝贵的时间利用起来，而不是让她把时间和精力浪费在和学校、老师的对抗上。设想，我跟她说，你不要在课外爱好上花时间了，全部精力用在考试上吧，她会听吗？不会的，这只会加强她与学校和老师的对抗，我讲了也等于没讲，回家后肯定问题照旧。

"像这些有良好兴趣的孩子，只要爱好是健康的，就应该鼓励他们去发展自己钟爱的事情。开个口，他们就活；两头堵，只能把他们逼得根枯叶落。"

语言是思维的囚笼

我明白曾老师说的道理，可是还有些疑惑，于是问道："我们中学生平时玩什么，都是很随性的。如果选择爱好都要瞻前顾后，岂不是变成很功利的事情了？这好像很不自然呀。"

曾老师："嗯，这话出自青少年口中是合理的，因为你们的观念比较单纯而且理想化，很正常。选择兴趣是不是'功利'的行为呢？这个问题先放一放，先看看我们平时说话遣词造句和思维方式的关系。这个学问非常重要！

（我早已经适应了曾老师东拉西扯的风格，他经常是这样，讲述一个问题，为了让我能够尽量全面理解，会像扯藤蔓那样，慢慢扯出一大串五花八门的学问出来，而且还不会让你闷，因为他带出这些知识点都是不算跑题的。

这种自由奔放的发挥，让我想起电影《海上钢琴师》里面的1900。在整个乐队照本宣科式的演奏中，1900总能够突破陈规，让才华洋溢的灵感肆意驰骋琴键。）

"你刚才使用'功利'一词，措辞本身就带有了立场倾向。我们如果不注意词汇的准确指向，就会造成思维困顿的局面，思维常常被自己使用的语言给捆绑了。如果不从语言里下手整理线索，就容易造成思维上的死结。

"谈到文字词汇的问题，乍看一般以为是语文的范畴，其实不对。文字是思想的载体，我们用文字来表达思想，如果你对文字的认识不够深，要么思维被词不达意所绑架，语焉不详；要么就无法说话，想法被囚困在大脑内表达不出来。

"通常，人们只会注意所思考的对象，而忽略了用以思考的语言。正如人们通常只会注意所看到的东西，而忽略了用来看东西的眼睛。

"生活中词不达意的人多不胜数，有些人说话，罗嗦了半天，连他自己都没搞明白到底想说什么。真替他们着急！

"思想被囚困在大脑里的人真不少，有些人想到了但是说不出，驾驭文字的能力不足，难以表达。这些人也很辛苦，憋苦了！

"甚至有些学者和老师都有这种困难。本来是有学问的人，可是讲课讲不好，写书也写不好，倒腾了半生，搞出一大坨自己都不想看的文字堆积，可叹！

"所以，细究文字的奥妙，学习拆解词义的能力是越早越好。它是逻辑和思维训练的入口，关系到你一辈子的思维能力，不是小事。"

"小松，我想提醒你，思考必然涉及语言文字，要小心措辞。因为'词汇'就像细胞，里面不是空白的，粗略看上去模样都差不多，用显微镜看，其实每个词汇都带有特定的基因密码，具有独立且丰富的内涵。"

"要想准确表达意见，就要精确使用文字，免得词不达意，造成误会，甚至自己的真实观点也被莫名其妙地绑架了。"

我认真地听着，曾老师说出了我思维上的弱点，我经常觉得思维和表达之间不能合拍，原来是文字功底不足所造成的，看来以后要多注意咬文嚼字才行。

曾老师继续说："刚才谈到'根据长远效果来选择兴趣爱好'时，你使用了'功利'一词。这个词究竟是准确代表了你的观点还是被你误用了呢？要当心它影响到你的思维客观性。

"想要冷静客观地思考或表达，首先就要学会尽量使用中性词，提防被植入性的概念引导。

"人做事不能够仅仅凭感觉，受群体观念或者无意识的驱动。还要有自主的见解，不能茫然受他人的支配。

"当你觉得'经过利害权衡之后做出选择'='功利'=不正确，那是否等于说，'不考虑利害得失'=非功利=正确呢？

"你的选择应该靠什么来导航呢？

"难道你当初选择了打篮球是漫无目的、无缘无故的吗？

"没有无缘无故的行动，一切行为都有其原因和规律。如果你不相信这点，其实只是尚未察觉而已。当你认识了更多支配着我们思考与行动的规律之后，就等于获得了更大的自由，不会轻易受人蛊惑而进退失据了。

"因此，当你脱口而出，说某种决策机制是'功利'的，那么请反向去追查'不功利'的动机会是怎样的？当你真的那样做，很可能在思考的路上自己也会发笑，因为辨析的过程中有些问题的答案也就自然明朗了起来。

"有时词汇也是别人设置的捕猎陷阱，你千万不要深陷其中，受其左右。

"许多带有判断立场和感情倾向的词，都是别人手上的钩子。当然，我们自己也要学会使用这些钩子。

"比如，同样是指死亡，有人说'击毙'了谁，有人说谁'牺牲'了。

"共产党打国民党军队，共产党的报纸说'敌人仓皇逃跑'，而国民党的报纸说'我军转进千里'。

"现在你还认为名词和观念毫无关系吗？设计这些'新词'的人并不笨，他们要将容易引起群众负面联想的词汇改头换面，用新的词汇来描述相同的实质。

"从例子中可以看到，词汇和观念之间的联系多么紧密。你看对'功利'一词的使用，背后有许多讲究，就连我们在谈论羽毛球时，也会受到词义的干扰，可见对词义的辨析是多么重要，忽视了它，基本上也等于放弃了逻辑和智慧的入门课程。不善于拆解词义的人，想要获得更深的思维能力，等于缘木求鱼。

"天才哲学家维特根斯坦说过：语言是思维的囚笼。

"他指出，语言是表达思维的工具，可是思维的边界超过了语言可以描绘的范围。他认为许多思想上的争论都只不过是语言歧义造成的问题。

"于是，这位哲学天才就扔下书本，跑去乡村当老师了。后来他继承了父亲——一位奥匈帝国的钢铁大王的巨额遗产之后，居然全部捐赠给了扶持贫困艺术家生活的基金会，自己仍然留在大学教书，并且申请学校补助津贴来生活。这实在太传奇了！

"所以，你也不妨举一反三，将其他生活知识从类似的规律中抠出来，经过数年工夫，细细品味语言与思维之间的巧妙联系，或许能从中发现通往智慧、破解蛊惑的通幽秘径。"

（曾老师的肚子里蕴藏着一个核反应堆，我无法阻挡他在谈笑风生间知识的扩散辐射，也无法估计他的化骨绵掌会从哪个方位拍下来。

本来聊着羽毛球的话题，被他顺手扯到了拆解词义的语文课程，然后还捎带着将维特根斯坦的故事带出来了。

他接着还说了许多关于维特根斯坦的趣闻，除了捐献巨额遗产，还跑去当兵，并且和罗素、摩尔等大师有些复杂的互动关系。

听完后，我能忍住好奇心吗？我该忍住好奇心吗？不！决不能！

于是，一周后我将《维特根斯坦传记》看完了。）

还记得年少时的梦吗？

我默默地喝了一口茶。曾老师刚才一番话，把我的思路带到词义解剖课上去了，还没回过神来。

"好了，刚才中途把话题扯到另一个课堂上转了一圈，现在顺着'选择什么兴趣爱好'这根藤蔓，继续往前摸。不妨从少年摸到成年，想一想，你长大之后和什么人交朋友会开心些呢？"

"这样想就不叫'功利'了，可以叫作'深谋远虑'，对吧？（我俩都笑了。）

"孔子曰：人无远虑，必有近忧。意思是你今天不会长远思考，未来便会爆发危机，你今日的忧愁正是昨日'无虑'所致。因果关系，其实就这么简单。

"所以少年时代应该要筹划未来，立足长远，这叫方向感。如果未来要做一盘美味佳肴，现在就尽可能预备一些可能用得上的作料。这些作料未必是学校里要求考试的东西，主要包括了性格、意志品质、心理素质、思维方式以及生活经验等。文化知识或者获取知识的技能只是其中之一，而并非全部。

"在这过程中，青少年的人生观、世界观等价值观就逐渐成形了，这时脑海中设定的目标就成为了人生导航图。

"如果目标切合实际，比较符合自身条件，那就是务实的。如果目标设置得过于缥缈，大多将成为年轻岁月赖在床上做梦的好题材了。

"小松，今天我来制作一场电影给你看看。"

第八章 兴趣爱好

曾老师边说边笑,戴上帽子,穿上那种许多口袋的摄影马甲站在我面前,然后像催眠师那样用手轻轻掠过我的眼前,好像取下镜头盖。

"我用拍摄电影画面的手法来表现一下某个人的故事给你看,我暂时当个不入流的电影导演。看着我的手,轻轻拉开舞台帷幕——

"画面正在拍摄着一台二十世纪三十年代的老式留声机,带着黄铜大喇叭那种。黑胶盘正在一圈一圈晃荡着转呀转,喇叭里发出带着时代独特噪音的歌曲。原来是禹黎朔的《我歌我泣》,这是一首很耐听的歌。

"歌声飘荡在有些昏暗的大房间:我愿为你而歌,我愿为你而泣,在黄昏在梦里,那款款深情,昼夜激荡在我的心底,我歌我泣,我不能忘记你,那一段甜蜜回忆,我歌我泣,我多么想和你回到往昔……

"镜头随着歌声慢慢转动,画面停留在一张床帷轻飘的老床上。床上躺着一位三十多岁的女人,身材还不错,可是面容颇显憔悴。

"她昨晚看了第3999集的《难忘今宵》之后,到厨房煮了一碗卤蛋面当消夜,接着靠在床上看了午夜剧场的《卡萨布兰卡》,已是凌晨三点。她喝了两杯红酒后,昏沉睡去。

"一个长长的懒觉,从凌晨一直睡到傍晚时分。夕阳的余晖和晚风一起飘进孤寂的卧室,满地清凉。

"她终于愿意起床了。慵懒地坐着,有些恍惚,呆呆看看窗外,发现青春的小鸟已经飞走了,又不知栖枝在哪个少女的窗沿。

"枕头上残留着昨夜的泪痕与酒气,交织漫延,黄迹斑斑。

"然后她踢踏着拖鞋走向浴室,看看镜子里憔悴又无精打采的自己。镜子里的那张脸告诉她:别人都为理想而奔忙去了,而你,错过了许多趟班车,看样子也快错过这一生了。

"她目光呆滞,机械地挤着牙膏,失魂落魄地提起牙刷。

"一阵晚风拂过,清冷。她突然悲从中来,坐在马桶盖上痛哭不已,越哭越伤心,泪水终于牵动更多眼泪,情绪的水龙头关不住——泪海溃堤了!

"……

"也不知过了多久，残阳如血，余晖映照着浴室的角落，点亮她枯黄的发梢。

"她哭累了，幽幽地抽泣着。

"昏暗中，突然发现身旁有个小姑娘坐在浴室的角落里，抱着膝盖，瞪着明亮的大眼睛看着她。那张稚嫩的脸是那么熟悉，好像自己的亲人。

"女孩对她淡淡一笑，说：

"'不认识我吗？我就是你的童年……我一直停留在11岁那年，静静地看着你长大。

"我是你的过去，你是我的未来。

"我一直替你保存着少女时的手绢，还有画满花朵和卡通人物的日记本。

"漫长的时间过去了，我飘荡在时空中，不老，不变。

"我穿梭过去，再飘到未来——我看见了某人的一生。

"直到你老死的那天，我将亲手把它们交还给你——关于那些，手帕和日记里的梦想，还有一些少年的誓言……'

"这时候镜头停留在小姑娘的脸上，那张未谙世事稚嫩的脸庞，宛然一笑。

"画面中同时响起了留声机传来的另一首歌：还记得年少时的梦吗？像是一朵永不凋零的花儿。陪我经过了风吹雨打，看世事无常，看沧桑变化……

"以这首歌曲为背景音，画面中在快速播放这个女人从幼年学走路到成年的各种时期的快乐照片。

"直到歌曲快唱完，字幕打出来：

主演：小青

配角：11岁的小青

导演：小青

摄制：时光数据库

编剧：曾老师

谢谢观赏！

"怎么样？这电影应该比《无极》好一点点吧？"

曾老师像模像样地在我脑海中上演电影，像个快乐的顽童，他总能用我意想不到的手法来表现自己的观点。

曾老师在椅子上坐下来，喝了一口茶说："刚才那一段电影画面不算是虚构的，许多人钻在被窝里盘点自己的人生经历，也差不多如此这般悲从中来！

"小松，你知道吗？'悲从中来'这个词底下要蕴藏多少吨炸药啊？一个人把自己的全部青春当作火药填进炮筒了，才出来这种激烈的喷发力。

"唉！希望我们在悲剧面前永远是一名观众，不要当主角啊！"

我点点头，若有所思。

曾老师说："我刚才描绘这段电影画面是什么意思呢？是想帮助你领悟时间的沧桑感。

"人不一定要等到50岁才懂得50岁人的心情，沧桑感一般来自于时间的沉淀，但在某种程度上也可以经由训练获得。如果你具有这种能力，便仿佛有了翅膀，在时间通道中自由穿梭。

"年龄，只有在生理层面上具有现实意义，而心灵与精神的世界中，没有篱笆，任你无碍穿行。

"少年老成的孩子一般经历比较丰富，人生早年如果获得一些具有坎坷色彩的沧桑感，能够使人更加振作、坚强。

"俗话说'不见棺材不落泪'，意思是见了棺材，在生死大限面前就明白一切了。其实要走到那一步才害怕的人，比较笨！

"我觉得通过自我训练，可获得感悟未来的天眼。如果你真的看见时间的河在流动，你身处小舟顺流而下，而前方不远处就是数百米高的瀑布，看得见小舟的尽头就在那儿，就等于天天看见了棺材。

"早一点懂得这些，看待人生的规划就大不同了。

"所以，及早规划人生导航图是很管用的。一旦有了务实的目标，你的时间和注意力将会投向心里设定的领域，在目标范围内投入精力，不断强化它们，这样成长的效率就会比别人更高。"

人之事，慎乎始

我说："经你这么一番话，我更明白你说'人生要当成一个短暂的整体来看待'的意思了。所以家长有时候会恨其不争，巴不得孩子赶紧醒过来，甚至要想办法干预青少年的兴趣爱好和交友倾向等，就是想帮助孩子规划人生，对吗？"

曾老师说："成年人在人生经验上比较丰富，这是事实。如果家长有想法，想帮助孩子当然无可厚非。

"说'干预'不好听，就说'帮助'吧。（我俩相视一笑，因为此前曾老师说过了词语的奥妙。）帮助和引导孩子健康成长，这本身是法律和社会道德赋予'监护人'的责任。

"但是帮助可以分为'正面帮助'和'负面帮助'，引导分为'有效引导'与'无效引导'。家长想对孩子施加影响，不能一厢情愿，不仅要看动机，还要看实际方法与效果。

"父母有引导孩子健康成长的责任，但假如方法不当，可能又会造成伤害。所以重点不是该不该帮助，而是如何帮助才更好。

"如果方法不对，孩子抗拒，则效果好坏难讲，搞不好还会鸡飞蛋打，适得其反。假如家长的方法好，心态好，孩子能接受指导，双赢应该是最佳结局了。

"对青少年兴趣爱好的引导，最高明的战术是'不战而屈人之兵'，润物细无声。从小就给孩子良好的熏陶和引导，让孩子自身形成正确的价值导向，行为有度，慎重交友，自主探索，让孩子一路轻轻松松平顺前进！

"到了青少年时期，当他们有行使自由意志的强烈愿望时，根据自己内心意愿主动选择的结果与家长的想法不谋而合则最佳，那就是和谐家庭了。

"一句话：人之事，慎乎始！

"如果家长在孩子的儿童期就非常注意培养良好的品德和能力，以后的引导则事半功倍。

"假如童年时不留意，家长不能长远用心布局，就只好跌跌撞撞，头痛医头、脚痛医脚了。既然都痛了才知道要治疗，当然就难免经历剧痛和拆筋动骨了。而且手术难免有风险，好坏难讲。

"遗憾的是，目前中国大部分家庭教育都陷入这种困境。在孩子10岁之前，家长们不注意培养良好的生活习惯、行为习惯，无度娇宠或肆意放任。

"那时孩子小，看上去好控制，被吼几声、打两下也就'乖'了，这让不少家长误以为自己很懂教育，有威信，觉得完全有能力长久管控好孩子。他们以为孩子是长不大的宠物，把小老虎当作猫来看待。

"这说明许多家长对'儿童'到'青年'之间的发展规律不了解，缺乏超前意识。

"假如在儿童阶段没有与孩子建立良好的互动方式，没有帮孩子建立良好的习惯和价值观，到了青少年时期，他们将会以各种方式对家长之前的错误进行报复和惩罚。有激烈者，甚至出现了宁愿牺牲自己性命也要惩罚家长的惨剧！

"所以，谈到家庭教育，其实绝大部分都不是家长用心好或坏的问题，而是方法对与错的问题。家长没有方法，好心也办不成好事，最后落得两败俱伤。

"这种悲剧实在太多了！

"所以，不但是兴趣爱好的问题，人生中许多好习惯都要及早建立起来。我教你打羽毛球，是要替换打篮球的项目，虽然心意是好的，但过程中不免也要千般迂回，讲方法才行。"

什么叫"喜欢"?

听了曾老师这番话,我心里有点感动,他说出了我们青少年的一些被压抑的渴望。确实父母太不理解我们了,父母既是监护人,也经常是问题的始作俑者。

而曾老师真的能站在客观中立的角度来维护我们的感受,所以我对他的话不得不服气。

我说:"是啊,其实你们成年人应该有许多经验能帮助我们成长的,但是我的父母不会讲,不会好好沟通。

我们少年人经常凭喜欢不喜欢来做选择,如果不喜欢就反对,有时比较率性和短视。比如说打篮球,我以前就喜欢它,你叫我放弃是不可能的。"

曾老师点点头说:"你刚才说到'喜欢',当一个人说自己喜欢什么体育项目时,你知道这句话的背后隐含了哪些潜台词吗?"

我摇摇头说:"没想到这一点。"

他说:"'喜欢'这个词就是一个橘子,我们剥开它的皮来看看里面究竟有什么吧?

"当你说'喜欢'这个词,一般表示'玩这个东西让我感到愉快'。能获得愉快感受一般是因为:a.我从中获得优胜感;b.我从中得到想要的东西。

"小松,你要明白一个朴素的道理:当一个人说他喜欢什么运动项目时,一般是在表明自己相对擅长什么项目。很少有人既不擅长又能喜欢的,当然这种情况也有,通常是初期阶段的情人之间,或者在职场、社交场合作为投其所好的阶段性策略罢了。

"小松,假如我俩现在乘坐时光机器回到两年前的某一天,看见你还在家里睡懒觉,百无聊赖地打发日子。当时有人问你喜欢什么运动项目,你肯定回答说只有篮球,而决不会说羽毛球。

"注意，你知道两年前自己是一定会那样说的，绝非假设性的答案，对不对？"

我点点头，不好意思地笑了！

"可是两年后的今天，出现了另一个事实——现在别人问你喜欢什么运动，你自然会说是羽毛球。

"那么，两年前的答案VS今天的答案，已经变化了，你喜欢的项目的确改变了，这中间发生了什么呢？肯定是有只蝴蝶在你成长的时空中煽动了翅膀。

"你不是看过一部电影叫《最终剪辑》吗？故事说人的大脑里有个记忆芯片，能够通过眼睛拍摄并储存此人一辈子看到的景象，也就是他的经历。

"如果把小松你的大脑芯片取出来，插上我们电脑的USB接口播放来看看，就能看清前后变化之间到底发生过什么。"

是的，我点点头，不久前看过这部电影，他这一说我就想起了里面的情节来了。

"于是，我们播放透过你的眼睛所拍下的全部生活画面，好！搜索到了，原来这两年期间，你受到了某种外力的巧妙推动。

"如果没有这股外力推动，你极有可能继续运行在原有的轨道上。就像一颗在宇宙中寂寞流浪了数亿年的小行星，假如不是恰巧飞过某个巨大天体附近，受到强大引力的牵引而改变轨迹，那么它还将以原来的方式在虚空中游荡下去。

"同样，如果你在这两年间没有出现过什么契机，那么我俩今天就不会一起享受羽毛球运动的乐趣了。而几年之后，你也不会信心满满地带女友去羽毛球场享受身体和精神愉悦双丰收的周末了。

"你过去播下种子且浇水培土，今天开始收获果实，那么，你想明天收获什么，今天就要行动起来播种了。昨天决定了今天，今天决定着未来，这就是因果关系，清晰而简明。

"这些话太老生常谈了，太没水平、太老土了对不对？哎呀！我自己说着都觉得害臊，我也很想把它表达出新意，可是越重要的道理就越朴实简单，朴实到我除了沿用别人老土的说法之外，没有创新的机会。

　　"什么'少壮不努力，老大徒伤悲'啦，'一寸光阴一寸金'啦，'千里之行，始于足下'啦等，这些朴实的道理我无法做丝毫更改，因为太简洁太到位了，已没有丝毫增减的余地。因此我也只好老老实实引用了，'大道至简'嘛！"

　　看着曾老师顽童般的表情，我们都笑了。

　　他喝了一口茶，继续说："人生就是一个环环相扣的过程，发展和遭遇都有很强的逻辑规律，并没有太多的惊喜和意外。那些觉得人生意外成分很大的人，只不过是眼睛高度近视而已，视线模糊的人看什么都有美感，月朦胧鸟也朦胧，挺好！

　　"其实人生哪里有许多偶然性。某位哲人说过：所谓偶然性，无非是诸多必然性的交叉点。

　　"正是'说不定'和'偶然性'这些托词，误了多少卿卿性命。它们不过是懒惰者的借口，是失败者的安慰剂罢了！

　　"能够深刻理解'必然性'的人，自然懂得在什么时间该扣什么环。步步超前，环环紧扣，人生成就的效率自然就高了。

　　"当你不使用'功利'这个词，不预设立场，能虚心地换一个角度想问题，并且从效率和因果逻辑的角度去看，你自然会问：哪一种运动项目更适合自己的未来呢？

　　"记住，趋利避害是人的本能，人的每个行动都是经过内心一番不由自主的计算的结果。

　　"所以，如果你没有给自己选出更好的项目，那是因为算法不高明。假如放一篮子苹果摆在面前给你挑，在视力和角度都正常的前提下，你是不会故意挑选个坏苹果的。

　　"这也带出一个话题来：在信息不充分的前提下，你手上的选择权，其实也不是真正的选择权。这种原理在政治上被政客们普遍使用，西方社会看似言论自由，其实政府照样在巧妙控制着民众的资讯和态度取向。

"这种控制信息、影响民众感觉的手法在现实中很常见，我就举个例子，岔开讲一下。

"比如说，在一个国家里，人们呼唤平等。为了让每个国民身体一样高，国王要把矮子变高估计难度比较大，但是要把高个子向下拉平就简单多了，只消用铁棍一敲，一声惨叫，这就完成平等的诉求了！

"有个成语叫'削足适履'，也是类似的道理。

"哪一种更真实呢？不是A或B。重要的是在对比中学会质疑，在质疑中学会思考，在思考中掌握规律，在规律中自洽地生活。"

我不由自主地点点头，他举出的例子很有趣。曾老师总是在各种时机发散式讲课，看似跑题跑不停，其实内容也还是相关联的，这叫"形散而神不散"。

曾老师继续说："好了，跑开了一下又回到话题中来吧。

"按照我国《合同法》的规定：在双方信息不对称，或者被故意隐瞒而造成显失公平的情况下，签署的协议无效。

"哈哈！看到没有？所以我是根据法治精神来帮助你转变体育爱好的。当然，大道理都在，但方法不能蛮横，要巧妙一点。为了让你愉快接受，不得不绕了一个大弯才将火把交到你手上。

"给你好东西干吗要绕个大圈子呢？看上去似乎浪费了你和我的时间，想起来都可笑，对不对？但是没办法的，因为那时你还没真正懂事，等到长大后明白自爱了，到时就不必绕弯子，就算别人不给你好东西，自己也会屁颠屁颠地努力动手找好东西吃了。

"只不过，在那一天到来之前，许多年轻人已因欠债太多，积重难返而倒在路边口吐白沫。等到你真正懂事了之后，局面却回天无力、爱莫能助，这也是人生悲剧呀！

"光天化日之下，这些故事每天就在周边上演。我们身边认识的学生中有不少都是这种戏剧的主角，他们在自导自演着人生的肥皂剧，不自知而已。

"小松，你作为一名早醒起床的学生，注定要从众多昏睡者的身上静静跨过。就算天未明，走廊死寂，也要快乐地走出去，开始新的一天！

　　"其实，假设时间回放到两年前，如果我一开始只是苦口婆心地劝你打羽毛球，你照样也听不进去，因为当时你还没有醒悟，真醒悟的人是用行动证明的。

　　"所以我刚开始时不得不动用多种方法相结合着来帮你，等你对羽毛球有了一定技术基础之后，心里自然就接受下来了。后来你球技提高了，自然会喜新厌旧，真心投向羽毛球项目，这就是'水到渠成'的意思了。

　　"人就是这样有趣的，当你说喜欢或者不喜欢某个项目时，是因为你擅长或者不擅长它。你以为在表述着自己的态度，其实这背后反映了你的实力和倾向。

　　"当你把原先不喜欢的项目变为擅长之后，会发现观点也悄悄改变了。对于自己有信心的事情，自然会开心地说：I like it！

　　"别以为具有什么特长不重要，有时候技能也是一种俱乐部门票，你有什么技能，就会带来相应的机会。社会上有不同的小圈子，彼此以某种共同语言和符号而自发聚集在一起，正所谓'物以类聚，人以群分'。

　　"小松，一无所长的人到了社会上当然孤单。

　　"你在街上，在城市公园的长凳子上或草地上，经常可以看见彷徨而沮丧的年轻人徘徊在命运的大门之外。许多人都被各种无形的门挡住了，这是社会规则的一种奥妙。

　　"不明白的人只有沮丧，却不知道被无形的高墙阻挡，到底原因何在？这些二十多岁的年轻人不晓得过去十年里自己为今天做了什么？准备过什么？等到离开校园，孤身站在门外时才感受到刻骨的凄惶！

　　"人的自信心类似于藤蔓植物，假如没有合适的物体依助，就无法向上顽强滋长。同样，假如一个人没有特长，则自信心无处依傍生长。

　　"所以，最好在人生的早年就计划长远一些，不要草率，漠视这些。这不是该学哪个项目的问题，而是一种面对命运的规划。既有远虑又有特长的人当然会更好，因为身上的特长能将你带向远方。"

曾老师

我并不要求学生对每一个突然抛出的知识点进行集中消化，只要是通过他们感兴趣的知识点所顺带牵引出的藤蔓，皆因其注意力集中而使之留下深刻印象。所以在平时授课中，我会把话题扯得很开，这些拓展发挥的话题中大多结合着社会时事，再结合具体某个学生的兴趣点来展开。

这些看似不经意间巧妙带出的概念，哪怕在他们头脑中只是惊鸿一瞥，但总会让人在此后不自觉地反复思索和消化，甚至我也会为此而不断制造温习那些知识点的契机。

比如我就跟他讲起南北朝鲜为何会分裂，然后就从日本对朝鲜半岛的殖民统治讲起，延伸到战后的世界格局以及中苏联手在朝鲜半岛上和美国联军硬碰的历史。

在讲故事过程中，历史知识就被带出来了，而因为小松已经对朝鲜的问题产生了兴趣，所以对相应延伸的其他知识一般也会听得进去，因为我在讲解中会展示各种素材之间的关联性。

我跟他讲非洲的政治生态、历史背景，还有非洲的卢旺达大屠杀，让他看电影《卢旺达饭店》，看完电影跟他讲述大屠杀的背景，还有屠杀中的各种人性表现。

小松问我，联合国为何不大力阻止卢旺达的屠杀事件？我就顺势跟他一起看电影《黑鹰72小时》，说说美国和西方社会对非洲的政策如何，然后再说起中国政府在非洲的"传统友谊"，还扯到美国大导演斯皮尔伯格为何谢绝了指导北京奥运会开幕仪式的邀请，说到美国电影明星莎朗·斯通为何在中国汶川大地震时说出伤害中国人民感情的话，西方某些国家利用强势的话语权究竟如何妖魔化中国的形象，然后谈到美国电影圈里的政治倾向，哪些时期的电影反战，哪些演员是具有强烈政治立场的……

总之，在讲述中不断带出新的知识，然后也不断地帮助他调用旧的知识点，温故知新。久而久之，这些概念在小松的心中就会慢慢清晰起来，逐渐深入到脑海里，成为参与消化其他知识的催化剂了。

古代有一首诗说："鸳鸯绣出从教看，莫把金针度与人。"

意思是说，把绣出的鸳鸯图案给你看看欣赏就好了，但是不会把如何绣出来的方法告诉你。这是古代中国的普遍现象，师傅通常对徒弟留一手，不大愿意把知识对学生讲透。

后来有人把这句诗改为："鸳鸯绣出凭君看，欲把金针度与人。"意思是说，把好方法、好的制造原理全部展现给别人。

我在教小松的过程中，始终是根据他的阶段变化和发展进程不断地提高知识点，之后还要把这背后的道理全都告诉他，让他明白成长背后的逻辑。以后自己面对知识的殿堂之门时，是昂首迈入或者转身离去，都能够行使自由抉择的意志。

一般人以为政治学、社会学和心理学是很晦涩很奥妙的知识，需要大学以后才能接触，其实不然，我觉得这类知识对青少年的成长帮助很大，应及早帮助他们入门。

我不认为没入选学校教科书的知识就是学生们的禁区。家长在生活中如果能尽量开阔学生的社会视野，丰富孩子的综合社科基础，这些知识总能帮助他们在学习中举一反三，触类旁通，终将在未来更多学习与思考的领域上发挥惊人的效果。

第九章

自我导航

157 "我"是感受世界的主体
161 抽离与反省通往智慧
162 能对自己负责的只有"我"
163 学校是什么地方?
167 自助者,天助之
169 时机很奥妙
171 无知者无畏
174 拆开眼睛上的蒙布

曾老师

中国有句古话："授人以鱼,不如授人以渔。"意思是你直接给别人鱼吃,还不如教会人家如何打鱼。

这句话用在教育上,就是说:对别人灌输知识,不如传授给人学习知识的方法。道理其实很简单,鱼是目的,钓鱼是手段,一条鱼只能解一时之饥,却不能解长久之饥,如果想永远有鱼吃,那就要学会捕鱼的方法。

在等待小松苏醒、接着慢慢积累出一定的基础之后,我终于决定为他拆开眼罩,并且教给他方法,让他彻底为自己这艘船导航!

"我"是感受世界的主体

在曾老师身边的头一年里,我发生了许多转变。

形成了对学习的自觉性,对生活的积极态度,养成了阅读的习惯,越来越爱看高质量的书籍和电影,也加强了动手能力,学弹琴、听音乐、打羽毛球,还学会了下围棋等。这些东西后来都成了我生活中不可或缺的组成部分,在今后的岁月里,我要做的就是在这条良性轨道上继续深入。

过了这个转变阶段,曾老师对我的教育手法开始改变了。

生命中许多重要的转变常常是毫无征兆地不期而降,我感觉开门或关门的按钮，一直在曾老师的手上。

有一天，和往常那样，晚饭后他叫我一起去海边散步。海风徐徐，轻涛拍岸，我俩各拿一瓶饮料，坐在海边。

曾老师说："小松，你来我身边快一年了。回想这一年里，你通过自己的努力获得了很大进步，相信你也明显看得到自己的改变。"

"是的，我现在开始对自己也有了信心。有时想起以前自己的样子，觉得很可惜！"我说。

他赞许地对我点点头。

"小松，今天是你的一个分水岭。以前我有许多引导你的方法不能告诉你，现在是让你知道这些方法的时候了。

"盲人之所以要依赖别人牵着，是因为自己的眼睛坏了，而现在你已经不是盲人，所以完全可以自己走路。

"如今的在校学生，无论小学、中学还是大学，大部分都是盲人，总是等待被'牵引'。其实每个人都有一扇心灵的窗户，但多数孩子却不知道它的存在，也不知道如何打开它，非常可惜！

"每个少年人都是一匹骏马，可是鼻孔被穿上了绳子，无法自由驰骋在草原上。其实这个鼻绳是可以拆下来的，至少我就是过来人。

"就像电影《霸王别姬》里的台词：'人啊！要想成为角儿，得自个儿成全自个儿。'我在13岁左右就自行解开了鼻绳，从此开始自在地成长，追求自我实现，成为一匹不吃人工饲料的野马，逐丰美水草而居。

"我们上个月不是在街边买过一对魔术金属圈吗？街边艺人拿起两只看似无缝的钢圈，当着大家的面将它们扣在一起，旁观者觉得很神秘。当我们把它买下来之后，出售者就告诉我们窍门——原来两个钢圈上有一道小缺口，通过某个特定的角度是可以开合的。一旦知道这个窍门，两环相扣或瞬间分离就都没有问题了。

"骏马被鼻绳拴着，其实鼻绳也同样有自行解开的窍门，一旦马儿意识到它，将会立即得到'去'和'留'的选择权，等于获得了另一层面的自由。"

"我忍不住巨大的好奇心,急忙问:"这个窍门在哪里呢?我现在还无法理解这一点。"

"曾老师微笑着说:"这个窍门就叫'观自在'。就是观察、反省自己的起心动念,思考各种行动和念头的意义,认识何谓'本我'?思考'我'与世界的关系。

"目前这些概念对你而言有点生疏,当你听我说完之后,再找几本书来看就能帮助你入门了。

"你想想'二战'时的坦克,里面的驾驶员透过一个小方格子来察看外界。其实我们的身躯就像一辆坦克,存在于头脑意识中的那个'我'就是身体这辆坦克的驾驶员。

"你决定要用右手拿水喝,你决定要跨过一个水沟,都是那个'我'对手或脚发出了指令。就像坦克驾驶员操纵方向杆,调整炮管的方向和行进路线。

"每个人看世界都通过眼睛这个小窗口。外部的景象由眼睛进入心灵,被我们的意念去想、去分析。'看'和'想',都是从'我'这个第一人称出发的。

"看,就是'我'透过眼睛这扇窗户进行观察。眼睛就像一扇窗户的玻璃,令内部的'我'在获得外部信息时隔了一道介质。你的眼睛有没有近视,是不是色盲,有没有白内障等毛病呢?只要镜片有可能弄脏或变形,就说明我们看到的事物未必反映真实。因此眼睛不一定客观公正,并非所有情况下都'眼见为实'。

"1889年,年轻的画家凡·高被诊断为癫痫患者。他画作里的色彩和线条是那么大胆而奇特,后来有专家一直在研究凡·高的癫痫症对他人生与艺术的影响,因为许多现代的医学研究表明,癫痫对脑部的认知是有关联的,人们好奇凡·高的眼睛和大脑到底是如何看待世界的。

"另一个著名的例子就是法国印象派绘画大师莫奈,他的早期作品颜色鲜艳明亮,而后期画作变得朦胧模糊,多呈深棕色和红色,原因是他晚年患上了白内障,导致其晚年画作风格模糊以及色彩失真。

"这两个例子提醒我们,眼睛这个窗口未必'如实'反映真实的世界。"

"那么'想'又是什么呢?"

"'想'是对进入心灵的信息进行解读的过程,就像分解和吸收的过程那样,理解也必须依赖相关工具。"

"生活经验很浅的儿童,因为经验和能力的贫乏而无法理解许多社会现象。成年人的理解力是通过大量沉淀的经验素材和恰当的思维训练所积累起来的。因此,经验素材和思维方式都可以影响人的理解水平。"

"对儿童和少年而言,何时学、如何学、如何认识、如何应用,这一系列问题将影响自己成长的进程。"

我一时之间还听不大懂曾老师这番话,于是问道:"怎样理解'我'是什么?"

曾老师突然一拳猛击我的大腿,疼得我龇牙咧嘴。我还没反应过来,他马上问我:"有多痛?"

我说很痛。

"'很痛'到底是多痛?你讲清楚些。"

我脑筋转了几圈之后,突然发现很难将痛楚详细量化而准确表达,无言应对。

过了一会儿,曾老师说:"你身上感觉到的痛,无论如何努力描述,都无法让旁人代替你的感受。感受只能是个人的事情,旁人最多在你身体之外用语言或姿态表示同情。"

"如果你不小心断了手臂,或者身患绝症躺在病床上病恹恹地承受着巨大的身体痛楚和精神压力,愁白了头发,整日以泪洗面。这时候一堆好朋友来医院看望你,大家花点钱,带来些水果和好吃的,坐在病榻前亲切地握着你的手,并且说了一通安慰你的话,甚至为你的不幸遭遇而伤心落泪。"

"可是,再多言语的安慰和同情,能够将你从痛楚或行将独自承受的灭顶之灾中置换出来吗?不能,因此全世界的安慰都无法减轻你肩膀上哪怕一克的重量!"

"你刚刚被我打了一拳，正在感到剧痛的那个，就是'我'了。所谓'世界'，就是'我'的感官以及脑部神经知觉到的信息总和。当'我'永远睡着了，对感知的主体而言，这个世界就不存在了。人死之后的世界是否仍然继续？这对死人而言是个伪命题，因为死人已不能也不必再操心了。"

我听了这番话有种被电击的感觉，因为此前闻所未闻。

曾老师继续说："那现在换一个位置看，假如我重病了，你带着礼物到医院看望我、安慰我，难道你心里不会因为幸好躺在病床上的不是自己而感到一丝庆幸吗？即使你真的为我伤心，也无法分担病人的切身感受。

"痛感是我的，害怕坠入深渊的恐惧也是我个人的。这个'我'就是感受世界的主体。"

抽离与反省通往智慧

"小松，你是你，我是我。无论爸爸妈妈将你抱在怀里有多紧，也无法替代你感冒发烧或精神上的痛苦。

"每个人来到世上就是孤独的，在本质上，每个人都独立于世界，独立于他人生存着。所谓人生，就是我们从出生到死亡的全部经历的总和。

"当你学会用抽离的角度来看待自己的身躯，就容易发现自己的灵魂，并且以旁人的视角开始反省自我。

"那种抽离感是怎样的呢？类似于照镜子，从另一角度观察心理世界的'我'。又像电影《人鬼情未了》里的画面，当男主角死后，魂魄离开肉体，蹲在他死去的躯壳旁，无限爱怜地看着他那伤心欲绝的女友，却阴阳相隔。

"那就是抽离感。

"反省，就是审视自己的内心念头，尽量依据理性的标准来旁观另一个'我'的行为和想法。当你渐渐习惯用抽离的角度来反省自我，必然将带来颠覆性的变化。人的改变，其实往往只需换个角度看问题。

"为什么今天要告诉你这些呢？因为，当一个少年意识到'我'与外在世界的关系，深切认识到'我'是孤独的，是无可替代的唯一，才能将自己的身体和身外一切真正分隔起来看待，形成抽离感，促使他反省生命的意义，而不是一味盲从他人的牵引。

"少年人，越早思考这类问题，越早帮助自己建立起独特视角越好。

"越早质疑'我'和世界的关系，越早醒觉就对未来发展越好。

"曾子说：一日三省吾身。
"佛家说：观照内心。
"笛卡儿说：我思故我在。
"帕斯卡尔说：人是一根会思考的芦苇。
"这些先哲们都在用'他者'的角度来观察自己，打开这道通往智慧之门，成为思想家。

"可见学会用抽离和反省的角度来思考自身，是一种自我启智、行之有效的办法，已有无数智者曾经从这道门走过了。"

能对自己负责的只有"我"

"当我12岁时，就是通过思考'我思故我在'和'人是一根会思考的芦苇'这些西方哲学命题获得了思维的灵感，慢慢学会用抽离的角度来审查自己的言行，将自身当成'他者'来对待，后来就逐渐形成了理性和客观的思维方式。

"理性、客观的思维方式对智慧成长很重要。如果少年时期像盲人，那么好的思维方式就是最佳的导盲犬，它能把你引向人间琼楼，获取'高级快乐'，帮你更容易找到'黄金屋'和'颜如玉'。

"当理性和逻辑结合起来，就能把思辨引向深化。我来说说当年'导盲犬'是如何带我慢慢走向海阔天空的。那几年里我这样思辨——

"如果身体的疼痛和对死亡的恐惧是我个人的事情，别人铁定帮不上忙的，那么世上唯一能对自己负责的人就只能是'我'了。在各种人生问题上,别人都不可靠,连号称最爱我的父母也帮不上忙。

"就算他们的爱是最真诚的,但'爱'本身只是一种态度,'态度'不代表'正确的方法'。'爱'可能是无助煎熬的泪涌,'爱'可能是隔岸观火的距离,'爱'也可能是过失杀人的悔恨,'爱'还可能是'好心办坏事'的托词。

"因此,相对于自身的命运兴衰,别人的爱不妨当作是屁!

"屁憋在人家的肚子里,放了是人家舒坦。你呢?闻过也就算了,千万别指望它能让你腾云驾雾得道成仙。

"我小时候目睹过一幕车祸现场,一个小青年被车撞倒了,躺在街道上奄奄一息。他父亲蹲在身旁紧握着他的手,失声痛哭!那哭声很无助啊!纵使这哭号和泪水包含了父亲对儿子无尽的爱意,也是毫无办法,孩子就在他眼前慢慢痛苦地死去了。

"那个画面很残忍,让我对'爱莫能助'这个词的感触特别深。

"从此,我深切地明白了父母是帮不了我的,因为每个人都很平凡。父母在性格、知识和能力上也有其缺陷,即便他们对孩子有爱,一样免不了会力不从心,爱莫能助。

"由于这种认识,我学会了宽恕别人的无知和软弱。我父亲因为方法错误,在我的少年时期带给我许多痛苦和煎熬,虽然我当时很难过,却不恨他,在默默忍受的同时,我甚至同情他的无知。

"因为人头脑里的正确的知识和能力不是从娘胎里带出来的,我的父母也只不过是与张三李四一样的普通男女罢了,何必对他们有过高要求呢?"

学校是什么地方?

曾老师继续说道:"逻辑"这条导盲犬既可爱又可恶,它常常带我去一些古怪的小路。

"有一天看书,我读到'外用儒术,内用黄老'这句话,不解,什么是黄老？经查，好像和《老子》这本书有关。于是找来看。

"《道德经》里面有句话说——不见可欲，使民心不乱。是以圣人之治，虚其心，实其腹，弱其志，强其骨。常使民无知无欲。使夫智者不敢为也。为无为，则无不治。

"我的古文不够好，无法一下子就理解这些话。既然文字被眼睛看到了，止不住就会顺藤摸瓜地想——学校是个什么地方？

"学校就像工厂。家长们用身体生养出原料，花点钱把孩子放入工厂请求加工。工厂笑纳全部原料，大手一挥，把原料们统统送进一条条生产线。

"在这过程中，原料的供应者（家长）和原料自身（学生）都对塑造结果没有发言权。

"于是，我问自己：成为产品是别人的构想，可我现在还是一堆铁渣原料，原料能否设想自己的未来呢？

"我又想：人生很可能只有一回，在虚空中漂了亿万年，好不容易来人间走这么一趟，打算自己为自己选择一把，这个小小的愿望不算过分吧？

"当我作为铁矿原料时就会想：我现在处于生命中最宝贵的塑造期，目前还没定型，意味着还有更多选择的空间。

"就像泡在温水中的青蛙，当水温还不算高，青蛙的腿脚还能蹦蹦跳跳时，有自己的想法就要果断地跳出去了，放手搏一把，说不定就能实现自我目标。

"后来当水温已经很高了，青蛙的身体被烫坏了之后，回过神来想跳出火锅已经不可能了。

"当自己这堆原料被工厂搞成不伦不类的产品之后，再推到社会，我还要一生自负盈亏，别人是不会可怜我的。这世界上每个人都在风里来雨里去，独自挣扎求存。

"这是人间真相！

"那什么是"学习成绩好"呢？

"成绩好就是应试科目的分数高嘛！那么除了语文、数学、英语、政治、历史、地理、生物、物理、化学这些科目，课本范围之外的知识难道就不是知识了吗？那么一个人在学生阶段的人生价值就被教材编纂人员和试题设计人员决定了吗？

"究竟是什么决定了我们的生死成败？是谁来审判我们的人生价值？

"求学阶段在整个人生中只是一小部分时间，如果把宝贵的光阴全部押宝在一小撮人抛出的教材上，这些人会为我以后的收入多少负责吗？他们能为我的未来负责吗？更何况，人生上半场和下半场的游戏规则差异很大，在校考试的内容和走上社会以后的实际应用相差悬殊，几乎到了牛头不对马嘴的地步了。

"在校园时，考试分数是压倒一切的评判标准，走到社会之后呢？好像收入和地位并非凭学校成绩来定额分配。

"既然如此，与其被别人放在罐子里斗蛐蛐儿似的玩儿，还不如自己玩自己的人生，把前程当筹码，制度就是庄家，坐在庄家对面的椅子上，亲自上台就算过把瘾也值了！

"嗯！莎士比亚说——要死还是要活，这是个问题！

"人生总是充满为难的选择，要么先熬一下，后面爽一辈子；要么先爽一下，后面熬一辈子。

"如果'人是一根会思考的芦苇'，那么'人'为什么不能是一堆会思考的'原料'呢？当木偶人有了灵魂，当'原料'要求思考的权利，这情况就复杂了。就好像动画片《玩具总动员》，原本堆放在某个孩子房间角落的一群没有灵魂的玩偶突然活过来了，大家载歌载舞，做一个有生命的玩偶，参与到人间的热闹！

"就像电影《人工智能》，当机器人要求思考，它自然就会珍惜自己。当它激活了灵魂，也就滋生了自爱。当玩具一旦开始关心起自己是如何被人"修理"的，一切都会不同了。

"我小时候去牙医那里拔牙，当我半躺在手术椅上，看着医生开始从消毒柜里拿出钳子、剪刀等手术工具逐一放在我的身边时，我总忍不住会紧张地关注那些医疗器械以及医生的一切步骤，因为这些工具很快将会用来修理我的身体，我无法不去关注它们。显然这是种强烈的"自爱"意识！

"就像提防牙医的工具那样，我在12岁时就开始审视学校的教材设计了。

"我知道老师们手上有一本书，里面详细指点老师每一课怎么对学生讲，重点在哪里，要引导学生记住什么内容等。

"许多老师上课也不过是打开书照本宣科而已，讲什么东西也不能任由他们发挥。既然如此，和我自己看书自学有多大差别呢？

"这本《教师备课指导》让我联想到：学生们好像是盲人，一溜排开，拽着'老师'这只导盲犬的尾巴前进。有趣的是，其实'老师'也是蒙着眼睛，他们的手上还拽着另一只狗的尾巴。师生们都蒙着眼睛，大家都抓着狗尾巴欢乐地成长！

"我承认小时候是很调皮的学生，思维跳跃得没边，很不安分。我觉得造物主既然让我们这些木偶有了大脑，要么用以思考，要么用来发呆，总之老是闲置着也是浪费！

"我想：如果老师上课讲什么是由真理部来控制的，那么全部学生的知识将由一个大脑来指挥，教材告诉我们什么，我们就听到看到什么。对这一点我没意见，毕竟全世界的学校总要给学生选用一份教材的。

"但问题是，学校不告诉我们的东西难道就对我们没用吗？学校是否同意学生们学习课本以外的知识呢？

"我这个木偶脑袋不大聪明，所以想了很久，终于有一句话提醒了我。鲁迅说过'走自己的路，让别人说去吧'，有人把它改为'走别人的路，让别人无路可走'。

"乍一看觉得这不过是一句俏皮话，但是联想到学校的现状，一语惊醒梦中人啊！现在学校用大量的课后作业和补习来将学生的时间挤占掉，虽然没明言反对学生发展什么，可是他们巧妙地将你的时间挤占完，让你没时间可用，等于占用你的道，叫你无路可走。

"知道什么叫'巧实力'吗？这就是'巧实力'了！让你拥有表面上的自由，但这是仅止于空想和瞎想的自由。学生们没有时间和空间，再有创造力或优异禀赋的种子也不能发芽了。人家不但跟你争路，还要抢你的青春！"

自助者，天助之

"搞懂了人家的'巧实力'之后，自然会带出下一个问题：在大局势下，我个人怎么办？

"幸好我读书的那个年代功课压力没今天那么大，由于不是独生子女，父母也没有全神贯注在我身上，没人拿着刀枪逼我做什么，于是我有足够空间学习课外的知识。

"我先给自己树立了人生目标，以后长大了想当律师。然后就分析，一名优秀的律师应该具备什么知识和条件呢？动手列出一张清单来，照着清单去训练自己。

"我开始既当自己的老师，也当自己的学生；既是自己这堆原料的工匠，同时又是自己雕刻的作品。

"要获得这种看问题的视角，和之前说的建立'抽离感'大有关系。

"光是看问题的角度差异，就决定了你的眼睛将会看到什么。

"有了武器清单就好办了，接下来要做的就是把各种需要的武器放进装备箱。

"我知道口才对工作和生活都很有用，是要放入装备箱里的。初中时，学校的早读课大家自由朗读课文，这时我就挑选自己喜欢的文章，刻意训练口才。要求像电台播音员那样，拿到没看过的稿子也能一字不漏地流畅朗读，并且注意语速、语感。旁边的同学对此不解，我也不多解释，就说为了好玩儿。

"那时偶尔还会和同学辩论一些观点,就像小猫在找对手磨爪子,在碰撞中成长。不过结局常常是无趣的,因为双方的论据往往不在一个层次上,而现场又没有好老师当裁判,就算我用逻辑赢了,对方也经常是不承认的。

"由于知识面和逻辑能力大幅超前,我注定是人群中的少数派,而'大多数'通常会以人数的优势来打击'少数派'。他们以群体力量'围剿',而我在抗打击的训练中,也顺势就把'卓尔不群'的气质慢慢弄到手了。

"现在说来似乎云淡风轻,但在当年是何等艰辛!在当时的中学环境中,'与众不同'是要付出惨重代价的!

"学校和社会风气都不能宽容和尊重'特立独行'的学生,这使得我独自黑灯瞎火地走了些弯路。为了坚守'我没走错'的立场,在黑暗中孤独守望了多年,直到阅读量和'心灵硬度'都达到一定程度之后,才终于见到曙光!

小松,你不明白我多年里在黑暗中独行的感觉,从没有哪个老师和同学带领过我,完全是靠自己阅读,从各种书中汲取营养而成长起来的。

所以当我成长起来之后,回头再看看少年时与我交锋过的同学们,心里想:当我还矮小时,要跨过'众人'这道坎是多么艰难呀!

就像电影《楚门的世界》里,主角最后幸好没屈服于那些惊涛骇浪,拼死挺过去了。假如没挺住,人生就是另一番结局了。"

我听了曾老师的成长自述,默然良久,脑海浮现出电影中'楚门'与巨浪搏斗的场面,他甚至用船上的缆绳捆绑住身体,有不惜豁出生命的决心——只有拼搏者才能经历风雨,看见彩虹。

"小松,为什么要告诉你这些呢?因为我作为一匹特立独行的野马,很同情笼子里尚未醒觉的同类。我并非要大家学我那样特立独行,而是要及早清醒思考目标与现状,学习也要学得明白,不能糊里糊涂混日子。

"每个人都无需被人当宠物来豢养，自由是与生俱来的，当你意识到自我意志的可贵时，当你想挣脱鼻绳时，将释放出足以摧枯拉朽的能量。

"所以，有些家长想请我帮他们的孩子补习好数理化的功课，我说你去找街边的补习班吧，单单为应试教育而拉抬考试成绩，不符合我的教学理念。

"我的工作是为了唤醒，就像村里喊魂的人，你醒了就把鼻绳扔掉。你已经耽误太久了，撒腿快跑吧！

时机很奥妙

我问他："人的醒觉是那么重要，为什么不早一点告诉我这些呢？"

曾老师说："早说未必效果就好。小松，你来到我身边时，就像一个眼睛和心灵都有重病的少年，当时不能全盘预告对你的治疗方法，因为你无法理解，自制力差，又怕痛，没有勇气配合治疗过程。

"我见过三岁的儿童受伤了，被送去医院，脸部要做一个很小的缝针手术。这些手术本来对大人是很简单的，经过局部麻醉后，只要病人不乱动，配合医生十分钟就完成了。可是对儿童就不行，儿童在手术过程中无法冷静配合，医生只好进行全麻，让孩子睡了才动手。虽然全麻的成本和风险都大大增加了，但只有这样才能顺利完成手术。

"为了快捷有效，我对你的帮助一开始只能用'全麻'的手段，悄悄地引导你转变习惯、态度、想法、兴趣等，这些是抓紧在你没醒过来之前就动手的。

"等你的意识逐渐清醒之后，我还须蒙住你的双眼一段时间，这阶段属于手术后的关键康复期，给你吃些消炎药帮助伤口愈合什么的，等伤口愈合之后，就拆开蒙布让你自由行走了。

"画龙点睛，点睛的时间点是有讲究的。

"要完成一项系统工程，制定科学的实施步骤、方案，找对动手的切入点，在过程中拿捏时机、起承转合、火候掌握等都要考虑周到。

"时机未到就把方法告诉你，效果也许适得其反。

"其实听到或想到一些貌似高深的道理不算什么了不起，现在人们普遍受教育的程度高了，社会上嘴巴讲得头头是道的人不少，听起来很像那么回事。但是就如南怀瑾先生说的，有些人整天嚷嚷着'修禅'，其实大多是在修'口头禅'而已。

"这说明，明白道理虽然很重要，但仅仅是初级阶段而已。'知'与'行'如何结合好，相互印证，交叉指导，把所知融化在生活中、体现在行动上远远比'知道了'更重要。

"况且，你的行动力和人生经验累积不到位时，也会影响理解能力。有些人自以为理解到位了，等到真正'用'时，才发现蛮不是那么回事。

"所以，为了让你在看到魔术师后台奥秘之后不至于错估自己的实力，避免因骄傲而迷惑了自己，我在给你的眼睛拆开蒙布之前先引导你做了大量必要的准备。

"譬如：你刚来到我身边时，除了空白，一无所有。虽然第十天就开窍了，懂得忏悔，懂得要追赶时间了，但那仅仅是万里长征刚开了个头而已。人们'开窍'其实是缘于反思处境，就像攀爬峭壁，在脚底的云雾散去后看到了深渊，因恐惧而勇猛行动。

"懂得害怕了不等于胜利，甚至连胜利在望都不算，因为'知道'没什么了不起，关键是如何'做到'。西方的谚语说'魔鬼在细节中'，其实在'做'这个环节里要解决的困难和细节非常多，导致结果失败的魔鬼常常躲在那里。

"当时你没有信心，只有脆弱的激情。

"信心这东西不是凭空得来的，就好像你在百米高空走钢丝，一般人肯定手心冒汗腿脚发软，因为对处境的判断本就是建立在理性的计算之下。"

无知者无畏

曾老师继续说:"如果我一开始利用你想追赶的激情,马上就告诉你全部真相,说你现在要学的东西很多,每一件都要从头追赶,每一门功课都垒如高山,你会怎样想呢?

"估计你会被吓蔫了,腿脚软了,信心遭受严重打击。接下去的学习中你会感觉不到在进步,因为脑海里总想着那座巍峨高山。

"拿高山作参照物,你会感觉每天前进的步伐都微不足道,索然无味,激情无法持久。

"怎么办呢?其中一个办法就是控制参照物,欺骗感官来获得勇气。

"就像我要带你去爬一座高山,别人早已经出发,爬到半山腰了,可你现在才想到要爬山。

"你从远处看山不算高,因为远观群山只有一个个模糊的山影。可是当你真的站在山脚下时,高山就在你面前,这时你抬头一看,会不由自主地倒吸一口凉气。天啊!这么高,我岂不是要累个半死?我能行吗?

"就这样,'横看成岭侧成峰,远近高低各不同'。远看'山'只是个概念,当你来到山脚下,顿生渺小感,而且还看不到先行的同龄人,连背影都看不见的追赶是叫人沮丧的!

"其实有很多二十几岁的年轻人,当某天醒觉过来,想痛改前非,打算发愤追赶被浪费的光阴时,遇到最大的打击就在这一点心理上。

"当他们痛哭流涕、满怀悔意地驱动慵懒的双腿走到山脚下,抬头一看,完了!倒吸一口凉气!顿感渺小无力,即使迈开腿走了几步,缺乏兴奋的身体会提醒内心说:算了,何必呢?

"于是在山道旁一坐下,有些人就再也起不来了。日已近午,有人干脆早早缴械投降了。

"你设想一个电影画面——

"在一个古战场,狼烟滚滚。无望和沮丧感就像一堵高高的城墙,城墙根下因恐惧和惰性而牺牲的尸骨早已堆积如山——古往今来，这道墙曾击溃过许多贪睡晚起的人！

"我经常旁观这种战场和战役，太明白高山的巍峨气势对信心的摧毁力了。但这是一道他们必须跨过的坎，越不过去，后面的一切努力都免谈。

"历史经验告诉我们，进攻要讲求策略，好的策略是制胜的关键！

"所以，在你的腿脚还不强健，意志尚未刚强之前，我不会让你傻傻地冲到高墙下直接面对枪林弹雨，赔上卿卿性命，白白给阵亡数字'锦上添花'的。

"人这种东西，最好别随便设计考验。因为人类的心理有许多基本规律，一般不要和人性规律硬碰，爱硬碰的未必是强者。要顺势而为，只要获得胜利，哪怕迂回前进，也比玉石俱焚要好。"

我说："但是当我意识到要爬山之后，您是怎么帮助我克服了对高山恐惧的呢？我怎么想不起来？"

曾老师笑笑说："问得好！不久前你不是在电视上看过西班牙的斗牛吗？你现在回想一下斗牛的整个过程，看看能否发现一点秘密。"

我想了想说："他们一开始把牛放出来乱跑，然后是三个斗牛士助手负责引逗，消耗牛的锐气，接着有骑马的长矛手出场，用长枪来刺伤公牛。"

"对了，骑马的人手持长枪出场了。但是你可曾注意到他骑的马是蒙住眼睛的吗？"曾老师问道。

我想了想，摇摇头，还真没注意到那匹马有什么特别。

曾老师说："因为公牛很凶，被长枪刺伤后会越发凶猛，因此所骑之马都用护甲裹住，双眼蒙上以防因胆怯而不受控制。

"其实那匹马的力量基本上能够顶住公牛的推力，但是马儿的心理素质不如发怒的公牛强。假如不蒙眼睛，它根本就不敢和公牛硬碰。

"同样道理，我一开始带你来到山脚下，是蒙住你眼睛的。我没有给你描绘一座巍然高山，而是把高山拆成一个个台阶，让你心里没那么惧怕。然后经常提醒你不要抬头看，只要埋头走好脚下的每一步阶梯就行了，这样你就不会因畏惧而气馁，保持信心不垮是很重要的！

"其实每前进一步都在累积着正面能量，都在缩短着你与山顶的距离。你需要一个相称的心理参照物，我引导你的注意力别去注意高度，只专注于脚下，并且常常表扬你已经获得很大的成绩，拿一些能让你振奋的参照物来比较，尽量不让你和高山作参照对比。

"于是，在慢慢的点滴累积中，你就越来越有信心。等你根据我的带路埋头追赶一段时间之后，时机成熟了我才提醒你可以看看自己所处的高度了。

"埋头追赶了一年后的你，早已不是当初的吴下阿蒙。过去一年的汗水和成绩都装在'成果箱'里，是沉甸甸的事实。这些成果已经将你垫高了，当你环视周围，角度已经不是在山脚下的视角了，从此你就有了底气！

"如今你发现在数学、语文科目上追上了同龄人，然后阅读、思考、见闻已经超过了不少同龄朋友。就像走在山道上，本来一直孤独地赶路，只闻鸟语，不见人踪，你走着走着，突然发现不但原先望不见背影的先行者已经在你身边了，而且回头还发现有些人已经落在了你后面。

"更有趣的是，当你赶上他们，观察之下你还发现自己登山的装备和步伐策略比许多人要好，这时你的信心就会起来了，接下去的故事就是：你要习惯速度比别人快。当超车成为习惯之后，就经常要和其他人说再见了。

"今天就是我提醒你可以盘点形势的时候了。

"在过去的一年里，你下了许多苦功。要知道，当一个人日夜兼程、全力以赴之后，发现自己没有走错路，并且收获到实实在在的阶段性成果，这当然值得欣喜！"

听到这里，我才恍然梦醒！有种感动涌上心头。回想自己一路走来，并不算特别艰辛，原来是有老师在巧妙带领，我已通过了别人难以跨越的雄关漫道，得来的一切成果都不是偶然的。

拆开眼睛上的蒙布

曾老师说:"小松,今天,就是现在,我正拆开你眼睛上的蒙布。你已经康复了,而且进展很棒!

"今天以后,我会把许多教育方法告诉你,从此让你明亮的眼睛指引你开拓自己的人生。

"一个健康的自由人,一旦意识到'自我承担',理解了'自由'的高贵时,就无需再依赖别人牵着走了。

"作为过来人,我深信每个年轻人身上都潜藏着巨大的核能量,只是大部分人都没能在人生的关键期发现它而已,一旦发现并且开发它们,将获得巨大的动力和效能。

"现在,当你用全新的视角来看待自己的学习、成长、生活以及外在世界,深入审视,目光所及,许多原有的表象都将烟消云散,就如同电影《倩女幽魂》里,那些盘踞在阴暗角落里的鬼魅,一旦被阳光照射,立即就像秋风扫落叶般分解、消散。

"这种电影画面是真实生活的贴切隐喻。

"生命智慧之光能破除一切迷执,一旦点燃'自性'的光辉,许多原先困扰的问题就迎刃而解。当你愿意走向它,努力拥抱它,就在那瞬间一切都不同了。

"任何事物都有其生灭的规律,都能够被慧眼所洞察、解构。

"小松,以后我和其他家长交流时你可以在场旁听,过后也可以随时对各种教学方法提问。以前我是你的魔术师,带领你走过一段暗礁险滩,现在我要把魔术师的后台对你开放,让你学到帮助别人变化的手法。

"看见那些方法和道具之后,你不但能明白自己曾经是如何走过来的,还能立刻用以培养自身,以后将这些知识用来培养你的孩子,惠及他人。"

曾老师

小松在我身边度过了非常关键的第一年,从无知无觉到觉醒发愤,这个过程需要解决许多细节。还好，他一步步走过来了。

蒙着学生的眼睛牵引他们走，只是阶段性的手法。事实上，我认为这个阶段越短越好。

我深信，任何孩子的生命光辉都能在恰当的引导下自行点亮，点亮之后，照耀自己的前程。内在的强大足以抗衡许多外在因素，假如想培养出强者，当然首要任务是强大其心魄，因为强者必须能够降低对外在条件的依赖。

没有谁想被人永远蒙着眼睛，没有人愿意永远怀才而不遇。每个人都希望自己是特别的，是能够牢牢把握自己的命运的勇者！可是大部分人与体内原有的潜能失之交臂，终其浑浑噩噩的一生！

人生只有一次，且无法重来，所有错过都很可惜。

只有在这个角度和意义上，人们才能读懂"自由"的深刻内涵。

思考和质疑是年轻学子们应有的技能。当我用学生听得懂的语言对他们展现一些日常情景，引导他们对生活中再平凡不过的现象进行思考时，手之所指、目之所及都会打开一扇门，哪怕只看一眼，他们再也回不去先前的"维度"了，因为观念的涟漪必然伴随着主动或被动的思考而绵延不停。

同样，面对中学生和更小的孩子，尝试用他们能听懂的语言去描绘那些他们能够理解的景象，一样会带来思考。人们对日常行为的思考一旦发生，就自然会拆解或者追寻行为的意义，继而发现驱动其行为的内核。当你再做同样的动作，质疑就会或轻或重地冒出来，由此生出荒诞感。

荒诞感会阻止自己选择非理性的路径，引发一连串的思考与修正。因此，许多非理性的行为最怕思考，当它们被正确的思考梳理过，那么它们将难以回归谬误纠结、迷妄纷杂的原态。改变是必然的，而良性的改变又会导致更深入的思考与修正。

——这就是行为背后的连锁反应。

第十章

谈音乐

179 什么是"流行"?
184 话语权在作祟
186 理性属于个体
188 有比较,才能谈鉴赏
192 听歌要听有用的
195 音乐提高爱情审美
198 动机不是最重要的
202 专注成就非凡
204 人生啊,如同舞台
206 音乐带来的好
211 有一种玄妙的东西叫灵感

曾老师

其实音乐对于改善青少年行为及思想的作用是非常重要的，它是"润心"的一种直接手段。对于从来不爱学习的颓废少年，假如音乐能够被他接受，真正进入他的生活，那么音符和歌词将如同春季的融冰渗透进干涸的草地，激发灵魂深处"渴"的呼声。

音乐是想象力的翅膀，少年人的思绪由音符牵引可以滑向远方。草原、冰山、森林，天地无碍，自由奔放，正因为音乐如此重要，我希望学生自己悄然去接受它。越是自然的，就越能在心灵驻留长久。

把音乐带进小松的生命世界，是我必须要做的，也属于剪头发、换眼镜和学弹琴之后的组合拳之一吧。但我对此并不着急，因为音乐和阅读兴趣一样，是"功在当下，利在终身"的事情。

我把音乐和读书、思考当成丰富人生的三件大事来看待。重要的不是如何令他快速地接受音乐，而是一旦将音乐引入其生命之后，如何才能细水长流地持续下去。

什么是"流行"？

在到曾老师身边前，我对音乐的了解仅止于听一些手机铃声和香港流行歌曲，对我来说，走进音乐的殿堂似乎十分遥远。

可能真的如他所说：正是年轻人的交往圈子和视听范围所限，困住了他原本自由无碍的心。

就像一只小鸟，本来是生而自由，展翅能飞的，外面天地辽阔，它却困在生活范围所圈定的周遭篱笆内，在各种人际牵扯中，心灵的翅膀逐渐萎缩，终于从鸟退化成小鸡了。

我这只小鸡，原本不知道世界是这么辽阔，人的发展会这么神奇。可是在一年内，我重新生长出飞翔的翅膀。

是音乐给了我飞翔的感受。

在剪掉我的头发、更换了眼镜、引诱我弹琴之后，对于音乐的喜爱似乎是自然而然伴随而来的，没有任何唐突可疑之处。

听音乐，就像学钢琴时附送的买一送一小礼品，不需要任何特意的推动，就这么悄然而来。

一开始，我还经常从自己的手机里听流行歌曲，曾老师也从来没有叫我放弃它们，只是随口问我喜欢哪些歌曲，没再细究。

一天课间休息时，我拿着手机听流行歌曲，曾老师放下手中的书，拿杯清茶走了过来，微笑着问我听的是谁的歌。

曾老师

其实我当时并非刻意选择那一天来启发小松什么，一切都是自然而然的，只要看见他在做什么，我就会和他谈什么。而那一次正好他在听歌，我于是就趁机给他播种子了。越是生活中随机的谈话，效果越好。

我说了个歌名，他摇摇头说："多年没有跟踪流行乐坛的最新动向，不知道他是谁了，不过这个歌手的声音还可以。"

他的话让我稍感诧异，因为很少有长辈会赞同我听现在的流行歌曲，而曾老师的态度似乎挺包容，这让我有兴趣和他聊下去。

曾老师

其实我现在是不听最新的香港流行歌曲了，但并不反感流行歌曲。要想和青少年拉近心理距离，就更应该尊重他们的流行文化，长辈先放下姿态，尊重他们，他们才能放下壁垒容许你走进心里。

这不但是和青少年谈心的一种灵活策略，本身也是一种看待事物的多元包容态度。当你的表情、语气有了诚意，孩子自然会研读出来，才能和大人展开深入的讨论。

我问："你也喜欢听歌吗？"

曾老师淡淡地说："当然，我对音乐的喜爱比你更狂热。中学时，几乎所有的港台流行歌曲，只要前奏音乐响起，10秒内我就能说出它的歌名和演唱歌手。那不是吹的，兄弟我也曾经年轻过。"

他的话带着强烈的感染力，真实得不容置疑。我不由自主地问："那你觉得现在的流行歌曲好听吗？"

曾老师说："审美是一种主观的东西。评价一个时代的歌曲好不好听，要看评判者拿什么时期什么地区的歌曲来比较，泛泛地问，不好回答。"

我说："现在社会上都说我们这一代的流行歌曲很烂了，但我不觉得有什么不好呀。"

曾老师的表情非常和蔼，悠闲地啜饮了一口清茶说：

"如果拿近十年的港台歌曲与25年前的港台歌曲相比，这种PK，先要看裁判们是谁，在谁的主场。你要找人家比赛什么，一定要先看看场地和裁判这些重要因素。实在要比较，我觉得1987年到1992年的流行歌曲要好过最近十年的，而古典音乐名曲又超越我们大部分的流行歌曲。

"你想搞清楚这个问题的答案，首先要弄明白"潮流"是什么？

"我说个小故事给你听，让你知道每个时期有属于那群人的潮流文化。

"在我小时候，二十世纪八十年代初，中国刚刚改革开放。我们家乡是最接近香港的桥头堡，有点儿"西风"就很快吹进来了。

"到了1982年左右，那时十一届三中全会开过了几年，坚冰开始渐渐融化，社会气氛逐渐宽松了。

"但是，全社会仍然是古板统一的审美观，整体的社会观念尚处于新旧交替的观望状态。可是，年轻人永远是追逐潮流的先锋队，当风气微微有些暖意，新的时代符号便如同绿芽遇上春雨，立刻繁荣起来了。

"那时流行的歌曲是《花儿为什么这样红》《泉水叮咚》《妹妹找哥泪花流》《我们的生活比蜜甜》《军港之夜》之类的歌曲。

"在任何一个时代里，年轻人总是新潮文化的弄潮儿。每个人都年轻过，所以大家都曾经感受过自己体内激进的冲力！

"那时我看见姐姐开始追逐时尚了，姑娘们流行烫发，喜欢戴一种可以折叠起来的白色大帽子。

"但是，话语权永远是掌握在社会主流的中年人手里！

"对于烫头发和戴白色大帽子，我父亲粗暴地干预了姐姐，勒令她把烫过的头发剪掉，不准她戴那种帽子，逼着姐姐把帽子剪破了。

"为此姐姐哭得很伤心。当时我是小弟，心里也为姐姐的委屈打抱不平。

"后来轮到我了。当时，我们那里是香港流行元素进入中国内地的第一站，中学生的服装潮流也是香港传过来的，色彩和款式都很反传统。

"上初中后，晋升为青少年的我当然也很喜欢听港台流行曲，当时谭咏麟、张国荣、梅艳芳等偶像歌手很红。

"梅艳芳的《妖女》《坏女孩》和《红唇烈焰》等歌曲的确让人听了脸红。'他将身体紧紧贴我，还从眉心开始轻轻亲我，快喝杯冰水冷静透一口气，回头寻找理性放了在何处……'这些大胆的歌词让中年人有些接受不了。

"不过香港那批流行歌手里，也就梅艳芳的歌曲过于前卫和放荡，这使我们'正经人家'都不好意思认同她为偶像。

"谭咏麟的歌就不同，他总是唱些'天边一颗小星星，海边一颗小星星，默默落着泪，永不改变……'之类的，还是容易引起青少年的认同。

"那时我放学回到家，马上就用录音机高声播放香港流行歌曲，边听边跟着唱，如饥似渴。我父亲也很看不惯，父亲下班回到家，我还是赶紧把音乐停了。可是，我不像姐姐那么乖，我会想办法抗争的！

"毛主席说，要打游击战，聪明人不要拿鸡蛋碰石头。"

曾老师说得绘声绘色，他仿佛回到了自己的青少年时代，举手投足都很投入。我们几个人乐呵呵地听着，觉得曾老师就是我们阵营中的一员。

"你知道本人的脑门是被马列哲学敲开过的，用马列思想武装起来的人思路自然与众不同。

"在和我爸暗中角力的过程中，我也会多角度地反省——其实'潮流'真有那么迷人吗？

"'我喜欢什么'难道仅仅是因为'爸爸反对什么'吗？他没那么大个，我的意志自由可比他重要多了！

"父亲在我的整个生命价值中算几斤几两？我喜欢或不喜欢什么，应该有超越父亲反对的充足理由才行。

"当时我还是个小少年，将这些想法郑重其事地当作是对客观真理的追求来面对。

"我联想到前些年我姐姐她们的潮流符号，然后再看看我身上正流行的东西——真像'城头变幻大王旗'，各领风骚三两季！

"所谓'潮流'，就好像天上的云朵，随风吹而不断地变化形状，这是为什么呢？当时我真是个问号少年，脑海里经常一大串问号。

"然后自己土法炼钢玩思辨——人还是一样的人，而服饰、歌曲等潮流符号却在不断变化着，到底是观念在变还是人在变呢？或者，是观念以冲突的方式在较量吗？

"'潮流'难道真的代表着先进方向吗？'一代更比一代强'的逻辑正确吗？如果'潮流'是'云'，那么谁是'风'呢？

"如果风不是自然的，那背后'扇风的手'到底目的何在？推手是数量庞大的一群人还是少数几个叼着雪茄、坐在关键位置上的策划者呢？

"假如'潮流'的审美是无中生有的，那么我们青少年热衷攀附潮流的动机究竟是认同别人'塞过来'的新潮审美观，还是仅仅想借用这些符号为手段去和代表旧势力的父母划清界限呢？

"这些问题反复在我脑海里旋转。你知道,一般会提问题的人也善于找答案。

"直到高二以后,我才搞明白了,好像是在一本谈美学原理的书上看到了一句话,于是获得了贯通性的感悟!那句话大概是说:审美观是因人而异的,没有普世标准。它通过教育对诸多个体思想取得相对统一。

"于是我明白了——原来我喜欢最新款式的牛仔裤,并非自己原有的审美观觉得它美,而是被一些外在宣传力量所牵引着认同。比如看到电视上的明星在穿这一款,别的同学就羡慕这个,那么谁先拥有了新款牛仔裤就会令其他同学羡慕。

"因此,我之所以买它未必是因为'我觉得'它穿在自己身上很好看,只是为了让其他同学羡慕而已。这款式是否适合我并不是重点,重点是由此而获得了其他心理满足。

"从这一点出发,继而想到——我捍卫的审美标准也未必是纯洁的,它背后也不过是一连串复杂动因的交战结果。

"我可能想用新潮的服饰来彰显与父亲抗争的斗志,也可能希望通过它来赢取同学们羡慕的眼光。至于'我自己'是不是真正喜欢它,其实不大重要。

"既然我这样想,那别人很可能也是这样想的。一个人每天穿什么衣服上街,其实背后经过了复杂的决策过程,真正属于'自我'的意愿成分很低。

"一个人越想活得'自我',也许就越要防止'他人'的影响入侵。

话语权在作祟

曾老师越讲越深了,不过他的条理很清晰,我还能跟得上他的思路走。他带我到思维从未去过的地方,到那些我脑海内从未推开过的房间里,看看究竟还有什么好玩又精彩的。

他见我很认真地听，于是继续娓娓道来，谈他在青少年时的思辨：

"思考的过程常常拔出萝卜带出泥，越扯越多。

"除了搞清楚'我'对潮流的追逐心理之外，还顺带想搞明白父辈们为何会打压年轻人的时尚潮流文化。

"在我看来，家长为何不喜欢年轻人追逐时尚潮流呢？无非只有两点：

一、家长觉得他们的观点更正确，劝人放弃差的标准向他们看齐。假如这样，双方可以公平辩论，考验审美观和逻辑能力。

二、当道理上讲不过年轻人，掌握了话语权的家长通过强势地位对弱势方进行强力压制。这就和逻辑无关了，是拼人品和胸襟。

"小松，上面这些东西是我花了多年时间，阵亡了无数脑细胞之后才获得的。假如你理解了这些，就能明白现在网上许多言论都是在逗你玩儿的。

"网上经常有针对70后、80后、90后的话题，将原本生活在一起的一群人剔除共性，按照十年一拨来归类，进行嘲讽或鞭挞，这本来就是一种低级的精神暴力行为。这背后其实是强势群体对弱势群体的非理性嘲笑行为——难道1981年出生的人与1979年的有很大不同吗？

"将人群简单分类，这群人对另一群人指指点点，看上去挺娱乐，实际上是低级趣味在作怪。说到底，是因为如今60后、70后掌握了社会主流话语权而已。

"当1971年在嘲笑1989年的人时，其实不过是'一朝令在手，便把令来行'的肤浅心态，似乎自己就不曾年轻过。

"人类社会的大部分嘲笑行为都不以逻辑真理为基础，只是优势方掌握了强势武器。仔细想想，是不是这样？"

"那为什么没人出来阻止这种低级嘲笑呢？"我忍不住问道。

"社会的主体是'群众'，群众就是'大多数'。那些有话语权的'社会贤达'未必愿意得罪群众。

"再说，成年人的世界里有一种潜规则，即'我们是一帮人'，就像玩游戏那样，我们是分在同一组的，自然就要相互守望，利益共享。

"'我们这一群'数量众多，能量巨大，个体之间的水平当然参差不齐，所以这类反思只能在理性个体间内部进行了。我经过多年思考，发现有些现象存在着有趣的对应关系。

"譬如，一般来说，知识越多的人越谦虚平和。

"见识越短的人越容易争论得脸红脖子粗。

"越是坚持真诚并且遵循理性指引而行事的人越无法从政，因为撒谎会分裂其人格。

"同理，有时家长对孩子的'官威'强度与自身的思维深度成反比关系。这种道理和其他原则相通。

"小松，作为独立的个人，我跟你私下聊天，会坦诚地把我的思考不带阶级歧视地告诉你，和你分享思考成果。可是假如我在大庭广众下上台演讲推销这种理性的观点，多半会被'我们这一群'人用臭鸡蛋给砸死。最好他们把我变回小孩儿，从成年人的队伍中开除出去。"

我们哈哈一笑！很开心！曾老师的话让人豁然开朗，我感觉他好像是从"敌营"里叛逃过来的。

理性属于个体

曾老师喝一口茶，继续说："这是很悲哀也很难解开的局面。

"法国思想家古斯塔夫·勒庞说过：'群众'作为一种整体，其行为一般仅受粗浅的观念来支配。

"同样，'家长们'作为一个群体，也深受无意识力量的支配，任何必经逻辑推理才能获得清晰的观点，都只能在理性个体的内心世界里静静地展开。

"所以，既有理性而又有深度的观点往往只为少数个体所接受，从不会轻易在社会上大面积遍地开花。

"想要一种观点变成社会普遍接受的观念，必须经过通俗化的包装，然后通过政府大力宣扬，最后交由漫长的时间来完成。

"历史很清晰地告诉我们一种事实：当思想家提出的观点经过诸多曲折的途径最终影响到普罗大众时，提出观点的哲人们早已化作尘土了。

"我作为'家长'中的个体，自己可以冷静地反思嘲笑晚辈的行为，并对此不屑，但别人未必和我一样反省和自律。

"所以小松你不必把长辈们的所有观点都放在心上，关键是自己内心要有'定见'，就是要理性、冷静，懂得思考，自然就不容易被激流左右而摇摆不定。

"假如有长辈对你倚老卖老，也不要跟他们急，就像父母掌权后清洗爷爷辈那样，有一天等你们到了40岁，也同样可以对他们扬眉吐气的。

"有一首古诗这样说：

百尺竿头望九州，
前人田土后人收。
后人收得休欢喜，
还有收人在后头。

"总有一天你们会长大，然后也会掌握社会的话语权。届时，你们这一批人的感情和回忆将成为消费市场的主流符号。电影内容以你们的成长背景而制作，访谈节目都在围绕你们关心的议题，一切都会跟着你们的好恶在转——因为那时你们有消费力，有话语权。

"而老人就会慢慢被话语权力边缘化，只能早晚聚在公园里用唱红歌来缅怀青春了。哈哈！"

听了这番解释后，我有种豁然开朗的感觉。曾老师讲得很慢，让我感受到了逻辑的妙处，被他牵引着走一条逻辑铺垫的小道，眼看一片杂乱，却总有曲径通幽。路虽小，绕来绕去，终至广阔天地！

有比较，才能谈鉴赏

在日常相处中，发觉曾老师的讲话特点就是力求以理服人。当我提出的要求是有道理的，他会满足我，并不拿势来压人。即使他想改变我的想法，也尽量通过讲道理来取得我的理解认同，让我明明白白心甘情愿，这是他与学生交流的根本宗旨。

在曾老师对我剖析过流行元素之后，我并没有立刻放弃原先的音乐口味，对此他也没说什么。我还是老样子，主要听些时下的流行歌曲，只不过偶尔也会听一点钢琴曲和小提琴曲作为调节。

在我开始学习弹琴后大约两个月，有一天课间休息，我还在听着自己喜欢的流行歌曲，这时阿姨路过我身边，笑着敲了一下我的头说："没出息！尽听这些歌曲。"

我跟她斗嘴惯了，就说："子非鱼，安知鱼之乐？唉！你们老人家是不会明白听这些歌曲的快乐了。你们OUT了！"

阿姨反击说："请小松同学到浴室去照照镜子，看看传说中的'井底之蛙'长什么样子，莫非你就是大名鼎鼎的'青蛙王子'？"

我也嘲笑说："阿姨，看你年纪轻轻的，怎么还没老就开始用长辈话语权来欺负晚辈啦？难道忘记了曾老师说过'前人田土后人收，后人收得休欢喜，还有收人在后头'吗？"

这时，曾老师笑眯眯地从书房走出来，他总是端杯茶，好像放松筋骨的样子慢慢踱步过来。

"小松，上回我说过，长辈不应将自己的审美观强加在孩子的身上，不可剥夺孩子审美的自主权。可是，今天阿姨笑你没出息，是在为你惋惜，惋惜你还不知道好东西在哪里？

"有句话叫作'敝帚自珍'，意思是你自己家里的破扫帚，用久了有感情，不舍得扔。但是只有你拿它当宝贝，在别人看来才不稀罕。

"现在你听这些流行歌曲，在我们的眼中就好像看见你怀中搂着一把烂扫帚,还无限陶醉的样子,有点好笑!我们说'好笑',是为你的视野狭窄惋惜而已。

"人都是趋利避害的,正常情况下都会争取把自己的好处最大化。

"譬如,在你没有开过奔驰、宝马之前,你很喜欢自己的夏利车。我觉得你可以喜欢夏利车,但不能说那是最好的车子,因为你没有见识过高级轿车,没有亲身比较过。而开过奔驰、宝马车的人,看你陶醉在夏利车里面,还扬言这是天下最好的车子,别人难免对此感到惋惜!

"还有许多好音乐你未曾了解接触过的,太可惜了!你应该扩展视野,增加见闻,在有足够见识的前提下,再来对怀里的破扫帚做另一番评估,这样会更客观一些。"

我被曾老师的理论绕进去了。奔驰和宝马车我家都有,他拿豪华轿车和夏利一比较,我的感觉很强烈!

突然想起自己怀中好像抱着一根扫帚,好搞笑!我有点窘,于是说道:"我是觉得这些流行歌曲挺不错呀,我知道有更高雅的音乐,但是听不懂、不喜欢,现在只喜欢低俗音乐,这总行了吧?"

曾老师笑眯眯地说:"当然行,我说过会尊重你的审美观。不过今天既然说起这个话题了,我就顺便提醒你,你之所以还要坚持抱着烂扫帚并感到快乐,是因为你没领略过更高级的快乐。"

我觉得他是在忽悠我,马上笑他说:"瞎扯!快乐还有高级和低级的区别吗?"

曾老师接口道:"是的,还真的有区别。这不是我说的,英国著名哲学家约翰·穆勒说过,快乐有高级和低级之分,高级快乐需要通过培养鉴赏能力和教育来获得。

"他有一句名言:'当痛苦的人胜过当快乐的猪,当痛苦的苏格拉底胜过当快乐的傻瓜。如果傻瓜与猪对此有异议,那只是因为他们没有体验过更加高级的快乐。'

"照穆勒的意思来说,如果你认真听一年流行歌曲,再听一年西方古典音乐,只要你体验过这两种快乐,自然会一直偏好更高级的快乐。

"穆勒说过：'几乎没有人会因为能够享受所有的畜类快乐而愿意变为低等动物；没有哪个有才智的人愿意成为傻瓜；没有哪个有教养的人愿意成为无知之徒；没有哪个有感情和良知的人愿意变得自私和卑贱。纵然他们确信一个傻瓜、蠢材、恶棍对自己的命运比他们对自己的命运更加满意，他们也不会用自己的命运同前面那些人的命运交换。'

"当你死抱着现在的歌曲不放，的确反映了你还没找到音乐世界里的高级快乐。至少你应该尝试去听一听另一些音乐，拓展一下视野，对比之后再来做决定。"

（曾老师上面那些引用约翰·穆勒的话是当场整段整段背诵出来的，这真让我感到惊讶！他经常能够整段背诵一些哲理名言。

不久后他把这个功夫告诉我了。

他说："好记性不如烂笔头。人的记忆力是不可靠的，尤其是我35岁之后记忆力下降很快。

"但是读书中看到好的句子需要背诵下来怎么办？我把这些书里面需要记住的段落画出来，然后朗读它们并且用录音笔录下来，放到MP3里面去。

"那么，在晚饭后散步时，在干家务时，我就会戴着随身耳机来听这些自己朗读的书中佳句。一遍一遍重复听，心里默记，就这样做死功夫将它们背诵下来的。

"因此，多年下来，我光是利用生活中的边角料时间所获得的重要知识就比别人一辈子记住的都多。当你以后明白了时间的意义，相信也会像我那样珍惜生活中的边角料时间的。越早开始越好，从少年开始，持之以恒，十年之后效益惊人！"

后来我也喜欢上了这套方法，在MP3里放了许多书籍的音频，每当出门乘车时自己就陶醉在那些知识中了。这是我获得的最宝贵窍门之一。）

坦白地说，我当时被他的理论镇住了，因为我已经很信任曾老师，知道他为我好，会努力带领我走高效的正道。

在这么博学的老师面前，我没有任何资本拒绝他的引导带领。在他面前，谦虚地接受也许就是对自己最有利的路径了，幸好我当时已经想明白了这一点。

于是我收起脸上的笑意，很认真地听他说下去。

曾老师见我愿意认真听了，就继续说："流行歌曲是什么？你想想看，是不是每隔几个月，香港流行歌曲就要换一茬？老是更换的东西，说明有点时尚、浅薄的味道。经典的东西常常是质朴、厚重、简约、耐看的。

"看大街上的红男绿女们穿上流行时装，追逐昙花一现般的'时尚'快感，几个月后这种款式不流行了，他们又投身到下一款的追逐中。街边的时装店，专门卖最新潮流服装的那种，你知道他们的利润和风险有多高吗？

"时装店进货，判断款式要准确，进货数量要控制好，一旦服装过季了，不流行了，余货瞬间就不值钱了，卖不掉。

"所以卖时装的利润也要很高，背后为了支撑库存积压的风险，卖掉一件衣服至少要赚回来三件的本钱才行，这是行规了。

"这些风险都要转嫁到衣服的零售价上由消费者承担的。那么，追逐新潮的人为昙花一现的快感支付了一笔风险金。

"流行款式一旦过气了，时尚的光环消失之后就不值钱了。经不起时间推敲的流行产品，说明本身经不起冷静的审美标准的审视。

"反过来说，当一个人具有独立且深刻的审美观，是不会轻易陷入时尚流行的圈套的。

"把这种逻辑用在音乐上来看，也可以说，你之所以还沉醉在流行歌曲出不来，并且坚持认为当下的流行曲是最好的，那么说明：

"一、你的审美观很低端，在这方面要加强修养；

"二、你被潮流规则深深控制，不够理性，不敢与主流意见相左，说明缺乏个性，性格中怯懦的力量占据上风。你应该努力避开这种规律的控制和支配。

这两点都反映出深层的问题，能够尽快解决，你就可以尽快开始训练自己，带领自己走向强大之路。"

听歌要听有用的

曾老师的话触动了我,但是我的确不喜欢古典音乐,又有什么办法喜欢上那些高雅的音乐呢?

他啜饮了一口茶,不急不慢地说:"你现在听的大部分是营养很低的流行歌曲,那些歌占据了你的时间,覆盖了你的心灵视野。如果说你听歌的时间是一个水桶,那么里面的九成空间已经装进了脏水,你需要腾出空间才能容纳好东西进来,否则整天和低养分的材料打交道,限制了自己的鉴赏水平发展。

"你应该明白自己现在的处境,各方面的基础都薄弱,最需要讲求效率,争取大步赶上。所以你比一般人更不容荒废时间,应该挑富含养分的食物来吃。

"美国有一幅漫画,画着一只老鹰,老鹰背后站着许多火鸡。画面上有一行字写道:当你是只火鸡,就不能跟着老鹰飞了。

"反过来讲,当你想成为老鹰翱翔高空,那就别跟火鸡们扯在一起了。

"要知道,老鹰小时候长得跟火鸡比较像。你觉得自己以后是不是一只老鹰呢?那要取决于你的决心。

"如果你决心成为老鹰,从现在起就要和火鸡们区别开来。内心要独立,对自己进行一些当老鹰的锻炼,让翅膀更硬,气质更强悍,眼睛更锐利!

"李敖说过,当你跟二流货、不入流的人整天搅在一起的时候,你就很难跟第一流的人并驾齐驱。这里隐含的意思是,我们交朋友不要交那些赶不上你的朋友,我们要跟老鹰做朋友,这可以提升自己的标准和能力。

"人的可塑性很大,大部分目标可以靠自我训练达成的。

"所以,听歌要听有用的,听更好的。

"那么,什么是有用的歌曲呢?首先看不同时期的流行歌曲的歌词质量。歌词很像诗词,其内容、韵律都要讲究。好的歌词和好的曲调搭配,能够入心入肺,让人久久难忘!

"因为青少年喜欢消费流行歌曲,因此歌词的质量高低对当前少年们的影响更显重要。歌词也是一种文化载体,它能给青少年带来人生感悟,影响赏析口味,高质量的歌曲能带来对文学和韵律审美的提升。

"所以,如果你想在听流行歌曲之余获得更多韵律和文学之美感,那么不如多听老一批的歌曲。

"在你的头脑里,不妨将'流行'的外衣扔掉,凡是你未曾听过的,那么何妨把八九十年代的歌曲当作现在的最新歌曲来欣赏、来喜欢呢?其实你除了无法与同龄朋友像讨论时尚产品那样交流它们之外,这些歌曲的其他元素都基本一样的,对吧?

"《共产党宣言》的最后一句话说:'无产者在这个革命中失去的只是锁链。他们获得的将是整个世界!全世界无产者联合起来!'

"这句话也可以改为——当你在头脑中摘下'潮流'这条锁链,将获得无限大的自由空间!

"从盲人阿炳的《二泉映月》到《梁祝》协奏曲;从披头士的Let It Be,再到艾尔顿·约翰的Candle in the Wind(风中之烛);从芭芭拉·史翠珊的Memory(回忆)到唐妮·布莱斯顿的Un-Break My Heart(别伤我心);从邓丽君的《我只在乎你》到李宗盛的《当爱已成往事》——浩瀚如繁星的优秀歌曲,可全数拥入怀中。

"从此你不必再抱着一根烂扫帚,躺在一个小水洼旁沉醉不醒了。"

曾老师这番话如电流般通过我身体,令我震颤了一下。是啊,跳过一扇小窗,将拥有广袤天地,这明摆着划算啊!

曾老师继续说道:"刚才不是谈到功利主义吗?那就干脆再功利一点。你知道几年之后,当你出去社会工作了,上司和老板是些什么人吗?"

我摇摇头,这些社会知识我真想了解多些。

"现在多数单位的中高层管理职位都是35~45岁之间的中年人。这个年龄层的人是现在的社会中坚力量,掌握了许多社会资源和话语权。在工作上,分工、提拔等权力在他们手上,他们自然会从自己的角度来评议年轻的下属。

"由于不同年龄层之间，本来各自成长的时代文化背景差异明显，还有上下属的权力关系，因此有些中年人常常看不惯小青年的审美和品味。

"这其中难免带有强势群体对弱势群体的傲慢，虽然非理性，但它是普遍现象，古今中外皆然。

"在这种前提下，除了你的工作能力之外，你和别人是否有共同语言，自然也能成为派系、阵营、好感、厌恶、拉拢、打击、提拔、解雇等职场故事的重要台下理由了。

"如果你在单位中做事不好也不坏，某一天，你们一群年轻人和上司闲聊中恰好谈到不同时期的流行歌曲的话题时，如果你能对八九十年代的流行歌曲侃侃而谈，如数家珍，能够和上司找到许多有共鸣的'同一首歌'——不用说，上司会对你刮目相看，颇有好感。在以后的工作中，优势的天平有可能就倾向你，得到提拔、重用的机会显著增加。

"没办法，当人家对你有好感了，怎么看都比较舒服。这不叫溜须拍马，而是工作和社会交往中的人情世故而已！

"他们赏识你的理由未必仅仅是因为对于歌曲的喜好一致，而是看你作为一个青年人，却能够具有跨越自身所属时代的音乐鉴赏视野，敢于质疑当下的流行元素，这背后隐约体现了此人的音乐修养、个人品味和敢于孑然独立的精神品质——是这些经过某些细节而推理出来的隐形特点令人欣赏你！

"古人说'书中自有黄金屋'，其实我看音乐中也有黄金屋的。

"那么音乐中有没有'颜如玉'呢？也有。

"你喜欢哪一类音乐，其实就是给自己挑选了某一种美容风格。长期受到某种类型音乐的熏陶，肯定会让人在气质内涵上体现出相应的特征。

"喜不喜欢听歌，听什么类型的歌，对音乐的鉴赏深度等差异都会带来差别。

"高雅的音乐能改变你的情感触觉，改善你的气质，提高你的审美标准。

小松，当你的气质提升了，自然会吸引更多人的注意，以后找女朋友时，机会和选项无形中都增加了，更有利于你找到意中人。

"你看，街上许多女孩子在美容店、高级化妆品和时装上血拼花钱，动机何在？说穿了，难道不正是为了提高自我感觉和获得更多别人的注意吗？想方设法让自己看起来更美貌些，力争获得更多注意和追求，也无非是想扩展自己的条件和可选项。

"谁都知道多项选择比单项选择要好，这不单是说择偶，还包括人生机会。"

音乐提高爱情审美

曾老师继续说："好了，你自身变得优秀了，机会多了之后，是不是就能得到美满的爱情呢？"

"未必！还要有一双善于选人的慧眼。

"根据'物以类聚，人以群分'的规则，一个人的审美提高之后，自然更有利于发现更内秀的伴侣，提高日后生活的幸福指数。

"你现在还没有多少爱情的经验，我告诉你一个道理，我发现以前学校里的漂亮女同学大多数成了有钱少爷的女朋友和老婆，但是三十多岁之后盘点她们的婚姻幸福指数，一般般。你知道为什么吗？"

我摇摇头，这个课题对我更深奥了，但我非常感兴趣！

"无论对男女来说，天生丽质既是上天的眷顾，也是老天爷放到他们身边的陷阱。

"因为，人们的种种努力，要么是为了弥补自身缺陷，要么是追求掌握更多资源，满足安全感的需求。

"俊男美女由于其外在的美貌，从小到大自然得到更多关注，让众人追求，被别人殷勤照顾，众星拱月会带给他们一种虚幻的价值感。这些因素对于人生早期反而是糖衣炮弹，外貌上的优势会让他们轻易获得心理上的满足感。

"但好逸恶劳也是人性特点之一。当欲求可以轻易通过外貌优势获得满足时，年轻人自然不愿通过努力去丰富自己的知识和提高内涵修养——于是许多俊男美女常常在择偶中表现出短视，有眼无珠。

"他们年轻时优势巨大，可惜却意识不到容貌的短暂优势不足以支撑一生的开销。青春易逝，容颜快老，当外貌的优势在三十岁过后走下坡路时，要通过什么来支撑漫长的下半生的优越感呢？

"结果不言自明，可想而知。

"我觉得人到中年是个很有意思的阶段，我们尚未老气横秋，但阅历的厚度也足以揭晓许多人生规律了。

"大家从儿童、少年时期一路走来，彼此都在观看着别人生命的连续剧，偶尔在同学之间关于'谁先风光，随后如何'的闲议中，某些朴素的人生哲理逐渐清晰浮现。

"所以，貌美是个优势，同时也是陷阱，人在年少时一定要认清这点。

"男孩子的相貌普通点其实是好事，没有陷阱来诱惑你。在人生早年为了获得优势，你才会更努力地加强内涵。上进动力足的人，自然腿脚好，意志强。

"因此，青年人择偶的慧眼非常重要。无论男女，在早期越是具有穿透表象的智慧，下半生婚姻和生活美满的机会越大。这是人生的宝贵经验，不是玩笑话！

"讲了那么多，加强音乐素养对择偶的眼光有帮助吗？

"当然有！因为人的鉴赏力是从高向低兼容的，比如你是五年级的水平，可以掂量五年级以下同学的斤两，并且吸引他们和你交往。但是五年级的你很难掂量初中生的水平有多高，更加难以被初中生接纳为好友，相互欣赏。

"因为，爱情的初衷往往来自于对对方才华、相貌、财富或资源的欣赏，男孩要占据综合优势的位阶才能获得女孩的爱慕。

"当你五年级时，一般只有五年级以下的女孩喜欢你，七年级的女生是不会爱上你的。

"当你五年级时，却爱上七年级的女生，那么就应该努力让自己的综合内涵提升到八年级以上，否则美貌、内秀、优雅、贤惠等优秀的姑娘作为稀缺资源都和你不相干。人生的幸福不是靠白日梦得来的，当某天梦醒时分，你只能自言自语地说——我爱的姑娘嫁了，可新郎不是我！

"跟你讲一个真实的例子：

"在我高中时，比我大几岁的表姐很喜欢一个优秀的男生，她让我出主意。我看看表姐的样貌、性格、综合内涵等条件都和他相差太远，根本是不可能的，但直接说她没希望了又显得刻薄。

"于是我诚恳地跟她讲：你呀，很有眼光，喜欢上一个极品男生了。他之所以值得你喜欢，肯定是有才华有品位的，对吧？

"但是你要知道优秀的男生肯定还有许多爱慕他的女生，所以在他的眼中，你只是选项之一。

"那么请你换位思考，当你身边有很多追求者时，会根据什么条件选人呢？内秀？才华？性格？样貌？

"像这位条件好又有品位的男生会看上什么条件的女孩呢？我想，既然他有品位，那肯定不会把容貌放在第一位的，所以在这个选项上你是有机会的。那他应该是更注重女友的内涵，比如性格好、贤惠、有文化气质等，对吧？

"她点点头，赞同我的分析。于是我给她的结论是，想要梦中的白马王子喜欢上你，请把以上条件对号入座，通过努力，一项一项地搬到自己身上来。一段时间之后，当你性格好了，气质好了，就算不主动展开攻势，别人也主动注意上你了。关键是要行动，别只是空想。

"这些道理她是懂的，无奈表姐是个爱做白日梦的人，没有采取丝毫实际行动去完善自己。这样的女孩很多，真是做梦的年龄，以为有梦就了不起啊！

"后来这位表姐的婚姻坎坷，到四十岁了依然抱怨自己'怀才不遇'。真服了她，半生已过，却还活在梦中，不愿醒来。

"大多数爱情就是这么配对的，很简单，没那么多复杂的大道理。离开这些规则依然长治久安的很少。"

动机不是最重要的

"在追求自我完善，建立优势技能的道路上，其实最初推动的动机并不那么重要，重要的是你最终获得了多少永久性设施。

"比如说，我们日常生活中的许多重要日用品，其实当初研发它们并不是为了民用领域。如，现在家用的活性炭水过滤器、酒店的烟雾探测器、卫星电话、记忆海绵床垫、耳温计、眼镜上的耐划痕镀膜、冰箱的保温材料等，它们原本都是为了航天工业或军工业而研制的产品，后来作为附带成果转移一部分技术用以生产民间日用品了。

"至于这些科技当初的研发动机并不重要，也不必去追究其初衷，重要的是人类社会通过某些利益集团的努力创新了技术，使更多人广泛地受益了。

"幸亏我初中时就明白了，自己是为了自己而读书的。

"那时我想长大后当律师，但是学校又没有专门训练学生口才的课程，我想学的东西学校不开课怎么办？与其等别人塑造自己还不如主动动手培养自己。于是我在早读课时，自己找喜欢的文章来练习快速朗读，锻炼口舌反应能力。再过两年，我就发现自己的口才大有进步了。

"后来发现只是口齿伶俐还不行，还要结合诸如思维缜密、讲话言之有物、条理清晰等要素才行，于是我就找资料来进行逻辑训练。总之，自己想得到什么就动手学习什么，结果几年后就开始收获好处了。

"那时喜欢上女同学，不敢表达，于是就传纸条，写情书。为了把情书写得精彩动人，我苦读散文诗词名篇，而且苦练钢笔字。

"几年的累积下来，对当初心仪的女孩虽然没有梦想成真，但是那些通过用功而获得的文学知识全都留在自己的肚子里没跑掉，一不小心全都成为了十几年后写文章、教学生的丰富素材了。哈哈！讲起来人生是不是太有趣了？这也是'声东击西'的另类版应用呀！

"所以,青少年时期的学习动力可以现实一点,某阶段内为什么目标而学习知识技能不重要,重要的是不要浪费了宝贵的时间。在少年时开始点点滴滴的累积,所学到的东西都能转化成以后人生发展的基石。

"你不妨设想,现在去接触高雅的古典音乐,就是为了以后追求艺术系姑娘而打基础的,为以后花前月下的场景提前准备话题了,提前储备一点音乐素养,提前准备这类女孩将会关心的对话细节等。

"功利点说,学习音乐完全可以是为了日后的恋爱,但是这个动机你最好别告诉任何人,自己默默地做,向前走就是了。

"为什么不能告诉别人呢?因为,如果多年以后你一个不小心弄假成真,成了大音乐家或艺术家,当记者们蜂拥而至来采访你,一堆麦克风伸过来时,他们问你当初因何走上艺术道路的?到时你就可以清清嗓子,深沉地对着镜头说:我是从小就立志要振兴中国音乐,努力扬我国威的!

"嗯,说不定等你死后,这句话就成为名人名言了。

"所以,动机真不算最重要的,关键是要行动,面对人生大好光阴别只是呆呆地站着,空想而无所作为的都是废物!"

后来曾老师在教我"动机与人格"时,再次提到少年时期的"学习动机并不是最重要的"说法,他也提醒我以后如果走上教育道路,教学和读书都要灵活,不要死抠字眼,务必要结合教学的现场气氛和学生当时处于什么阶段来活用各种道理。

他说,不要太看重各种"名"、"相",拘泥凝重的人常常流于匠气。同一个名词,在此地用是一种意思,在彼地用又是另一种意思,要想准确理解一定要结合时空的变化来相应处置。

曾老师

动机是复杂而有趣的话题。在中国历史上,围绕着"动机"就有过不少"诛心论"的悲剧。揣测别人的"动机",那个度如何评判?怎样掌握?一直是个问题。

"比如说:

百善孝当先,论心不论迹,论迹贫家无孝子!
万恶淫为首,论迹不论心,论心终古少完人。

"还有评说曹操:

周公恐惧流言日,王莽谦恭未篡时。
向使当初身便死,一生真伪复谁知?

"这些都是古人在以诗词的形式来讨论"动机与人格"的问题。

"我想,两千多年前的鬼谷子给学生们上课讲学的场景,假如有视频录像留到今天,也一定是不能放上网对全民直播出来的,因为里面有一些人生的智慧、计谋不够阳春白雪,不能大摇大摆走上公众舞台的。

"你看,历史上有多少人在故意装疯卖傻地曲解《道德经》和《长短经》等谋术经典。在以儒家思想为主流的道统压力下,他们知道那是好东西,但又不好直白地说出来,给它们遮遮掩掩来盖自己的羞。

"所以才有'外用儒术,内用黄老'这一说。有些聪明人私下关起门来苦学老子和鬼谷子那些武功,学得文武艺,货与帝王家。他们当官之后便对老百姓实行'圣人之治',在公开场合下满嘴仁义道德,礼义廉耻。因为那些礼学呀,冠冕堂皇,上台面好看,金碧辉煌,喜气洋洋,老百姓喜欢。

"后来这一套'儒术'发展到极致了,弄出了'存天理,灭人欲'的标杆来,其实是某些人在优势心态底下玩弄学问玩过头了,过了头就不好,绕不回来了。

"真正聪明的人是能活学活用书中文字的,所谓'读书得间',真正读懂的人,不但要读出字外之音,还能读出作者心中蕴含未吐之意。

"假如老子和鬼谷子活到现在,估计他们写书和公开演讲也会四平八稳、冠冕堂皇。而他们在台下对徒弟授课时,估计私下会这样说:"钢铁是怎样炼成的呢？这个答案要问奥斯特洛夫斯基。但是苏秦、范蠡、刘伯温和诸葛亮是怎样练成的呢？嗯，这个可以问我。嘘！张良同学，请你把大门关上；阳明同学，请把窗户紧闭；国藩同学，请你到门外把风，别让朱熹派来的狗仔队偷听了。今天这一课的主题是……

"估计他们讲课时，也告诫过学生要'闷声发大财'，不管诸子百家还是什么门户之见，总之学会将事情办好了就行。但求无愧于心，成败何必在我？否则干了苦活累活还要背负骂名，就像那个在乱世中屹立不倒的冯道的下场。

"冯道在历史上属于颇有争议的人。看他写的一首诗：

穷达皆由命，何劳发叹声？
但知行好事，莫要问前程。
冬去冰须泮，春来草自生。
请君观此理，天道甚分明。

"他为官处世，真的笑骂由人，是很能忍的一个人物。真正懂的人，也在拈花一笑之间而已。

"所以，我们看别人的动机，要放宽一点标准，全面一些。做到上看下看、左看右看、里看外看、深看浅看。否则，角度不够全面就容易闹笑话了！

（曾老师关于动机的课程给我带来许多思考，后来在这个题目上我想多了、想深了些，通过读书，发现许多历史记载中的成功人物都是能做不能说的，尤其是那些著名的首辅、宰相们，大都是很厉害很能忍的。

他们死后，留下的只有事迹，而当时的内心动机，由历史学家们去编写吧！）

曾老师这一番话具有难以辩驳的感染力，看似不正统却夹着几分痛快，逻辑上简明易懂，长久在我脑海中萦绕不散。

我思索了两天，想通了，开始放下原先的流行歌曲，找出一些经典老歌来听，同时还找了大量古典音乐、西方流行音乐等。结果没有意外，在一周内我就被它们彻底征服了。

如曾老师所说，把"流行"的外衣脱掉，会发现其实几十年前的歌曲很好听，而且库存庞大。当我听到那些优美的歌词、拨动心弦的韵律，终于品尝到什么叫"相见恨晚"了。

随着涉猎的不断深入，每当遇到好听的歌，我的心里就止不住快乐地笑，在心里默念得最多的词语就是"相见恨晚"了。

就像邓丽君的歌词里说的："如果没有遇见你，我将会是在哪里，日子过得怎么样？人生是否要珍惜……"

后来我基本不听当下校园里的流行歌曲了，大部分时间都陶醉在古典音乐、轻音乐和西方流行歌曲的阵地里。

正如约翰·穆勒说的，快乐有高级和低级之分，高级快乐需要通过培养鉴赏能力和教育来获得。当你尝试过高级的，自然能辨别出何谓低级的。

这种辨别能力一旦具备，你将注定再也回不去了。人往高处走，水往低处流，这句话原来是有科学依据的。

后来的几年中，音乐陪伴我度过了许多安静的好时光。

可恶的是，每当我想起曾老师说过培养音乐素养可以是为了增强恋爱竞争力的观点之后，我觉得很多事情自动落入他的预言中。

但同时我也有一种深刻的幸福感，就是在短短几年间，我看见自己有了现实的收获，这种看得见收获的感觉真的叫人快乐！

专注成就非凡

过了不久，我们去音乐厅欣赏一位国外的钢琴大师的演奏会。那老头儿满头银发，气质非常好，很像电影里的那些艺术大师。

他给我印象最深的不是他的弹琴技术，而是对现场气氛的要求非常严格。

也许来中国之前就对观众不放心,所以在开始演奏之前,他反反复复地认真对观众们说,请大家保持最大程度的安静,在他弹奏的过程中不要发出任何声响。

他犀利的眼神慢慢扫视全场,一定要等到鸦雀无声了才愿意坐到钢琴前开始弹奏。

散场后,在走出音乐厅的路上,曾老师对我说:"你看这位钢琴家身上有一股认真的魅力,从他对现场安静的要求,可以看出,他是个做事极其专注的人。

"艺术上成大事者,几乎都要具备这种非常较真的性格特质。要做就专注地做好,否则干脆不做。

"你别小看这点执拗,正因为这种执着的特性,令有些人在专业上出成就,另一些人因特性不同就被命运分流了。"

曾老师的话让我想起他生活上的一个小细节,于是趁机就问他:"我发现你和别人相约吃饭时,常去西餐厅,如果吃中餐就要坐在包房里面,这是因为你要安静的环境吗?"

曾老师笑笑说:"孺子可教也,这一点被你总结出来了。

"我对吃什么很不讲究,从小吃东西粗糙惯了,心思不在这方面。大部分饭局都是为了见面谈事情,不为谈话而展开的饭局就没必要了。

"所以见面中谈话才是重点,吃饭是附带的。搞清楚了目的之后,为了能够安静谈话,不必声嘶力竭地叫喊,于是尽量选择去安静点的西餐厅。如果别人一定要吃中餐就要进厢房,到厢房里就算坐下来吃个炒饭我也无所谓,关键要能安静地谈话。

"吵吵闹闹的饭局我觉得浪费效率,在可以选择的情况下,我会尽量不参与。

"小松,我这个习惯看上去有些古板,但是人生太短暂了,如果不懂得充分利用时间,不集中精力做事就怕一事无成了。

"马克思说:天才就是集中注意力。这话是有道理的。当你学会了集中注意力去完成目标，你也是天才。这个道理朴实，易操作，是通往成功的方便法门。"

人生啊，如同舞台

我们边说边走到了音乐厅门口的咖啡馆坐下，喝点东西。城市的灯光灿烂，夜色迷人。

我问曾老师："我现在对音乐开始有点兴趣了，但是不知道音乐对人生有什么好处。我既不能够练成钢琴家，也不会走上与音乐相关的工作岗位，那么加深古典音乐素养究竟有什么好处呢？"

他笑笑说："这问题问得好！音乐常被一般人理解为生活中的非必需品，从而低估了它在人生中的作用。

"年少的可贵处在于'可塑、未知'。

"你现在是少年，当我问你要不要学习音乐？你心里知道自己还有可塑空间，应该放眼未来，展望前途。所以你有资格问：'这东西对我以后有什么帮助呢？'

"成年人则不同，他们的可悲在于已经失去了大部分可塑性与前瞻性的筹码。

"当你问一个成年人要不要学习音乐？他头脑里主要会考虑现实需求——'这东西对我现在增加工资收入有帮助吗？'

"一个乡村的中年农夫会说：'以前没接触什么高雅音乐，没功底，现在学已经没感觉了。一来学不到，费劲儿；二来学了也对自己的现实境况没有任何帮助，因为年纪大了，生活圈子基本固定了；三来身边没有同类朋友交流，不能形成共同话题的东西，还有必要吗？'

"对同样的问题，年少者思维指向远方，有空间去设计；成年人思维紧扣现实，已经不容过多遐想。

"你们少年儿童就像在舞台帷幕背后排练的小演员，可贵之处在于可以选择。设想以后自己登台了，想演奏什么乐器就开始学习掌握什么乐器。

"成年人完全不同，他们是已经被推到舞台上，灯光灼热，万众瞩目！

　　"人是社会性动物，每个人都要在舞台上对'他者'展现自己。没上台之前，许多人对于舞台上的灯光、目光和自己的心理处境估计不足，准备不足，然后糊里糊涂就被'时间'这个主持人推上了台，到了台上才发现自己一无所长，甚至还没准备好打招呼的台词，只好两腿发抖，瑟瑟地说：嗨！我来了！

　　"傻傻地被晾在舞台上的感觉是很难受的。成年人的窘境在于，即使后悔也无法回到后台苦练了，因为走上舞台，才发现身后的时光通道是条单行线，只能朝前走，再也回不去了。

　　"再也回不去了，回不去衣食无忧、总被别人原谅的年龄里；回不去鸵鸟埋头逃避现实也无人斥责的小卧室里；回不去理直气壮浪漫发呆的教室里；回不去把无知当有趣、将无聊当个性的浅薄欢乐里。

　　"再也回不去了！

　　"衣食住行、事业进阶、成家立业、性需要和荣誉感等议题夺走了24～30岁之间的大部分精力，已经登上舞台的他们，感受最深的就是《命运交响曲》。

　　"生活和现实感官的困扰常常令人无暇旁顾，这时候你再问他们要不要慢慢接受音乐的熏陶？他们会大声说：'以前我还穿着童装在后台时，你就该向我大力推销这玩意儿了，现在都什么时候啦？人家每天要养家糊口的，拜托！现实一点好不好？'

　　"小松，这就是他们的人生啊！当年龄还小，有权'务虚'时他们在偷懒；登上舞台之后不敢偷懒时，却迫于无奈而非常'务实'了。这些人啊！就像跳竹竿舞时踏错节拍了，手忙脚乱，出来社会之后，就被磨人的现实生活追赶——有如丧家之犬！

　　"很自然，'音乐'已被这些成年后的'务实者'列为身外之物了，而你真的不能责怪他们，人生本来就是到了什么山头唱什么歌，到了什么阶段就说什么话。

"人生总是很无情的,登台前和登台后的处境截然不同。登台之后,现实生活总是步步紧逼、环环相扣,因此更反衬出年少时的'前瞻性'有多重要。

"这也说明,同一件事情被不同阶段的人来理解,意义截然两样。

"老话说得好——早知今日,何必当初呢?"

由于我刚从音乐厅出来,对于舞台中心的聚光灯脑海里有直观且新鲜的认识。

想起有一回,我们在观看意大利音乐家的三重奏,有个中国姑娘坐在意大利钢琴家的身边专为他翻乐谱的,其中一页才弹奏到一半她居然就提前翻页了,这是不可思议的错误!只要注意力集中,懂得看乐谱的人应该可以跟随演奏者的进度来掌握翻页时机。

当时钢琴师正在快节奏地弹奏着,被人提前翻了页,看不到谱,心中应该也焦急万分,但彼此语言不通。熬到了一个稍微停顿的瞬间,他自己快速伸手把乐谱翻回去,这时观众才知道那姑娘刚才严重失误了!

专门帮人翻乐谱的人居然翻错了还不知道——这就是真正的不靠谱了!

当时她在舞台上有多么窘,只有自己知道。

曾老师说人成年后就如同被推上了舞台中央,被灯光和目光聚焦,这个比喻让我很有质感,似乎想象到自己站在舞台中的炽热和紧张。

幸亏距离我的登台时间还有一点点空间,我还能准备准备。

音乐带来的好

闲谈中,音乐会散场的观众都已经离开了,四周回归清净。

我问道:"那么年少时学习音乐、诗词和不学这些的人具体有多大差别呢?"

曾老师说道:"跟你说个例子。我有个小学同学,姓赵,他从小立志要当科学家,学习上注重数理化,不愿接触音乐诗歌。上中学后他也一直偏向理工科的学习,后来考上清华大学。

"从他的学习成绩和目前职业来看都算很成功。虽然他对音乐、诗词、电影、小说等漠不关心,但照样生活愉快,工作顺利。只是生活中的他,总容易给人刻板、欠缺生活情趣的印象。他思考严谨,但是欠缺思维的灵气。

"去年有一天,他突然非常高兴地告诉我:他的同事向他大力推荐周星驰的《大话西游》,还说一遍看不明白就反复看,总能明白这部电影的妙处。

"于是,他分别用几个周末,反复地观看这部电影,到了第五遍他终于觉得很好看了,忍不住跑来和我分享快乐。

"我当时就笑了,真替他高兴!

"这部电影刚出来时我就看出味道了,而他一直看了五遍才有感觉。当然,这不代表谁高谁低的问题,但是能反映出我和他在这方面的触觉有区别。

"此人善于思考严谨的课题,逻辑能力很强,但是不善感,情感触觉不敏锐。看电影的例子能从侧面反映出他在电影、情感方面的感觉比较凝重,或者说迟钝一点。

"当然,人无完人,他很优秀,我拿他举例也仅仅是说明土壤的成分不同会造成植物长势的区别。"

我对此感到不解,问道:"这位赵叔叔小时候为什么要抗拒音乐、诗歌呢?综合发展不是更好吗?"

曾老师说:"有些人认识上有种误区,以为上学时选择文科或理科就是壁垒分明的两种阵营,我觉得这标签贴得太草率了,在早期发展中会误人的。

"其实在大学之前,各种知识都不妨随意摄取,打下厚实的综合基础。就算在高中分文理科之后,也不应该对文科、理科泾渭分明,最好留一半清醒留一半醉,在功课上有所侧重就行了,内心上没必要将选文科或理科看成是人生阵营的划分。

"许多政治家或杰出的商业人士,他们在大学时期学习的是理工科,但是那些专业科目并不妨碍他们在音乐、诗歌方面的爱好和追求。要说影响,只有更好,不会更糟。

"所以有些人的发展被早年的错误观念给耽误了。在孩子的人生初期,家长和老师倘若鼓励他们打破心理上的篱笆,鼓励多元发展,局面又会不同了。"

我问:"为什么过去的家长们好像比较看不起音乐和文艺,比较偏重理科呢?"

"曾老师投来赞许的目光,说:"嗯,对问题会顺藤摸瓜,寻根究底,这是很好的思路。

"由于学校一直没有教学生们独立思考,所以这种观念误区还要许多年才能逐步纠正过来。

"历史的车轮是惯性巨大的,想刹车调整也需要很长的过程。同样,人们的观念也是有惯性的。

"最早的观念转变往往只能依靠个人进行抽丝剥茧地思考和推动,早些调整过来的就早些受益。

"当家长们通过思考之后,能把细腻、善感作为一种理解世界、探索世界的重要能力来看待时,才能更全面地指导孩子,让他们在少年时期就可以公平选择,而不致与某些选项失之交臂。"

我说:"原来这样。那么音乐和诗歌为什么能够发生重要作用呢?"

曾老师说:"音乐的熏陶,可以说'有其不必然,无其必不然'。

"有它好像没什么了不起,但是没了它明显能看出缺失。就像你跟两种人在一起玩,总能轻易感觉出他们是不同的。怎么不同?就是那些学识和经历的差异所造成的细微差别。

"即使你说不出,也能感受得到!

"受过或没受过音乐和诗歌熏陶的人,夸张点说,就像生活在两个世界上的人,他们在以不同的方式认知世界,感受世界——难道这样的差异还不够大吗?

"不理解音乐、艺术的人有时无法发现事物的另一种关联性,他们没有用那样的方式来训练过自己的内心和眼睛,因此不具备那种视觉角度。

他们不能将对象当作××来看、来听、来欣赏、来思考，客观上就存在一定的局域盲区。当然，其他知识也一样有其残缺不足之处，并没有完美的方案。

"有一次我去眼科医院检查眼睛，其中一项是遮住单眼，观看屏幕上的几何区域图。医生的棒子指向哪里我就说看到什么图案，可是有些地方明明有图案的，我却看不见。

"我问医生为什么会这样？医生解释说，很正常，我们每个人的眼睛都有一定的盲区，占据眼球很小的区域。刚好出现在盲区上的东西对我们的眼睛来说就像不存在了。

"同样，假如心灵和思维缺少某些训练，也会产生认知上的盲区，这些盲区在成年后难以弥补回来。由于他们在少年时做出了'不接触'的选择，于是成年之后成为某些方面的'知觉盲区'。

"在这方面有巨大盲区的人，他们失去的不仅仅是部分想象力，更重要的是不具有一种非常重要的感知方式，从而影响到生活的方方面面。

"你看世界上有许多重要的杰出人物，大多是综合型人才，具备多种艺术才能。他们从少年时期就开始吸收的文学和艺术修养给他们后面的事业和生活输送了重要养分。

"毛泽东是当之无愧的军事家、战略家，他的诗词文学功力大家有目共睹；英国前首相丘吉尔是获得诺贝尔文学奖的人；德国前总理施密德特本身是个音乐大家；还有美国前国务卿赖斯，她不但钢琴能达到专业演奏的级别，而且还是花样溜冰的高手，她19岁才开始转向政治领域的学习。为什么要提起赖斯呢？因为一个黑皮肤的女人要在美国政坛上跻身高位是相当困难的。

"这些优秀的政治人物在艺术上的造诣肯定综合反映在行事和思维风格上了。

"人是一个整体的存在，任何一个动作都是一块小切片，里面都包含了足以反映整体信息的密码。难道不正是他们体内千百种综合元素的合力，才堆垒出那些具有独特魅力的举手投足吗？

"整个人生故事其实就是个人内在素质的综合产物。"

我听得津津有味,因为曾老师在不久前专门跟我讲过美国的前国务卿奥尔布赖特、希拉里和赖斯这几个政坛女性强人的特点和对美国国际外交形象的影响,所以我对赖斯有点了解。

我问:"您觉得音乐、诗歌能带给人怎样的灵感呢?"

曾老师说:"毫无疑问,音乐和诗歌能够培养人的感知能力和想象力。当然这不是说浅尝辄止就可以获得的,你不但要喜欢,还要进入一点深度。

"当你具有艺术的感悟能力,会有助于我们细腻地感受事物的差异性和多样性。可以说,这些人的眼中是另一番世界。

(当然,的确有些人认为某些艺术家会敏感过头了,在行为上表现得过于激烈。这也许是偏食造成的必然性,但从他们的专业发展上来看,未见得不好,只是从社会化的角度去看,他们需要补充另一些养分去调和。这两者之间,常常会有点矛盾,关键在于自身所确定的发展方向。)

"当自己对音乐和诗歌的理解完全内化为'我'的一部分时,就可以通过语言向别人描述'感知'的伴随现象,但无法对不懂音乐的人通过语言描述,让他们感同身受。因为许多个人感受是只能意会,无法言传的。

"当我们在音乐和艺术活动中获得了某种直接或间接的'理解力'和'鉴赏力'时,就必定会把'已经内化的感觉'作为'自我的综合因素'参与到日常生活的各领域中去——你无法拒绝体内的知识、素材、感想和经历对自身的浸润式的影响。

"譬如,当你阅读一本文学作品,或者在判断一个商业对手的语言、表情时,那些蕴藏在你的体内、由万千经历与细节所沉淀而成的理解力,肯定会自然而然地参与到思考的过程中。

"就如同盐粒完全融入杯水中了,倒出来的每一滴水都包含了盐分。你看不见它,但是却能品尝到它的存在——水和盐分已无法分割。

"从音乐和诗歌中,可以获取某种理解能力。它能让你从琐碎的文字背后、从凝练的歌词之中、从悠扬或激昂的音符内部抽取出作品的精灵成分。

"它能赋予你从别人的肢体动作、表情变化和语言表达背后迅速捕捉到要点的能力。因此，从中得到的是一种重要的交通工具，一种能帮你折叠思维空间、提高思维效率的能力。

"这种好处难道还不够大吗？"

有一种玄妙的东西叫灵感

我听得入神了，等他歇一口气时，我一边想，一边大口大口地喝咖啡。

曾老师继续说道："小松，你知道有一种玄妙的东西叫作'灵感'吧？这玩意儿应该也是从胡思乱想中升华出来的。每个人的灵感强弱不同，有些人的确灵感特别丰富，很适合做设计和创意产业。

"'灵感'不是平均分配给每个同学的奖品，它因人而异，少年时你用心去训练它们就有可能深化。这种带着点玄乎的超验感知能力在艺术工作者的头脑中不稀奇。

"当强烈的灵感、逻辑和动手能力，融会贯通时，就可能产生物理与意念奇妙结合的效果，既严谨又能飘逸，偶尔还能享受一点纵横时空的感觉。

"这是一种很个人的体验，不具备的人是难以理解的，但它在某些人的脑海内真的存在。

"我告诉你一件事，看看我曾经从散文中提炼出什么：

"初中时，我在笔记本上抄写了一篇散文，是波德莱尔写的《人群》，里面的句子深深启发过我：

并不是每一个人都可以在人群的海洋里漫游。要知道，享受人群的美味是一门艺术。

人群与孤独，对于一个活跃而多产的诗人来说，这是两个同义词，它们可以互相代替。谁不会使孤独充满人群，谁就不会在繁忙的人群中独立存在。

诗人享受着无与伦比的优惠，他可以随心所欲地使自己成为他本身或其他人。犹如那些寻找躯壳的游魂，当他愿意的时候，他可以进入任何人的躯体中。对他自己来说，一切都是敞开的；如果说有什么地方好像对他关闭着，那是因为在他眼里看来，这些地方并不值得一看。

孤单而沉思的漫游者，从普通的一致中吸取独特的迷醉。他很容易地置身于人群当中，尽尝狂热的享乐。这些狂热的享乐，是那些像箱子一样紧闭着的利己者，和像软体动物一样蜷曲着的懒惰者永远也得不到的。他接受任何环境给予他的任何职业、任何苦难和欢乐。

"这篇散文对我的影响很深。它就像一把重要的钥匙，启发了我果断地推开任意一扇门，通过行动后，我验证了作者这番话是真实不虚的。

"没有什么可以捆绑你自由的意念和双脚，当你去行动，看似遥远的城邦终能到达。

"后来，我背起行囊去云游四方，把自己投送到中国地图上一个个遥远的点，用双脚将身体带到西藏的雪山、新疆的戈壁和大兴安岭的森林中去——我实践了行动的快乐！

"后来朋友们夸我学东西很快上手，其实就是因为掌握了一些窍门。当灵感结合上强大的行动力之后，许多领域对我而言像是没有上锁的门，只要愿意，伸手一推，门就开了。

"不但是这篇散文，还有许多曾经启发我成长的感悟都是直接来自于诗歌、散文或音乐的歌词，它们对我提供过宝贵的灵感。

"我感谢过去那些阅读和抄写的夜晚，那个十几岁的少年在台灯下的宁静时光，至今仍在记忆里，仿如昨日。感谢那些没有因无所事事而荒度了的青春岁月！

"直到现在，当我闭上眼睛，能够分明知道是哪些闪光点曾经如何照耀过我。在身边没有明师指点的漆黑里，是阅读和思考照亮了我独自摸索的成长道路。

"我不怪任何人，我是自己的原因和结果！正是那些为音乐、诗词、小说、哲学和行动力等所付出的一切努力，指引我成为了今天的样子。

"小松，我小时候立志要做一个对社会有价值的人，不能醉生梦死，不要碌碌无为，与草木同腐。

"今天看来，感觉活得很充实，这是一件挺幸福的事情！希望你通过一番努力，30年之后也会有类似的快乐感受！"

城市的夜空璀璨明亮，回家时，天空下起了小雨。

曾老师的轿车上播放着芭芭拉·史翠珊的《回忆》，我沉浸在她古典而磁性的歌声中。雨刮在眼前有节奏地摆动着，玻璃外面的霓虹灯映照在水滴上，像童话般的晶莹琉璃世界。

那景象很像看完电影大片之后出字幕的片尾曲，虽然曲终人散，可思绪与眼中的现实依然难分难离。

芭芭拉·史翠珊歌声温润、古典，柔柔地勾引着魂，让人沉浸其中，荡气回肠，不舍得出来。

我在车上静静听着歌，脑海里细想着曾老师刚才对音乐的阐述，里面的内容对我而言，太深奥又太诱惑了。

不过很奇怪，从那以后我听音乐的确用心多了，到了后来似乎细致到用针尖去挑开每一颗音符的内核，尝试进入到传说中的微观绚烂世界。

曾老师

人在成长发育中，身体需要多种养分。除了钙、蛋白质、维生素C等主要元素之外，还要许多微量元素的参与，比如叶酸、铁质、胡萝卜素、磷等。

"音乐"就是其中一种重要的微量元素，它可能不是最重要的生存必需品，可是在人生关键时期有它参与的成长会显然不同。

在人生的成长与发展中，音乐、诗歌、文学、绘画等都具有重要作用，能造就不同的感情特质和生活体验。比如，它们能让人善感。

"善感"是指情感细腻，能够敏锐地察觉和理解他人透过语言、表情、肢体动作和文字表达所传递的信号。善感不是一种心绪，而是一种探索世界的方式和能力。

如果11～18岁的青少年对此类艺术有过几年的专注投入，将有助于增强想象力和感悟力。

通过它们得到的好处，我自己深有体会。所以，当我辅导少年儿童时，总是希望他们珍惜年纪还小的优势，提醒他们要接触音乐。

当然不能武断地说，学音乐的人就比没学的更好，这要看评判的标准是什么。如果以赚钱、当官为人生成功的标准，那么不学音乐照样没问题。因为"成功"是个很复杂的概念和过程，它的标准因时因地而异。

但是，一个孩子最可贵之处在于，他们是一种"可能性的集合体"。关于学习什么或不学习什么的考虑，全都指向未来。既然是预判，自然是好东西多多益善。

只要是对未来人生有用的知识，家长不妨提醒他们，供其选择。

第十一章

培养动手能力

218 第一安装灯泡
222 紧闭在书堆里的成长是有害的
228 善养吾浩然之气
229 在行动上拿高分
232 遇蛇练胆量
233 培养超前的忧患意识
236 训练心理承受力
238 经历工地生活的磨砺
245 积累动手技能

曾老师

在全方位、高强度的应试教育模式下，中国学生的动手能力普遍较差。

培养少年儿童的动手能力，不仅仅是为了带给孩子一些心灵手巧的技术，更重要的是改变孩子未来看问题以及面对生活的方式。行动本身也许平淡无奇，可是由此建立的经验基础却是决定人生高度的关键因素之一。

"知行合一"、"君子讷于言而敏于行"等重要古训，都强调着"行"的重要作用。一个人行动力的强弱和童年开始的动手能力锻炼息息相关。

增强动手能力训练，不但有利于他们理解、吸收书本上的理论知识，更能让"行"与"思"交叉互动，相得益彰。

如果在人生早期便累积了丰富的动手经验，那些经验将会成为影响未来生活决策及思考的重要元素，它们蛰伏在体内，一旦拥有，则无处不在发生着重要影响。

小松来这里之前，动手能力几乎空白。要想唤醒他向上的意志，想帮助他转变成积极有作为的少年，那么增强其动手能力则是重中之重，刻不容缓了。这是个必须拿下的关键阵地！

为此我煞费苦心，花样百出，总之，抓住生活中的一切机会让小松充分锻炼！

第一次安装灯泡

没来曾老师这之前，我的确十分慵懒，什么都不爱动，只喜欢做一些不着调的琐事和睡觉。这种生活模式如空气般自然，每天看日出日落，没病没痛，一身清爽！如果法律规定88岁才算成年人就好了，我就可以让爸爸妈妈一直养着，好吃好喝，喝好吃好，太平一生！

之前，我从不会检讨这种生活状态是对是错，后来当我发愤图强了，在网上看到"智障儿童欢乐多"这句话，回想起昨日之我，不免脸颊发热，估计是从头发一直红到脚趾头了。

幸好曾老师一直在尽力帮助我提高，克服一道道改变坏习惯的难关。虽然我也吃了一些小小的苦头，但回首来看，那一切都是值得的！

在我刚来不久，自愿发奋学习之后，第一节手工课没有响铃就开课了。

有一天，我想在床上半躺着看书，但是台灯的角度不大合适，怎么躺都觉得别扭，于是向曾老师求助。

曾老师说："自己动手，丰衣足食。我就喜欢动手改善环境，让自己方便、高效、舒服些才好。"

这后半句话我听着舒服，于是说："台灯怎么摆放都和我看书的角度对不上。"

他笑笑说："台灯不能出现在你需要的角度，那它对你就是没用的家伙，扔到角落里凉快去吧。你应该在自己认为最舒服的位置上，创造出一个灯泡来。人除了要适应环境，也要学会改造环境来适合自己。"

这话对当时的我非常新颖，我就没想过"改变××适合××"的句式。

然后曾老师问我应该在哪个位置安装灯泡最合适看书？我用手比画了一下子，确定了一个位置。

他拿笔画了个圈说："我们明天就在这个位置安装灯泡，让你以后看书再没有光线角度的烦恼。"

我很高兴地点点头。曾老师刚才说"我们"动手安装,我自然以为是他会帮我安装了,因为我不会呀!在家里,爸爸妈妈从来不会要求我做超出能力范围的事情。

曾老师

当小松对我提出台灯的问题,我立刻知道锻炼他动手能力的机会来了。先给他做"自己动手,丰衣足食"的简单铺垫,同时用很流畅的、类似自言自语的口吻暗示这样做的人才像一个成熟帅气的男人。请注意说这些话时的语气要自然,不能有明显的传达、灌输之意。

第二天一早,曾老师拿了全部安装工具进来,叫我一起到五金店购买其他材料,我想出门走走也不错,也就一起去了。

我们很快就把灯泡、灯座、电线和开关都买回来了——那就动手吧。

谁知刚开始,他就说:"小松,你来动手弄,我在旁边教你。"

"我哪里会呀?"我说。

曾老师微笑着,一副漫不经心的样子说:"谁都是从不会到会的,总有个第一次,对吧?装个灯泡也没什么难度,大男孩学一些电工知识以后很有用。比如你上大学后,哪个女同学的宿舍灯泡坏了,插头烧了,你懂些电工,帮得上忙才有机会进去参观呀!还能趁机对女同学秀一下自己深藏不露的才艺。"

我害羞地笑了起来。

"小松,你知道'丈夫'这个词在日语里是什么意思吗?"

曾老师真能扯,我还没回过神,他就抛出了一个挺有趣的问题来。我摇摇头,可是好奇心上来了。

他笑着说:"'丈夫'在日语里的意思是'结实的耐用品','大丈夫'的意思是'没关系啦'!"

"啊?"我无语,@%#&¥#$,真是够雷人的解释!

"所以,当男人起码要能帮助女人解决生活家居的小事情,要不美女们都嫁给水电工而不嫁给你了。"

我也忍不住笑了，想想，还真是找不到合适的理由推脱，那么就慢慢干吧。

曾老师

对青少年的教育引导，最好多运用巧劲。在他们还不能接受的新项目中，家长要理解他们的排斥心理，不要总是死板地正面做思想工作。如果方法僵硬，他们就会乐意借机跟你来硬的，或者一副死猪不怕开水烫的样子跟你耗下去，最终家长的善良目的无法达成。

最好在开始时就用巧劲，笑眯眯地讲话，举动恰到好处就行，既不多也不少，关键是要到位。迂回着来，尽量不要强攻。一旦青少年接受了，就要耐心鼓励，帮助他把事情完成好。不要着急，完成一件算一件。在构思方法上要记住：欲速则不达！

曾老师拿起电线，教我如何割开线头。我以前没碰过这些东西，所以笨手笨脚的，生怕划伤了手。他也不责怪我，总是面带微笑，非常耐心地看着我自己慢慢弄，他坐在旁边指导。

那是我平生第一次动手搞电工活儿，动作很慢，很秀气。可是曾老师好像不着急，我犯错了也不骂我，一副奉陪到底的样子。也许是被他这股耐心劲儿所压迫，我一沾上手就不好意思放下了，只好慢慢坚持干下去。

估计整整花了一个小时吧，布电线、钉线码、装开关，找准火线和零线，这对于没有钳子和锤子使用经验的我来说，仿佛原始人在感受着青铜器时代的高科技生活！

终于全部完成了，接上电，啪的一声打开开关。亮灯的一刹那，曾老师说了句"哈利路亚"，我俩都笑了！

看着明亮的电灯，确实有点小小的成就感——没想到安装的全过程居然从头到尾都由我自己动手完成了！

一年多之后，曾老师在教我为人处世的课程中专门说过这一点。他说，简单直接的硬碰，东西就容易断裂，所以直接硬碰并不是解决问题的好方法。多数情况下，做成一件事情都要使用巧劲、韧劲，这也是"曲则全"原理的具体运用。

和别人共事时，如果你的态度好，不乱发脾气，别人即使有怨气也不好意思对你怎样，慢慢地也就把事情给办妥了。但是如果你没有这股巧劲，死板地和别人交流，那么对方也许正求之不得，说不定马上就给你个臭脸，把东西一甩，就不鸟你了！看你怎么办？

这是一种做事的策略，也是一种为人修养。

看清朝名臣曾国藩，一生的功业那么大，力挽狂澜，功高震主，但最终还全身而退。他的身上很好地融合了两点——挺和忍！

挺，他劝学生李鸿章和下属，要敢于任事，大胆去做，替领导分忧；

忍，他隐忍而百折不挠，做事讲策略，绝不蛮干。平定叛乱，功高震主之后，能主动解散湘军，收敛锋芒。这背后体现出的谋略和智慧很不简单！

你看哪一个历史名臣都不可能是随便靠运气换来事业成就的。在才干、任事、进退之间，必然有不为人知的一套实用法门。看别人做出了大成就，那只是结果，须知结果的背后肯定有一连串先决条件，往往缺一不可！

为了帮助我成为"丈夫"，几天后，曾老师让我动手更换两个水龙头。

这次还是他动口我动手，由我自己慢慢做。过程中我学会了使用扳手、水胶布、密封胶圈等，也知道水龙头是怎样安装的了。

曾老师说："许多事情看似简单，但是动手做过和没做过的效果就截然不同。只要你成功操作完成几次，就会在脑海中形成经验，以后这些经验自然就沉淀为自己的能力了。别小看这些点滴的积累，到了某个时候，结合阅读和思考，量变一定会催生质变的！"

至于以后将会获得什么，现在我心中完全没底，反正干的也不是什么重活，所以曾老师的话我也就姑且听之吧，唯有埋头去做了。

在后来的三年中，我们家（曾老师的家已经成为了我的家）的全部水、电工作都由我承包下来了。

也许是日本人把"丈夫"搞成耐用品实在是太逗了,让我至今还鲜明地记得这个词的日文意思。不管身在何处,只要听到"丈夫",就会想起在曾老师身边那段阳光灿烂的日子。

紧闭在书堆里的成长是有害的

一年之后,关于动手能力的重要性,曾老师专门给我上了一课。

他先拿出勒庞的《乌合之众——大众心理研究》这本书来,让我朗读其中的几段话:

——如果这种教育仅仅是无用,人们还可以对孩子们示以同情,他们虽然没有在小学里从事必要的学习,毕竟被教会了一些科劳泰尔后裔的族谱、纽斯特里亚和奥斯特拉西亚之间的冲突或动物分类之类的知识。但是这种制度的危险要比这严重得多,它使服从它的人强烈地厌恶自己的生活状态,极想逃之夭夭。工人不想再做工人,农民不想再当农民,而大多数地位卑贱的中产阶级,除了吃国家职员这碗饭以外,不想让他们的儿子从事任何别的职业。

……

这种制度在社会等级的最底层创造了一支无产阶级大军,他们对自己的命运忿忿不平,随时都想起来造反。

……

国家用教科书制造出这么多有文凭的人,然而它只能利用其中的一小部分,于是只好让另一些人无事可做。因此,它只能把饭碗留给先来的,剩下的没有得到职位的人便全都成了国家的敌人。从社会金字塔的最高层到最底层,从最卑贱的小秘书到教授和警察局局长,有大量炫耀着文凭的人在围攻各种政府部门的职位……

——只在塞纳一地,就有200名男女教师失业,他们全都蔑视农田或工厂,只想从国家那儿讨生计。被选中的人数是有限的,因此肯定有大量心怀不满的人。他们随时会参与任何革命，不管它的头领是谁，也不管它有什么目标。可以说，掌握一些派不上用场的知识，是让人造反的不二法门。

显然，迷途知返为时已晚。只有经验这位人民最好的老师，最终会揭示出我们的错误。只有它能够证明，必须废除我们那些可恶的教科书和可悲的考试，代之以勤劳的教育，它能够劝导我们的年轻人回到田野和工厂……

也许人们在迫不得已的情况下会认为，继续接受我们古典教育中的全部弊端，尽管它只能培养出心怀不满和不适应自己生活状况的人，但是向人灌输大量肤浅的知识，不出差错地背诵大量教科书，毕竟能够提高智力水平。但是它真能提高这种水平吗？不可能！生活中取得成功的条件是判断力，是经验，是开拓精神和个性——这些素质都不是书本能够带来的。教科书和字典可以是有用的参考工具，但长久把它们放在脑子里却没有任何用处。

如何能让专业教育提高智力，使它达到大大高于古典教育的水平呢？泰钢先生做过出色的说明。他说：

观念只有在自然而正常的环境中才能形成。要促进观念的培养，需要年轻人每天从工厂、矿场、法庭、书房、建筑工地和医院获得大量的感官印象；他得亲眼看到各种工具、材料和操作；他得与顾客、工作者和劳动者在一起，不管他们干得是好是坏，也不管他们是赚是赔。采用这种方式，他们才能对那些从眼睛、耳朵、双手甚至味觉中得到的各种细节，有些微不足道的理解。学习者在不知不觉中获得了这些细节，默默地推敲，在心中逐渐成形，并且或迟或早会产生出一些提示，让他们着手新的组合、简化、创意、改进或发明。而法国年轻人恰恰在最能出成果的年纪，被剥夺了所有这些宝贵的接触、所有这些不可缺少的学习因素，因为有七八年的时间他一直被关在学校里，切断了一切亲身体验的机会，因此对于世间的人和事，对于控制这些人和事的各种办法，不可能得到鲜明而准确的理解。

……十人之中，至少九个人在几年里把他们的时间和努力浪费掉了，而且可以说，这是非常重要的、甚至是决定性的几年。他们中间有一半甚至三分之二的人，是为了考试而活着——我这里指的是那些被淘汰者。还有一半或三分之二成功地得到了某种学历、证书或一纸文凭——我指的是那些超负荷工作的人。

……

但用不了一个月，他们便不再是这样。他们不可能再通过考试。他们脑子里那些过多的、过于沉重的所学不断流失，且没有新东西补充进去。他们的精神活力衰退了，他们继续成长的能力枯竭了，一个得到充分发展的人出现了，然而他也是个筋疲力尽的人。他成家立业，落入生活的俗套，而只要落入这种俗套，他就会把自己封闭在狭隘的职业中，工作也许还算本分，但仅此而已。这就是平庸的生活，收益和风险不成比例的生活。而在1789年以前，法国就像英国或美国一样，采用却是相反的办法，由此得到的结果并无不同，甚至更好。

——他们的教育并不是建立在啃书本上，而是建立在专业课程上。例如，他们的工程师并不是在学校，而是在车间里训练出来的。这种办法表明，每个人都能达到他的智力允许他达到的水平。如果他没有进一步发展的能力，他可以成为工人或领班，如果天资不俗，他便会成为工程师。与个人前程全取决他在19岁时一次几小时考试的做法相比，这种办法更民主，对社会也更有利。

在医院、矿山和工厂，在建筑师或律师的办公室里，十分年轻便开始学业的学生们，按部就班地经历他们的学徒期，非常类似于办公室里的律师秘书或工作室里的艺术家。在投入实际工作之前，他也有机会接受一些'一般性'教育过程，因此已经准备好了一个框架，可以把他们迅速观察到的东西储存进去，而且他能够利用自己在空闲时间得到的各种各样的技能，由此逐渐同他所获得的日常经验协调一致。在这种制度下，实践能力得到了发展，并且与学生的才能相适应，发展方向也符合他未来的任务和特定工作的要求，这些工作就是他今后要从事的工作。因此在英国或美国，年轻人很快便处在能够尽量发挥自己能力的位置上。在25岁时——如果不缺少各种材料和部件，时间还会提前——他不但成了一个有用的工作者，甚至具备自我创业的能力；他不只是机器上的一个零件，而且是个发动机。而在制度与此相反的法国，一代又一代人越来越向中国看齐——由此造成的人力浪费是巨大的。关于我们拉丁民族的教育制度与实践生活不断扩大的差距，这位伟大的哲学家得出了如下结论：

  在教育的三个阶段，即儿童期、少年期和青年期，如果从考试、学历、证书和文凭的角度看，坐在学校板凳上啃理论和教科书的时间是有点长得过头了，而且负担过重。即使仅从这个角度看，采用的办法也糟糕透顶，它是一种违反自然的、与社会对立的制度。过多地延长实际的学徒期，我们的学校寄宿制度，人为的训练和填鸭式教学，功课过重，不考虑以后的时代，不考虑成人的年龄和人们的职业，不考虑年轻人很快就要投身其中的现实世界，不考虑我们活动于其中、他必须加以适应或提前学会适应的社会，不考虑人类为保护自己而必须从事的斗争，不考虑为了站住脚跟他得提前得到装备、武器和训练并且意志坚强。这种不可缺少的装备，这种最重要的学习，这种丰富的常识和意志力，我们的学校全都没有教给法国的年轻人。它不但远远没有让他们获得应付明确生存状态的素质，反而破坏了他这种素质。因此从他走进这个世界，踏入他的活动领域之日起，他经常只会遇到一系列痛苦的挫折，由此给他造成的创痛久久不能痊愈，有时甚至失去生活能力。

  ……

  以上所言是否偏离了群体心理学的主题？我相信并非如此。如果我们想知道今天正在群众中酝酿、明天就会出现的各种想法和信念，就必须对为其提供土壤的因素有所了解。教育能够使一个国家的年轻人了解到这个国家会变成什么样子。为当前这一代人提供的教育，有理由让人灰心丧气。在改善或恶化群众的头脑方面，教育至少能发挥一部分作用。因而有必要说明，这种头脑是如何由当前的制度培养出来的……今天，能够找到社会主义者的地方，正是教室，为拉丁民族走向衰败铺平道路的，也是教室。

读完之后，曾老师说："这就是两百年前法国思想家说的话，拿它对照我国的教育现状，简直就是预言，不但不过时，并且切中时弊，深具指导意义。

"把学生紧闭在书堆和教室内的成长是有害的，应该让他们结合社会生活，在动手实践中自我成长。现在这种害处许多家长都知道了，估计假以时日，我们也会推翻这些错误的教育气氛，只不过那是未来的事情，现在这些学生们，依然会被现实碾压过去——远水不能救近火！

"小松，你刚来这里时，几乎什么手工都不会，这是不行的。少年人，时间不早了，动手能力一定要尽快培养起来，因为它是和你痛改前非的决心相配套的设施。假如没有付诸实现的决心和行动力，再好的认错态度也容易流于空谈！

"以前来咨询过我的那些青少年，许多现在已经长大成年了。他们回首一晃而过的五六年间，大部分人的激情和承诺都无法实现，终于成了空谈！他们自己也会为此痛苦遗憾，知道为什么吗？其中一个原因就是他们体内极度欠缺行动力。

"'行动力'这东西不是'决心'，'决心'只是态度而已，没有行动力，不能每天老老实实地迈出脚步，再激昂的决心也只会流于空谈，成为自己内心永远不能原谅的笑话！

"所以，你当时下决心要努力学习，我并不怀疑你态度的真诚，但那些豪言壮语只是表明了态度和愿望，是一时的，仅仅停留在嘴巴说的层面。要想把愿望和实现行动合并好，'行动力'就是必需的黏合剂。

"你和那些来咨询我的学生不同，他们只是咨询方法，他们在生活中的惰性和我无关，但是你在我身边，我决不能坐视不理。不但要帮你醒悟过来，还要帮助你实施成功！

"你刚开始要安装床头灯，就给了这门手工课程一个不错的切入点。

"前面几次动手操作，因为你没干过，毫无经验，我当然不能责怪你，还要耐心教你，尽量让你少一点受挫感。一点点来进行，即使慢一些也没关系，只要中途别放弃，不管搞多久也要干好它。

"完成一件事情，进度快或慢只是速度的问题，但是中途放弃了就属于失败记录，这两种结果对心理和性格的后续影响可大不相同。

"一个行动积极且乐观的人，往往是由一连串胜利的体验培育起来的。同理，如果一个人对生活感到消极悲观，也肯定是经受过长期的沮丧体验。在童年和少年时期，这两种结果足以影响性格发展的方向。

"假如你学习成绩差，并且在其他方面也一无所长，那么你在同学中自然因为害怕出丑而退缩在角落里，尽量不让别人注意自己，长期下去就可能会导致闭塞和不自信的毛病。反之，一个自信满满的少年，可以推想出他的脑海里定然存有大量的胜利体验，肚子里有底气支撑着自信心。

"虽然人的性格和气质的形成还有其他许多因素的参与，但是正面或负面的情绪体验肯定是其中重要的一环。

"所以，当你学习任何新的动手项目时，我都会鼓励和帮助你掌握它们。不管费多大劲，也要帮你获得'我办成了'的愉快体验！因为感官和情绪对人的说服力很强，期待改变自我又能善用这一点的人，都能获得快乐体验！

"在你第一次安装床头灯的动手过程中，不管速度多慢我都会耐心奉陪，就是要让你自己的手去擦洗意识里公子哥儿的形象，帮你在心里重新定位自己。

"那盏灯以后的使用频率非常高，你每次看见它，都会给自己一点'那是我干的'积极暗示。它让你慢慢品尝动手能力带来的快乐，而累积的快乐又能反过来加强你改变自我的信心。

"别看它好像是挺小的一件事情，功效虽小却在血液里真实地流淌，自然会悄悄改变着你的思想。

"别以为一个人在思想上的重大改变通常是五雷轰顶或者天降祥云所促成，不是的，生活并没有太多戏剧化的场景。大多数情况下属于蚂蚁搬家，无数的细节都在平淡的生活中被一点点搬走的，或者像温水煮青蛙，不知不觉中就被完成了。

"时间是神奇的魔术师。"

听完曾老师的话,我点点头,因为一年之后的我已经看见时间在自己身上的作用了。曾老师之前说过的一些演变规律也逐渐在身上发生,我似乎观察到了自己这只小舟在湖面上移动的轨迹。

善养吾浩然之气

歇了一会儿,曾老师继续说道:"生活中,我们其实深受各种符号的影响,或者说,我们原本就生活在各种符号的世界中。

"就像高跟鞋和口红是女性符号一样,使用大扳手和电钻等工具,也是男性阳刚之气的形象符号。

"当你在使用这些工具时,不知不觉中便会激发体内的雄性荷尔蒙,让自己感觉刚猛一些,更像男子汉。在多次使用大型工具之后,你在气质上自然会增添许多男性气概,这是不自觉而来的。

"想想看,那些气质柔软的男人通常不爱碰重型工具,而喜欢动用这些工具的男人,通常也会让人感觉更'男子汉'些,为什么呢?从现象背后也可以提炼出一些道理来思考。人在选用工具,同时工具也在改变人。

"所以,让你习惯使用这些工具来解决问题,除了令你学到一些技术之外,还有类似于注射纯天然的雄性荷尔蒙的效果——能够帮助你改变外观气质,这些气质当然增添了你的男性魅力!

"其实年轻人很容易接受来自身体的暗示,家长对你们直接的口头教育,远不如由行动来说服。掌握一项技能无非就靠重复路径,许多工作一旦通过多次重复,谁都会熟练,然后经验就会钻入内心'告诉'你:嘿!好样的!

"这种正面能量随着每一次的行动经历而渗入四肢百骸,流遍全身,其效果胜过一千瓶钙片和一万句家长的废话。这个技巧是我从孟子的'吾善养吾浩然之气'里领会出来的，一旦掌握，终生受用！

"同样的道理也可以转个角度来用。看看现在的少男少女们，喜欢在服饰和举止行为上模仿日韩'可爱公仔'的形象。男孩子的服饰偏于中性，常常耸肩做可爱娃娃状，连走路动作也模仿卡通形象，他们积极追逐那些媒体所宣传的潮流符号，甚至不惜改变自己去迎合潮流。

"在12～17岁的阶段，许多审美观和行为模式一旦成型，对未来的影响很大。所以，有些看似无伤大雅的流行符号进入了校园之后，令众多中小学生趋之若鹜，许多家长对这种'软伤害'的认识不足，或者无力作为，结果就是今天的样子，不男不女的"怪物"街上随处可见。

"等他们成年后即便醒觉了，想转变了，到时想阳刚或者温柔起来也难了，因为他们的审美观和行为习惯经过多年的浸润，已经渗透到体内了，成为自己气质和性格的一部分。

"性格柔弱的人更难与习惯作对抗，气质上的转轨并非易事，他们大多数将会在成年后看着自己慢慢地融化，成为阳光下一滩无人问津的冰淇淋。

"从这个意义上看，对影响人生早期的服饰和行为举止的潮流，家长们不可掉以轻心！它们真的影响深远，应该及早重视这个问题！

"有个词叫'防微杜渐'，就是提醒人们要注意细节的走向和积累。

"在任何领域，一旦你能用微观手段来观察，都会发现令人震惊的力量！大家平常只看到某些现象的粗线条，所以许多人都是随波逐流的一粒气泡而已。

"事实上，对事物规律的认识深度，也直接影响到人的命运发展。"

在行动上拿高分

"小松，你在基础较差的情况下要追赶别人，就要想办法抄近道，不妨局部上采取田忌赛马的策略。想想日后进入社会了与同龄人竞争，拿什么竞争呢？靠能力对吧？而'能力'的重要组成部分就是动手操作的才能。

"好消息是——目前大部分学生都严重缺乏动手能力，所以你完全可以在这一项上拿高分。

"现在许多家长用'功课'这根竹签串起孩子，把他们放到'题山试海'的烤箱里架起来烧烤。他们就像在茶杯里养金鱼，完全忽略了孩子成长所需的生活经历与空间。

"目前中国也正处于家长教育观念的转型期，虽然对老旧的教育制度早已怨声沸腾，但尚需大力引导和土壤改良，很难完成推陈出新的更迭。

"而现在的教育一直在扼杀而不是鼓励学生的动手能力。

"从一年级开始，学校就像养猪场，把每只猪都圈禁在小小的栅栏内，不让出去走动，不让晒太阳。每天就在栅栏内给他们看电视，听广播。

"电视里有色情，有暴力，有快男快女，有五光十色的娱乐节目，当然，除了有关于'如何成为一头高尚的猪'的思想课程之外，还有数学和科普知识——你难道指望栅栏内的猪们真会对电视上的东西产生真情实感吗？

"没有阳光和自由空间，再好的猪苗也难以强壮结实起来！

"对于猪来说，每天在猪栏内学这个学那个，除了吃饭和考试，其他的都不让扯淡。

"毕业后，喇叭里的声音对猪们说——亲！出去吧，投身到大有作为的广阔天地去吧！用你们在猪圈里面学到的知识开拓你精彩的'猪生'吧！

"猪努努嘴巴，嗷！我学到尼玛的什么鸟玩意儿啦？把我放出来之后，你们不给试题了我怎么发挥才能？在里面你们教我考试，而外面要用的尽是些你们原先不让碰的东西。苦啊！

"所以，你们这一批年轻人，成年之后奶油兵会比较多。

"许多人刚进入社会的前面几年，怕吃苦、懒动手、意志薄弱。当然，他们也会慢慢在碰撞与教训中成长起来，可是付出的代价和冲击会很大。

虽说毕业生刚出道，适应社会总要一个过程，但基础不同的人走过这条通道的代价差别很大。

"许多毕业生就像一个高估自己实力的年轻拳击手，兴奋地跑上拳击台，但很快就被对手左勾拳右勾拳打得晕头转向，满嘴是血，有些甚至就直接被抬了出场外。我身边认识的就有好几个，毕业至今都快8年了，就是不工作，整天窝在家里打游戏，当啃老族。另一些没被打晕、撑得住的人也要好几年的调整适应。

"小松，当这些人处于前面那几年调整期时，就是你的机会了。

"有个笑话说：甲乙二人一起去森林烧烤度周末，刚支起烧烤架，这时有个猎人走过来，说这森林里有伤人的熊，前几天才咬伤了好几个游客，你们还是回去吧。说完猎人就走了。

"猎人走后，甲越想越怕，对乙说：'我们还是离开吧。'

"乙说：'不用怕！'

"甲感到奇怪，问乙：'难道你可以打败可怕的熊，或者你跑得比熊更快吗？'

"乙自信地说：'我没有能力打败熊，我也跑得比熊慢，但是我只要跑得比你快就行了。'

"同样，当你23岁大学毕业出来工作，就和年龄相仿的一批人竞赛。如果你的心态好，动手能力强，适应期能比他们短，说不定就可以先拔头筹，站住脚跟。能在起步阶段领先别人一点也是可贵的，可别小看它，在残酷的竞争中，有时领先那么一点，幸存者就是你了。

"所以，你以后不要浪费任何一个动手机会。

"学些逻辑和哲学，再加上很好的动手能力和执行力，这就是我的内功心法。只要内功底子好，你后面就能走得更轻松，做什么事都容易上手。

"人的一生履历是由事实所谱写的，一万个0也不会比1大，再多白日梦也比不过行动的力量。"

"曾老师说过，道理也就是那些道理。对中学生来说，不是能否听懂的问题，而是要不要认真地听、努力去做的问题。

曾老师这些分析，道理上通俗易懂，我虚心接受，听从指引去做就行了。只要对我有好处，以后就这样跟他学习下去吧。我就像《阿甘正传》里的阿甘，带上曾老师指引的导航仪，拔腿跑就行了。

遇蛇练胆量

有一回，我们在住宅小区里散步，发现了一条一米多长的蛇，它钻进了一堆石头里，我又怕又兴奋。为了不让它危害到小区里的居民，我们商量之后决定打蛇。

我们马上找了两根木棍，挑开那堆石头，那蛇急忙往草丛逃窜。曾老师拿棍子迅速挑了一下蛇身，令它留在水泥路面上。

我举起棍子拍下去，打着了蛇尾，曾老师也一棍子拍中蛇身。蛇被重击，游走很不灵活了，这时曾老师看准了它头部猛打，几下子蛇头就被砸烂了，剩下蛇身在扭曲。

奇怪的是，整个过程我居然不太害怕，要是以前，很难想象我敢站在现场附近，可能是被曾老师的冷静和坚定给带动了，似乎在他身边就能生出勇气。

制服蛇之后，曾老师笑笑说："小松，这条蛇归你了。回到家你亲手把它剖开清洗，今晚请大家喝蛇汤。"

不是每个毫无经验的人都敢去抓蛇的，哪怕是死蛇。虽然我有点怕，但不知道是曾老师的暗示作用还是我体内的男子汉气概在作怪，我爽快地答应了。

回到家，大家七嘴八舌地都说我胆够大！在众人的围观下，我亲手切开蛇身，清洗干净。晚上大家美美地喝了一顿蛇汤。

这是一次挺奇特的经验，都市的少年一般很少能有机会参与打蛇并且亲手完成全部宰杀烹煮的过程。后来我爸爸妈妈都略带批评地说我胆子也太大了，我却因为他们的唠叨而更觉得有自豪感。

曾老师

这次突发事件是给小松练胆的好机会。我当时做出镇定的姿态，除了表率作用之外，还给现场气氛定调：暗示小松，我们不要被蛇吓跑，要消灭它！

孩子通常会根据身边权威人士的反应来评估事态级别，参照他人的反应来决定自己的行为。

在政治学和心理学典籍里都说过，领袖的意志可以影响群众的选择，并且在队伍中起到风向标的作用。

明白了领袖与群众之间的互动规律后，经过举一反三，平时设想自己当领头羊时该怎么做，是羊群里的一员时又该怎么做。当你的心里有过思考和推演，当真的遇到了突发场面时才能迅速做出正确反应。

那天决定把蛇打死，是避免它伤害到小区里的居民。

让小松动手切割、烹煮蛇汤，也是为了让他在动手操作的过程中获得特别体验，并且强化这次经历的质感，同一件事看别人做和自己动手做的感觉是很不同的。

如果家长想要培养孩子淡定从容的心理素质，那么从两岁开始，每个生活中的真实场景都将是身教的好机会。家长以身作则，充分利用突发事件进行机会教育，效果会更好。

总之，要善用生活中的突发机会来培养动手能力和勇气，尽量把生活经历转化为经验效益。

培养超前的忧患意识

有一回，我们在看完电影《勇敢的心》之后，曾老师马上跟我们谈起保卫家园的话题来。

曾老师说："男人的首要责任当然是照顾好家庭，保卫家园是其天职。光这样说，像是一句空话，具体怎么保卫？把想法化成行动就需要莫大的勇气。

"小松，社会并不会永远太平康乐，历史总是波浪式前进的。

"在人生短短数十年间，很可能遭遇到重大灾害、社会动荡或战乱的局面。这是一种历史规律，不以眼前的太平景象或个人的好恶而转移。

"所谓'生于忧患，死于安乐'，人一定要有超前的忧患意识。

"社会承平已久，都市青年都成奶油小生了，许多人见不得血腥，容易腿软。但社会现实是非常残酷的，竞争无处不在，在动乱中更是强者生存，优胜劣汰。做男人举止要文明优雅，可是内心和意志上不能够软弱。

"每当朝代更迭时期都是乱世景象。你想想《明朝那些事儿》里描写的一个片段，元朝末期，几股力量在逐鹿天下，朱元璋、张士诚和陈友谅等互相厮杀，你死我活，生灵涂炭。在那种乱世局面下，意志力和心理素质不够刚硬的人根本就活不下去。

"陈友谅是个乱世枭雄，你看他杀傀儡皇帝徐寿辉的画面，这一幕让我印象深刻。当时这个软蛋傀儡知道陈友谅要杀他了，求饶，陈友谅冷冷地看着徐寿辉说：'你是怎么在这个乱世上生存下来的？'然后士兵就敲碎了徐寿辉的脑袋。这个片段很冷酷也很传神。

"根据历史故事来看，在每一次重大动乱开始的几个月内，死亡的数字特别大，为什么呢？估计是太平久了，娇弱者众多，许多人无法在残酷条件中生存下来，第一轮就被淘汰出局了。

"斯大林说过：死一个人是个悲剧，但是死一百万人却只是一串数字。

"这是实话。在和平年代里，飞机事故死亡一百几十人我们就非常关注了，全民哀悼，成为新闻焦点。

"但是在大动荡的背景下，我们从历史记载中只看见了某场战役活埋几十万士兵，百姓死亡多少万的数字，大家对这些数字无动于衷，因为数字是抽象的，不鲜活。如果去追寻数字背后的细节，那意味着多少生命的消亡，多少家庭已灭门，尸骨何止堆积成山啊！

"哪怕现在风平浪静，我们也要像辛弃疾、曹操和曾国藩那样，虽是文人，但意志和手腕都要刚强，训练自己具备能柔能刚的弹性。既能舞文弄墨，又可率军厮杀于战场。

"不管环境如何，家长才是爱孩子的人，自己才是珍惜命的人。家长要像清朝的康熙皇帝那样，要求所有皇子都要骑马射箭打猎，不要忘记生活中残酷的竞争无处不在，不能软弱。康熙选接班人的标准也是有能者居之。

"我觉得作为一个父亲，康熙是很有远见的，不骄纵儿孙，励精图治。清朝的皇帝基本上都非常勤政，这和他们祖先定下的家风密切相关。

"社会形态，合久必分，分久必合，永远是波浪式前进的。假如某一天动荡或战乱来临，到时你能少一点腿软，就多一分生存机会。这不是杞人忧天，而是未雨绸缪！

"你看电影《乱世佳人》，美国的南北战争，照样不是请客吃饭，照样是百万人头落地。战火无情地毁灭家园，弱者们早早地埋进乱坟岗，能活下去有机会重建家园的都不容易。

"你看那个斯嘉丽，一个富家大小姐如何经受战火的洗礼，最后成长为意志坚强能独当一面的强人。

"这部电影和原著小说在美国属于经典名著，里面传达的就是美国精神。美国人的忧患意识是很强的，某些中国人总爱摆出文明古国的威风，嘲笑人家美国只有三百多年的历史。对这种摆老资格的轻浮态度，我觉得很可悲！

"所以，小松，你要想在未来激烈的社会竞争中脱颖而出，现在就要锤炼自己，培养出刚毅、果敢的品格。不管在什么时代，这些都是成功者的标准配置，装备了它们绝不会浪费。"

曾老师这一课的内容我完全听进心里去了，试问哪个男人不想成为睥睨苍生的时代强者呢？问题不是想不想成为，而在于该如何实现呢？

幸好，曾老师不但给我画饼，还会帮我动手做饼。只要学生信任他，他就提供从设计到生产的一条龙服务。

曾老师

每一次在看电影中,我都会根据电影的主题或者某些能够打动小松的片段进行讲述。这样来上课效果很好,因为电影中的画面和气氛调动了他的情感,让他仿佛置身其中,有感染力,所以接下去我对他的延伸讲解更容易被理解,甚至产生感同身受的强烈效果。

在《勇敢的心》中,当然可以发挥的题材很多,但是那天我想谈到男人的责任感和未雨绸缪、忧患而生的道理,这对培养一个少年的家庭责任意识和社会责任意识很重要。

许多青年人意志薄弱,不敢担当,是因为生活中被别人过度代劳,被过度照顾,包办了许多生活责任而造成的。他们的心思很少去想"个人责任"的问题,所以在气质上和心理上就会软弱,长大后甚至习惯逃避责任。

我对小松的教育项目中,当然也包括了"男人课程",这是他人生道路的重要部分。通过动手能力的训练和精神上的启发,力求帮助他焕发出一种肩膀有力,敢于担当的气概。这是一种勇者的魅力,必须通过思想和行动相结合来锻造。

当晚围绕这个主题的具体展开时,我运用的素材全部都是小松看过听过的,比如历史小说《明朝那些事儿》《曾国藩》《康熙大帝》,世界名著《乱世佳人》,以及《辛弃疾诗词》和关于第二次世界大战的纪录片等。充分利用小松自己接触过的视听讯息来举例,会让他感觉更亲切,更贴近他的生活,更容易被他接受及思考。因为他的心中能顺着我的带领而调用出某些画面,这些画面经过糅合成为了帮助理解与消化的反应剂。

训练心理承受力

为了帮助我加强心理素质,曾老师很注意收集任何突发机会让我锻炼。

譬如他团队中的某位老师骑单车摔破了腿,伤口流血了,曾老师就会指定要我亲手帮他清洗创口,让我多接触外伤场面,逐渐适应"血腥",

也教会我处理人体外伤的消毒步骤和基本医学知识。

他说，人不能没有医疗常识。你可以不懂飞机的飞行原理，但是不能缺乏医疗常识，因为不懂医疗常识是会死人的，这不是小事！

曾老师还带我去农村的屠宰场参观，让我看战争中的纪实影像，还有车祸现场的血腥场面等。

有好几次，我们在散步时发现刚死去不久的小动物，比如小鸟或者小猫，他都会叫我拿回去，然后指导我解剖动物尸体，藉此了解生物学知识，看看内脏和结构等，还到市场买来活鸡让我学会动手杀鸡。

曾老师说："在三十年之前，几乎所有人都敢动手杀鸡，宰杀小动物也是正常不过的事情，不会手软。而现在你们这一代小青年有几个敢杀鸡的？从穿着打扮到语气表情都爱模仿动画片里的布娃娃，男孩普遍女性化，过于阴柔，对于稍微血腥的场面就大惊小怪，这难道是进步的象征吗？"

在我脑海里，经常不自觉地会把曾老师刻意帮助训练我的情形和电影《蝴蝶效应》联系起来。电影中清晰描绘了人生早年的经历对整个一生的重要性，看似不经意的一小步，很可能对未来造成巨大的影响。但现实中，我们无法随意地更改过去的某个关键点。

这部电影强烈地提醒我：人生是一条没有回程的单行线，一切影响未来的决定都要在当下做出预判和选择。因此，"前瞻"是改变命运的关键钥匙，前瞻的准确度越高，未来的道路越好走。

既然如此，我现在怎样做才对自己最有利呢？当然是借用曾老师丰富的人生经验做指引了。后来他叫我做任何锻炼动手能力的项目，我都完全听从指挥，甚至我还为自己创造机会来锻炼自己。

只有一次算例外，而且印象非常深刻，因为曾老师要我钻进一个大型化粪池的内部，更糟糕的是，里面还有许多蟑螂。

曾老师

现在的年轻人从气质到心理越来越柔弱，男人不男，女人不女，流行着紊乱颠倒的审美观，这难道是仅仅一句"允许多元审美存在"就能解释过去的吗？

如果把懦弱当美感，将无知当有趣，那社会将成什么样子了？

面对一种现象或者潮流，我们无力与飓风对抗，但是在自己的家园里，在自己可以决定的微环境中，我希望尽绵薄之力，帮助自己的孩子和学生"溯本清源"。

其实，我让小松进行那些心理锻炼，不过是还他男儿本色罢了。

经历工地生活的磨砺

曾老师曾经渴望能够有一幢自己亲手设计建造的楼房，这个愿望在他还没老去之前就已实现——他终于要盖house了！

他这个DIY迷，从房子的结构设计图到最后的贴瓷片都参与了，任何环节都巨细无遗。我觉得社会上除了卖大米和卖汽油的可以赚到他的钱之外，其他行业都不会欢迎这种客户——他太爱自己动手了！

当大房子的结构主体完成后，开始砌墙。

某天，曾老师想了个主意，和我打赌：如果我到建筑工地上和工人一样干重活，和工人一起吃喝睡觉，坚持20天，就支付给我2000元工钱。条件是，一切和工人同等对待，听从指挥。如果不到20天中途要求退出，或者自己不小心受伤了退出工地，我都拿不到一分钱。

我当然明白曾老师的用意在于借机锻炼我，让我体验艰苦生活。这时我已经懂得要利用一切机会来锻炼自己了，况且还可以赚钱买些想要的东西，于是就答应了。

但我确实低估了这项工作的难度，不到工地干活，还不知道自己身体多么单薄。

第一天，工地上那位憨厚的杂工小海哥带着我，手把手教我用铲子筛沙子。

一铲又一铲，体内的能量好像魔兽游戏里面的生命值，一滴滴地流出体外。我累得够呛，浑身酸痛得要命，工作效率还不如小海的三分之一。

小海体壮如牛，原先我以为和他的差距只是体力，可是当我真正和他干同样的活儿了，有了比较之后才明白他的战斗力并非仅仅体现在体力上，还有忍耐力和工作经验。工地上干活儿还真不是力量大效率就会高的。

第一天熬下来，累得不行。晚餐随便扒了两碗饭，回到工人房里那张属于我的简易木板床，躺下就睡得不省人事了。

第二天曾老师来工地检查，问我怎么样？

我说："还好，身体没问题。"

他笑笑说："好样的，坚持下去！"

我每天的工作都是搬砖头和筛沙子，虽然非常累，但是身体也慢慢适应下来了，同时也掌握了一些方法，效率稍有提高。

几天后工作量好像更大了，身体有点吃不消。为了锻炼男子汉气概，我一直咬牙坚持着。

如此过了一周，身体觉得真的很累了。这种累和刚开始那几天不同，有点后劲乏力的感觉，似乎身体被慢慢掏空了。

吃饭时，终于生平第一次体验到曾老师常说的那种极度饥饿状态——他说几十年前，干体力活的人如果长时间没有吃肉，饭菜的油水不足，就算吃下很多米饭都觉得不饱。

可能是我体内储存不多的脂肪在巨大的消耗下清空了，所以身体发出信号，渴望补充油水。于是我开始很能吃肉了，以前一点都不吃的肥肉，现在居然半肥瘦的肉片都觉得好吃，而且觉得什么饭菜都很可口。

人真贱啊！从书上看了再多道理也比不上身体力行尝试几天的滋味。原来人饥饿起来会导致感觉发生变化，甚至让你莫名其妙地喜欢上原先厌恶的东西。

也许这就是曾老师常说的：让身体对你说话！

一周后，曾老师问我感觉如何，我潇洒地说："没问题，肯定能熬下去。"

他笑着点点头，没说什么。

在工地上，师傅们都很照顾我。

晚上他们的生活很无聊，一般是到街边的小店看电视、喝啤酒。我自己在床上听听歌也就睡觉了，因为身体实在太累了！

到了第十天之后，身体对于工作更加适应了，可是身体和精神上都感觉极度疲劳。我确实想过要放弃，但这是对我自己的考验，想到曾老师和爸爸妈妈都在等着看我的笑话，更不能轻言放弃，于是鼓舞自己要坚持下去。

工地上整天脏兮兮的，每天汗水浸透了衣裳，脸上满是汗水和灰尘，我和工人师傅们打成了一片。

有时候他们中间休息时，坐下来喝茶抽烟，问我要不要？我很自然地接过一根，点燃它。虽然我并不喜欢烟味，可是那种时刻感觉我是这个团队的一员。

这些建筑工地上的师傅们，原本他们的生活与我毫无交叉点，可是因为和曾老师的打赌，我来到这里体验生活。这十多天来，通过汗水缔结的友谊，使我心里对他们有了莫名的亲近感——这是几年前无法想象的。

我想，这肯定是行动改变想法的一种结果吧。

（后来看电影《肖申克的救赎》，里面有个情节：囚犯们出外劳动，都很累了，安迪用自己的金融知识帮了狱卒的大忙，给每个同伴都争取到一瓶啤酒。

在劳累了一天之后，疲惫至极的囚犯们，坐在地上，身上洒满阳光，静静享用着手上的啤酒。大家都不作声，脸上挂着满足的笑容。

电影画外音说，他们喝的不是啤酒，而是在享用着自由时光！

当我看到这个画面时，感同身受。它令我想起在工地上生活的经历，那种身体的极度劳累和结束后喝着啤酒的惬意感受，仿佛敲醒了脑海里每一颗回忆的细胞。我不像是电影的旁观者，仿佛身体已代入了画面中。

终于明白了曾老师常说的：丰富的生活阅历有助于理解和思考！）

可事情并不是一帆风顺的，麻烦终于来了！

到了第十三天，大大的化粪池修好了。有个师傅要从洞口进去里面把碎砖头全部捡出来，曾老师叫我进去帮忙。惨了！因为那是我非常害怕的地方。

这个化粪池修得太大了，下去里面2米多高，长宽各4米。

由于连日大雨，里面已经积攒了半米高的黄泥积水，虽然化粪池还没启用，没有脏东西，可是积水中有许多蟑螂。

我联想到自己下去后，水深到膝盖，而且除了洞口之外，其余都是封闭空间，阴森森的，太恐怖了。我拼死不干！

曾老师冷冷地说："你不是保证过要和其他师傅一视同仁的吗？怎么能不听雇主的工作指令呢？这是契约精神，工作就是工作，不由得你喜欢不喜欢。你不干就被辞退，之前的工资也没有了。自己看着办。"

天啊！他也太狠了，给我出这么一道难题。

说实话，我是有点太爱干净了，从小就对蟑螂和老鼠比较畏惧，而且化粪池里面很有幽闭空间的压抑感，我还要卷起裤脚站在满是蟑螂的脏水之中，想起来都颤抖！

我支支吾吾想求饶，可是曾老师从来是立场坚决的，即使求饶也未必能撼动他的决定。这次似乎要搞到我大脑短路崩溃了才罢休！

天平的左侧是十多天辛苦工作的工钱，那些钱意味着我可以买许多东西，还有我决心要赢下这20天的艰苦赌局，给自己的未来打气——天平的右侧是蟑螂、混水和恐惧的幽闭空间。

我该怎么办？

我希望就这么站着，等有人来赦免，但时间不是无限的，别人都在等我表态。师傅已经准备好了东西就等我一起下去了，无形中给我更大的压力，那时脑海里真叫万念俱灰呀！

那一分钟就像过了几百年之久，没有任何人打算伸手救我一把。

于是，死就死吧——只好狠下心进地狱走一趟！

顺着梯子下去了，我鼓起勇气把双腿放进水里，听见哗的一片回响。

地下和外面是两个世界，真是恐怖片里面的景象啊，头顶是个仅容一人通过的小井口，地下是膝盖深的积水，每一次呼吸声都能听到粗重的回响。而化粪池的内壁上，有水面反射阳光的斑驳光影，随我们脚步激起的水纹熠熠晃荡。

幸好有位老师傅在旁，帮我壮胆。里面虽然幽闭，可是洞口有阳光照入，也并不太黑暗。我一边警惕着不要让活蟑螂顺着裤管爬上身，一边硬着头皮伸手到水底摸了几块砖头，之后，恐惧感也渐渐缓解了下来。

通过了化粪池那一关之后，再也没有重大考验了，我就这样咬牙挺过了20天，赌局获胜了！在所有人的热烈掌声中，曾老师亲手递给我2000元工资，我好像感受到了奥运健儿为国争光的荣誉感了，"我们万众一心，冒着敌人的炮火，前进，前进……"

事后，我把事件隆重地载入日记，那是我人生故事中太难忘的一幕！

以前做梦都没想过，要在什么情况下我才会自愿进化粪池这种地方。回头来看，似乎真的没有过不去的心理障碍，这么恐惧的事情，我硬着头皮也做到了。

从那以后，我的确对蟑螂的恐惧大大减少了。每当在恐怖电影里看到那种幽静空间的脚步回声，还伴随着水滴声和水波晃动的画面，我就仿佛亲临，有些亲切与自豪。

我想，这就是老人们常说的：经验是一笔人生财富吧。

从那以后，每当我走在公路上，只要看见路边有工人在筛沙子或者抬砖头水泥，我的肌肤都好像有触觉。虽然只是一晃而过，可是回忆早已瞬间流过了全身，这是感同身受吗？

曾老师对我说过："当你年轻时，对当下的经历不会特别珍惜，因为人们觉得当下的生活片段都太平凡了。可是到了中年老年之后，当你回忆起年轻时的片段，每一幅照片、每一张纸条都感觉无比珍贵！

"就像我们拍照片，我今天给你拍一些照片，你是毫不珍惜的，随手就丢在某个角落里，因为自己还太新鲜，人还没老，和照片中的时间尚未拉开距离就觉得毫不稀奇。可是当你30年后拣起这些照片，就会百感交集，甚至潸然泪下！

"到那时，人们才知道青春如白驹过隙。心中怀念的已不是某年的某事，而是'想起那一段日子'，情绪是成片成片地涌过来！

"小松，你应该早些知道一个人生的奥秘：

"别以为生命很长，即使你活到九十岁，会发现其实只有早期的经历最值得回味。

"我们注定将用后面的半生时光，去不断回忆前面的二十多年。无论成年后的篇章多么华丽，似乎都无法与人生早年的价值相比。

"人生也可以说是一个朝向死亡的缓慢回归过程。年老时，回忆常常锁定在青年时代，多数人的青春时光是在浑浑噩噩中被荒废的，所以他们年老时的回忆里满是悔恨！

"假如你能早些知道这个秘密，并且理解这种规律，那么你将重新检查'当下'的意义，此刻就是历史，瞬间即是永恒！怎舍得耽误大好青春时光啊？

"我们来设想一个议题：假如再让我重新活一次！

"假设，现在正是70岁的你从时光隧道穿越回来到17岁的，已经在另一时空中体验过人生酸甜苦辣的人，就能明白人生是一串短促而连贯的音符——不必问，回到17岁的你当然会非常珍惜光阴，慎重地谱写生命的每一段乐章，展开另一段既是追悔过去又是对未来醒觉的人生旅程！

"最爱自己的人是'我'，'我'怎么舍得让自己难过啊？"

（曾老师有些话就像喊魂的箴言，每当我想起来，都不免被它们勾搭一下，心脏犹如被蜜蜂蜇刺了一把。）

曾老师

我和小松打赌，让他去工地锻炼的用意很明显，就是为了制造工作经历，体验工地的生活，尝试通过自己的体力劳动来赚钱。

一般青少年对短期的生活体验都不怕，因为他们知道这是有限期的体验。这和当年知识青年上山下乡是很不同的，知青们并没有明确的回城时间表，到乡村生活多长时间心里完全没底。

有底和没底的效果是不同的。

所以我估计小松会答应短期锻炼的赌局，其实短期也有短期的功效。从这次建筑工地的锻炼中，我想达到什么效果呢？

想测试小松对这种艰苦生活的耐受力，考验意志力；要看看他对于训练自己、充实自我的决心有多强；通过真实的工地生活，帮他零距离认识另一种人生，对建筑工人的工作与生活获得最鲜明的感受。

假如他能赢下赌局，将成为很好的自我激励经验，对以后克服生活困难大有帮助。

因此我希望小松能坚持下来，赢得胜利。我不会刻意增加他的劳动强度令他失败。如果让他在有困难的情况下熬过去，赢下赌局，效果最好！

开始的前面三天，我嘱咐工地师傅给他很轻的工作量，让他的身体慢慢适应。那不是优待，其实是帮助工地新手逐渐深入的步骤。一开始难度低一些，巩固他的信心。

第四天开始增加工作量，他的体力消耗更大了，但是意志力经过三天的锻炼也相应提高了。对于血气方刚的青少年，头几天由于体能储备充足，感觉还好。可是体力每天在消耗着，虽然晚上睡一觉之后恢复迅速，但是每天都是入不敷出的。

一周过去后，他原先储备的体能就快要枯竭了，那时候才感觉到透底的劳累，真正的精神考验才开始！

到了这阶段我没必要增加他的工作量，因为精神考验已经足够大了。在压力下，他一定会有许多心理活动，包括审视处境、权衡利害。就让他自己慢慢发酵、消化那些感受。

到了第十天，我看小松能够挺过来，似乎已经铁了心要赢下去，于是开始相应增加点劳动强度，进一步考验他的意志。由于时间过了一半，他的艰辛和汗水被套进去了，更难以割舍放弃，处境变化了，算盘也不同了。

那天要小松进化粪池里捡砖头，本来只是针对他太爱干净的特点，故意要帮他变得更粗糙些的。我也没想到他会那么难受，但是令出如山，无法更改，最终只能迫使小松做出选择。

在青少年身上，有些尚未固化的障碍，经过适当的推动较容易改变，假如在关键期没有锻炼机会，那以后可能要付出更大的代价。

最可怕的是，人长大之后许多毛病不是付了罚款就能一笔勾销的，错过了关键期，错过转变轨迹的岔口就很可能罚巨款也无济于事了。

到了最后一周，我不想因为增加劳动强度而导致小松溃堤，行程已过大半，一切工作节奏保持不变，希望他稳健拿下胜局就好了。结果他不负众望！

我对小松通过艰辛努力而获胜感到高兴！

一个17岁的少年，二十天里完全在建筑工地上生活、做事，体力强度和时间长度都是合适的。把一个计划变成结果，将构想化为事实，没人能夺走属于他自己的胜利感受。因为这是他的经历，他的故事！

所以我常告诉学生，军队里有句口号：平时多出汗，战时少流血！

其实从早年教育的逻辑看：少壮多磨砺，老大不伤悲！

积累动手技能

曾老师的楼房造好之后，搬家时需要拆下许多台分体空调。

他告诉我，搬家公司的人拆卸分体空调的室外主机时，常常故意漏掉雪种（即制冷剂）。他们要么是为了赶时间，不负责任，要么是故意放掉，想赚你重新添加雪种的钱。

其实自己学会拆装空调主机的正确方法是很简单的。于是，曾老师手把手教我如何关闭室外主机的雪种阀，按正确的步骤来操作，就不会漏雪种。他让我用纸写下来，然后自己动手操作一遍。

等到搬家公司来了，号称专业拆装空调的师傅在拆空调主机时，曾老师叫我站在他身边看这些人是如何糊弄客户的。

我们先不动声色，看着工人怎么弄，由于我刚刚学会了保护雪种不泄漏的正确操作流程，所以看着他们胡乱操作时，我真吃惊！因为我看得懂他们在故意使坏。

曾老师示意我别吭声，他故意拿第一台空调让我观察社会百态，学习社会经验的。

到了第二台空调时，他出言制止了拆机师傅，曾老师指导他们按照正确流程来操作。这两位师傅支支吾吾，打算搪塞过去，可是曾老师很淡定，就要他们按照指示去执行。很快他们就脸红了，知道遇到懂行的人，把戏被拆穿了。

后来曾老师让他们给第一台空调重新加满雪种，他照样付雪种的钱。

等装空调的人走后，他说："现在社会上许多行业都成了这个鬼样子，不正经地赚钱，尽弄些坑蒙拐骗的小动作。我愿意出一台空调的雪种钱，就为了让你看看社会的另一种形态，这些就是社会经验，亲眼所见你才印象深刻。

其实许多行当的技术门槛很低，我们平时注意学习一些用得上的小知识，累积起来就能解决大部分日常生活所需，减少遭遇陷阱而生气。许多工作并不难，只是大多数人不想动手、不想去学而已。"

听完曾老师这番话，想起刚刚在我眼前上演的一幕，事实就摆在眼前。正确关闭空调主机的雪种阀门很简单，只要认真学一遍，大家都能做到。可是许多人不懂，搬家时就会被人明目张胆地骗钱了，真是不可思议！

后来新家安装热水器、天花吊顶、灯具等，曾老师都让我动手帮忙，学习全部工序。在帮忙中增长见闻，在操作中累积动手技能，获得更多生活经验。

有时周末休息他还带我去外地砍树。有一回他启发我用木头亲手做一个笔筒来插钢笔，这个小手工成品令我挺陶醉。即使做得没有市场上买的笔筒漂亮，但那是我动手做的，意义不同。

曾老师还让我动手锯木板，动手做简易的桌子和凳子。他说不管做得漂不漂亮，关键在于动过手，做得出来。

他说："许多生活技术，人们以为简单而不屑动手，其实做过和没做过很不一样。会不会做是最重要的第一步，至于做的有多漂亮倒是其次的。

所谓生活能力，就是由诸多小小的技术和经验组成的。如果你这个不屑动手，那个也不屑去操心，到最后，大半生都会被一些生活的小问题所困扰，总账算下来，还不如年轻时多看多学一点更好。"

总结来看，几年下来我动手做过不少东西。直到我将要离开曾老师身边的最后几天，他还要求我亲手锯木板，做一张椅子出来，算是手工课的毕业作品了。

这些锻炼确实塑造了我面对生活的信心。出国独立生活之后，我发现中国来的同学们的动手能力很一般，在生活细节上和我明显是有差异的。

经过慢慢地累积，我距离"丈夫"的标准越来越近了。

曾老师告诉我：人生如同长跑，你无法一瞬间甩开别人太多，只要方法正确，持之以恒，就能一点点超越别人。

首先要找出正确的方法和战术，然后坚定地按照既定节奏往前跑。16岁之前，混迹其中；18岁，跻身领先梯队中；24岁，初显优势；当你到了30岁开始加速时，别人由于方法不当，大多数已经后继乏力，速度衰减了；到了35岁，你再加速前进，而许多人却已经止步不前了，到时你自然就和别人拉开了距离。

到了中年之后，当别人承认和你的距离并为此惊叹时，他们谈论的早已不是赛跑的问题，而是各自的人生已成定局了。假如人生真的只有一次，那么人到中年时的盘点够许多人痛哭一场的！

所以，别小看生活中的每一滴经验，"超越"是在不察觉的每一小步之中累积成的。不积跬步，无以至千里，懂得它的妙处，就能让你在一盘无法重来的棋局里笑到最后，这才叫快意人生！

曾老师

对青少年而言，动手能力比考试能力更重要，千言万语的描绘都比不上一次亲身体验。人的思想往往在行动过程中被悄然改变，这是那些蜷曲在斗室的空想者无法理解的。

如果细察社会上许多成功人士的成长经历，就会发现他们在人生早期阶段大多经历丰富，思维活跃。要想破译他们的成功奥秘，绝不能忽略这一点。人生早期所取得的动手经验，能够在未来的成长道路上推动"行与思"的良性循环，让人获得更高效的成长动力。

在孩子16岁之前，最好能够给予充分的动手能力训练！当然，如果在8～16岁之间持续深化动手能力，阶梯式成长的效果更佳！

可是小松是在将要16岁时才来我身边，时候已经不早了，得要赶紧补这一课，这对他一生影响深远。

像他那么大的孩子，我也不可能用强迫的方式来要求他进行动手训练，主要是唤醒他奋进的积极性，让他自己的紧迫感来带动自我成长。

小松原本意志力和动手能力都差，我不过是在适当时候提醒他，给他一个选择权：你到底是要跨一步往前，勇敢地走出弱者队列，还是决定麻木不仁地继续混迹其中呢？

人总是趋利避害的，愚蠢的人也会本能地选择自认为最有利的方案。

我并不担心学生会做出愚蠢的选择，只要在适当时机为他们打开视野，提供更多的选项，他们自然能够找出对自己最有利的方向。

当然，时机点也很关键。要在年少时提醒他们，假如到了成年，收到迟来的通知书也只能徒增感伤而已。

现实生活中，许多人都浑然不觉地在错误轨道中走完自己平庸的一生。"朝闻夕死"只是个浪漫的故事，虽然它能励志，也是不错的安慰剂。如果可以，我相信每个人都希望自己醒悟的时间越早越好！

假如在人生变轨的关键期内，有人带你到自己的人生路线图前，指给你看，那个通往未来的分岔点在哪里，为你清晰标记出来，信不信、做不做随你，你会如何选择呢？

答案是不言而喻的！

然而，最可惜的是，许多人并没有这种选择的机会！

第十二章

两次惩罚

251 耍小聪明,买新手机
252 真相暴露,接受惩罚
254 烧的可是钱啊!
255 违背归期约定
256 寄望从宽处理的挣扎
259 打在屁股上,也打在灵魂上

曾老师

每个人都会犯错误，小松也不例外。在这三年中，针对小松的各种错误，我根据不同的阶段运用了不同的教育方法，轻重不一，主次有别。

在前面的大半年里，对小松所犯的错误，我表现得和风细雨，不采取激烈的手段应对，温和地提醒他以后注意就是了。一年半之后，我开始全面教授小松心理学，决定放开长线让这只风筝自己飞翔之后，对小松的惩戒力度就开始加大了。

其实真正的惩罚也没几次，因为一般情况下，小松还是很自律的，不会犯下太大的原则性错误。唯独这两次，小松说："这教训我一辈子都不会忘记的！"

耍小聪明，买新手机

在平淡的生活中，我难免要找出一点事情来折腾。

我经常泡在耳机和钢笔的论坛，有时也会进入手机论坛逛逛。在学校时，我的手机一直都是最新潮的，这可能是受我妈妈的影响，因为她也是一个很爱更换新款手机的人。

也许是受这些因素的影响吧，我越来越难以忍受现在使用的手机了，于是就琢磨着怎么样才能换个新款的！

我知道直接向曾老师提这种要求，他老人家是不会答应的，因为抵制新潮的诱惑是他经常强调的好品质。可是大家也知道，有时突破规矩所带来的刺激快感往往会让人不惜铤而走险。

于是我想到一个简单的办法，就是以现役手机故障且无法修复为由，请求更换。

某一天，饭后，我告诉曾老师，这手机最近经常突然死机，可能老化了。但他让我先试试彻底格式化，恢复初始设定来解决软件问题。于是我随便鼓捣了一下，又骗他说已经试过很多手段了，还是没办法修复。最后他叫我拿去手机专卖店修理，我只能装模作样拿去了，过几天后，回来跟他说维修不好了。

既然修不好，曾老师就同意让我妈给我再买一个，但条件是不能用智能手机，具有基本通话功能的简单手机就好了，价格在800元之内。

我听了很兴奋，计划成功一半了！

曾老师对手机品牌、型号没什么研究。他总是说："手机和其他的生活用品，简单、实用就好，花里胡哨的功能实际作用不大。"所以我坚信在这方面来说，他几乎算是个手机盲。于是我上网查找资料，特意物色了一款罕见品牌的高端型号，价格大约为2800元。

选定款式之后，我暗地里想方设法说服妈妈给我买手机，妈妈虽然知道曾老师限定了几百元的价格区域，可是她经不起我的软磨硬泡，最终她帮我买了，并且答应不对曾老师说出手机的真实价格。

新手机到手之后，我告诉曾老师花了800元，是杂牌的（因为那个手机牌子是新兴的，我料定他没听说过）。曾老师瞄了一眼，连摸一下的兴趣都没有，他对这些电子产品很不在意。

真相暴露，接受惩罚

得到新手机后我开心了许多天，可惜好景不长。

第十二章 两次惩罚

大约一个月之后,曾老师的手机出问题了,他想买我刚淘汰的那款手机,因为和他原先的手机同属一个牌子,在使用习惯上容易对接。

他叫我从抽屉里拿出旧手机来给他学习适应一下,觉得好用了就去买个新的。

我也没想什么就把旧手机给他了。因为他知道我以前说过这个手机常常死机,格式化也无法解决,于是他拿过来彻底格式化了一遍,用了几天居然发现完全正常。

完了,他开始怀疑我为了更换手机而编造谎话。接着他在网上搜索了我的新手机的价格,知道要2800元以上——老虎发怒了!

铁证如山,我无可辩解!新手机的价格肯定要承认的,我能做的就是咬住旧手机当时真的没法挽救了,但这样的坚持苍白无力。

曾老师很生气地说:"我经常苦口婆心地跟你讲,人不要被虚荣的物质欲望牵着鼻子走,物欲是无止境的,而钱是有限的。不能把有限的钱投入到无限的物欲中去,随物欲之水而漂流,那是一条死路!

没出息!这次你竟然用很不光彩的手段得到新手机,这不是钱的问题,你妈妈爱给你花多少钱是她的事,但这是在纵容你撒谎,纵容你虚荣的物欲,后果很严重!"他还说了许多道理,此处全部省略,我只能恭恭敬敬地聆听教诲了。

末了,他问我:"知错吗?"

我心有不甘地点点头。

"有什么需要辩解的吗?"他说得很平静,但这话怎么听着有点像是法庭上法官宣判罪刑前的语调呢!

我无措地摇摇头。

他问:"接受惩罚吗?"

我清楚地知道这次肯定要挨罚了,不过也想不出他会用什么方式惩罚我。事到如今,我只能接受一切制裁了,于是低声说:"接受。"

当时的情景有点像"风萧萧兮易水寒,壮士一去兮不复还"的壮烈味道!

烧的可是钱啊!

他静默了一会儿,说:"把你的钱包拿来。"

我立刻乖乖地把自己的钱包递给他。曾老师打开钱包,数了数里面的钱,整整有1000元,我猜不透他沉默的表情下到底藏着什么想法。

接着,曾老师把师母、他的孩子和其他老师全都叫了过来,对大家宣布:

"小松犯了重大错误!他通过恶意欺瞒,不择手段地达到虚荣目的。现在我宣布对他的两项处罚措施:

"一、没收他的新手机三个月,立刻交上来。"

我马上把手机交给他。

"二、今天让大家观看一场真实的表演,平常很难见到的,就是看我亲手把小松钱包里的全部现金,一千元,烧掉!"

我听了脑袋一热,就像庭上等待宣判的犯人听到一个匪夷所思的判决——真把钱烧了呀?

他是说一不二的,说完立刻就拿起打火机,并且要我亲手拿着那一沓钞票。打火机一点,钞票就点燃了,烧的可是钱啊!

众人看着一千元就这么瞬间烧成了灰烬,扔在地上。他还让大家看看钞票烧了之后与白纸烧成的灰烬有什么区别。

说实话,在曾老师宣布要烧钱的时候我都没有特别的感觉,就当那些钱给了亲人用而已。看他拿起打火机也没什么,直到真的把钱点燃了,看着这些钞票在几十秒内变成了灰烬,我突然非常伤心!一种无法描述的悲伤强烈涌来,也许这就是想象和目睹的差别吧。

等到烧完了,才清楚地意识到那是我的钱呀!

事后,曾老师告诉我,为什么要烧掉钱而不是拿去买东西或请大家吃饭呢?因为这些处理方式都不足以让你深刻意识到错误,而毫无意义地消灭这沓钞票,这个画面更能让你记住——什么是浪费!

这次的教训真的让我印象深刻,直到出国后,看到钞票时总会不自觉想起当时烧钱的画面。而曾老师旨在教育我的深远用心,也在离别后经常被钞票勾起来回味。

曾老师

对于青少年不正确的物质观,家长一定要及早纠正。这一点应该在8岁之前就要大力重视,等到少年期再下工夫治理,代价高,效果小。

小松这次用欺骗手段来达到换手机的目的,整个过程的手法不光彩、不漂亮,所以我要借此机会教育他。假如采取一般的惩戒,效果会不明显,不足以令他印象深刻。所以既然要惩罚,就要采取不一般的手法,争取罚出效果来。

烧钱,眼睁睁地主动烧钱是最纯粹的浪费行为,就当用了1000元来体验一段行为艺术。

直到小松去了英国后,我们还时常谈起这件往事,他说历历在目,记忆犹新!

(此处烧钱乃是教育的非常手段,请勿模仿)

违背归期约定

平常,我每隔一个月回家一次。曾老师通常会跟我约定一个时间点,比如周日下午五点钟之前要回来。

而实际上我经常以陪伴爸爸妈妈为由,尽量地拖延时间。开始的第一年,他对我的时间抓得不紧,拖延几个小时回家他也没有惩罚我,可是后来他开始严格要求我要守时间、重承诺。

为了引起我的重视,有一次我回去之前,他对我说:周日下午六点之前必须回来。如果迟到了一秒钟,惩罚你的方式是用竹条打屁股,而且是脱了裤子来打屁股。

我想自己都这么大了,还要用打屁股的方式来惩罚未免也太可笑了,但自认为按时回来问题不大,也就随口答应了他的约定。

到了周日下午,我和弟弟在逛街时,临时决定去看一场电影。虽然曾老师要求我六点回到他家,但是想到我爸爸是晚上九点从香港过深圳的,到时候可以利用这个当借口,告诉他是爸爸要我等他一起过深圳的,心想曾老师应该也会接受这个理由。

结果当晚我十点多才回到曾老师家。

别问我为什么是这一次而不是上一次或下一次，总之，这次与往常不同了。

进了家门，他板着脸叫我到书房坐下，冷冷地问我有什么解释？

我说是爸爸叫我等他一起走的，因此就没有独自提前回来。

我以为这个理由非常充分，但这一次我错了，完全低估了天文台的台风预告——这次的风力不同往常！

曾老师板着脸说："回香港之前就跟你事先郑重约定好的事项，属于合约规则，你不是因为不可抗因素而导致未能履约。因此，现在你必须接受双方约定好的惩罚措施。"

我心想：糟糕！他这次是来真的！一时半会儿，我脑海里也想不出什么"不可抗因素"来回应他。

寄望从宽处理的挣扎

那一刻，我就像是个犯了大错而被突击审讯的重犯，罪证确凿，无可抵赖。脑子转了又转，唯一的可能就是寄望于"有自首情节，认罪态度较好"来争取从宽处理了。

于是我做出大丈夫敢做敢为的样子，咬着嘴唇，看着他，点点头。意思是：我错了，违约就是违约，认了！

我当时心里是想企图通过勇敢承担的态度，来获得他的赞赏而破例放过执行惩罚。我十分不愿意被羞辱性地打屁股！

可是这次的12级台风不像是擦边过境的，缓慢中汹涌压境，要正面吹袭了。

他表情依然严肃，看着我装硬汉点点头认错之后，却冰冷地说："认了就好，那就脱裤子受罚吧！"

我像是法庭上怀抱一丝希望等待有惊喜宣判的犯人，可是听到的却是法官无情宣布"鞭刑，立即执行"的判词，瞬间脑袋炸开了锅，我的心狂跳不止。

被竹条鞭打屁股太侮辱了，不行！我想抵赖。

我一边装硬汉，一边用求情的口吻说："不要打屁股吧，这个惩罚太痛苦了，你可以选择别的惩罚方式吗？随你选，行吗？"

他口气冰冷地说："如果惩罚方式可以应你的请求而改变，那还叫惩罚吗？"

我抗辩道："你可以罚我扫一个月的地，加上俯卧撑，换个其他的方式，我都认了。因为打屁股实在太丢人了！"

他毫无退意："你怎么到现在才想起被鞭打屁股是件丢脸的事呢？在和我约定的时候，你心里面就应该很清楚后果才对呀！"

我知道没法继续当癞皮狗，他的风格我太清楚了。

曾老师经常对我强调，做人要有君子之风，一定要坚持讲道理、讲信用，所以我也慢慢这么要求自己。他思维严密，遇事冷静，这回我也别想从道理上赢他一寸。

于是我只能继续用"态度良好"来争取一丝希望了。我表情上依然装作是个理性的硬汉，确实知道错了！但心里希望他继续滔滔不绝地讲道理教训我，最后教训久了，消了心头的气也就放过这次惩罚。

可是我的如意算盘他会看不出来吗？我的胜算大吗？

曾老师

我不想直接惩罚小松，如果他心里不接受，被动式惩罚的效果不够好。我通过慢慢讲道理、摆逻辑，让他接受，从而把最后的执行惩罚升华为他内心悲壮的自赎之路，这样他才会深刻地记住整个过程，达到比打屁股更重要的精神效果。

曾老师继续说："俗话说'不见棺材不落泪'，这句话是什么意思？能从字面上解释它的人很多，但能从感受上深刻体悟它的人很少。你现在就正在体验这句话了。

"人犯错，常常来自于对结果的轻视，还有侥幸心理。如果你有机会去看看公安局对普通刑事案件的审问笔录，会发现大部分犯错者的思路都是挺幼稚的，他们的错误来自于欠缺知识、侥幸心理和对刑侦手段的无知。

"曾子曰：鸟之将死，其鸣也哀；人之将死，其言也善。这句话的意思是：当一个人知道自己快要死了，会讲出衷心的真话。

"这句话不全对，有些人死到临头了也未必说真话。

"其实也有另一种现象，就是：人为避死，其言多伪。

"犯错者等到被逮住了才想办法躲避，这种反省往往并不真诚。我们在电视中看到那些罪犯在镜头前的忏悔许多是装的，很假。

"所以，你刚才的表演无法帮助你逃过惩罚。"

"那我要怎样做你才会觉得我的认错是真诚的呢？"我问。

他说："你现在的思路是如何从笼子里逃出去，因为目前的局面是——你已经在笼子内关押，而我是你的法官，坐在了审判官的椅子上。对不对？"

我点点头。

"所以，你在提出这个问题之前，应该把问题再往前推一步，想想'我是如何把对方送上了法官席位，而同时将自己送进囚笼里等待审判的？我是如何一步步制造出这个局面的？'——其实这更有反思价值！

"所谓'君子不立危墙之下'，如果你自己要跑到高风险地带，那么就要承担被危墙压死的风险。你别事到临头了才后悔之前没有学好逃跑的功夫，而应该想想为何要站在危墙之下？

"凡事预则立，不预则废。等局面已经铸成，再寄望于逃跑的功夫，不起作用的。想想看，在一个小时前你还是个非常愉快的自由人，耳朵听着歌，坐在豪车上，但想不到刚从豪车里下来，这一刻你却已经钻进被告席里，忐忑不安地等待别人来裁决你的命运。可怕的焦虑正折磨着你！

"转变往往就在一瞬间！

"你问我怎样才能令我相信？告诉你，我根本就不会去考虑你的诚意问题。"

我马上问："为什么？俗话说，法律不外乎人情。审判也要综合考虑认罪情节这些因素呀。"

曾老师说："没错，作为犯人，你有辩护的权利，我并没有剥夺你的辩护权，你也正在行使着某些权利。可是游戏规则中最重要最可怕的是——不管犯人怎么说，绞尽脑汁，但最终裁决权始终攥在别人的手中。

"你说得再多再漂亮，我也可以很礼貌地听你讲完，静静地等待你把子弹打光，静静地看着笼子里的困兽把体力消耗掉，然后面无表情地说：维持原判！——这就是'人为刀俎，我为鱼肉'的悲剧场面了。当你不幸陷入这种局面，任凭你怎么折腾都难逃被羞被辱的境地！"

我听了，非常难受！脑袋好像变迟钝了，一切小聪明好像都没作用。我所有的努力、挣扎，似乎都成为供人嘲笑娱乐的表演，五味杂陈，百感交集！

很奇怪，这时候我突然觉得"慷慨去死"好像要比"承受被人戏弄观赏的羞辱"更容易接受些。我开始有了放弃抵抗的念头，就让他惩罚吧！

（后来曾老师告诉我，这种感受就与老舍等人为什么宁愿自尽也不接受精神上受辱的心路历程一般，对此，我也深刻地体会了一遭。

人世间，有时选择活着比死去更难！尊严的意义要在被剥夺之后才能强烈体验到，就像你健康时，浑身舒坦时并不觉得自由呼吸的空气有什么特别。一旦病痛了，即使是感冒咳嗽头痛而已，虽然明知道不是大病，但是身体难受的感觉会强烈提醒患者健康是多么可贵。

想知道糖有多甜？最好就是先喝一口黄连汤，道理就是这样。）

打在屁股上，也打在灵魂上

曾老师沉默地看着我，有一分钟不说话。那一分钟对我而言很漫长，脑子里许多念头都快闪而过。

"怎样？现在可以主动脱裤子接受处罚吗？"

我咬牙不说话，沉默。

他目光如炬地盯着我，我只能低头躲闪。

继续沉默！

亿万年过去了，宇宙深空里又传来了声音。

曾老师说："小松，你知道吗？我们的生活就像一个游戏，人们往往会过于沉湎其中，无法自拔。

"比如你之前了解过的'斯坦福监狱实验'，同样的一群正常人，在试验中被分成两种角色，一拨人演囚犯，另一拨人当狱卒。本来大家都知道是虚拟的试验，可是在试验过程中，人们自然会因为生活中的各种神态、语言冲突等细节而不由自主地忘记了本质上是身处游戏之中，继而引发了生死争斗。

"小松，生活其实也像是一种角色扮演游戏，一切规则和身份角色都如幻似真。你信其有，则为有，当你抽离开来审视它，则多为幻象。

"其实你是个自由人，你现在就可以从笼子里打开门走出去。这个法庭不是真实的，你的脚上并没有镣铐，我这里对你没有强制措施，一切规则都是假设性的。

"你之所以不走开，是因为还要帮助维持这一种局面，维护老师的权威和你作为学生的角色。

"其实每个人本质上是自由的，在任何时候都是如此。

"你现在坐在我面前觉得非常难受，因为马上要面临打屁股而非常焦虑，可是你的脚是自由的。这是一个游戏，你可以做出选择：离开我这里，不玩这个游戏，不受这该死的压力；或者你决定留下来，再坚持下去，看看这场牌局的底牌。

"可是你一旦走出游戏，就破局了，Game Over！"

我听着，这些话在震动着我的心灵。他仿佛将我的灵魂抽离了躯壳，在另一个角度旁观一个正在老师面前被煎熬的少年，我忍不住钻进这少年的心脏，看看它为何焦虑而狂跳不止！

沉默，又是半分钟的沉默。

"小松，这个世界本来就是一个自愿参与的游戏。人们上班，是因为要获得一些经济收入来换取生存必需品及生活尊严，所以自愿进入一种工作契约中，战战兢兢，如履薄冰。

"认清局面的本质可以让人心灵轻松些，对于'生活'这个局不必过于投入。工作时认真，下班后要适当抽离，留一份清醒会更好。每个人都是自由的，只是我们在行使自由时主动交出了部分自由。

"这个道理是谁告诉我的呢？是老子，又是《道德经》。老子说：吾所以有大患者，唯吾有身。及吾无身，吾有何患？

"他提醒我，连身躯、生命都可以是一种假设的存在。一切牢笼，都不过是亦幻亦真的东西，它们经不起思考的扫描审视。就像《黑客帝国》这一类电影中所展现过的画面：在你意识的目光所到之处，一切皆如积木堆砌的假象，瞬间崩塌消散。

"当你深刻感受到困境，对着囚禁你的高墙思考，思想也许就会生出翅膀，带你飞离。

"所谓'心的自由'，其实就是意识上突破种种有形或无形的樊篱。"

我点点头，曾老师说的"规则是一种假设的存在"如万吨重物般压得我透不过气来。正因为他残酷地对我指出了"可以跑"，而我却无法迈开脚步，更令我万分难受。他等于将宇宙的重量全部推到我的肩膀上，凭我取舍选择。

他像个童颜鹤发的智者，微笑着告诉囚鸟：笼子的门是一直没上锁的。

我年轻的生命中从未经历过这么大的心理压力——发现真相有时比在糊涂中就范更让人心生恐惧！

曾老师一直沉默地看着我，说了句："你现在感受到的，就是'逃避自由'了。就像生命中无法承受之轻！"

我觉得胸口似乎喘不过气来，半晌，仿佛从千年古井里抽上一口气息，长长地呼出，然后点点头，说："好，打吧。"

我从沙发站起来，曾老师将书房门关上，避免旁人看热闹。就像大牌女星要拍脱戏那样，除了要脱的那位，只有导演一人身兼摄影师留在现场。

他锁上门，拿起准备好的竹条，我转过身，自己把裤子扯到臀部下的位置上。那一刻，我感受到耶稣走向十字架坦然受钉的心情。

竹条在空中划过一道凌厉的弧线投影在我面前的墙上，带着呼啸的破空声。时间似乎凝固了，好像电影的慢镜头回放一个史诗般的时刻，又像巡航导弹低空跋涉了一千公里飞赴标的——"砰"的巨响，硝烟与尘埃激射四方！

在硝烟激射中，我的思维也随火花四散。曾老师平时对我说过的话也像分解的碎片闪过眼前：

可预期的死亡，是一种缓慢的回归。回归的道路是那么漫长而孤单，我无法回头，克服它的勇气，就来自于直面它的时刻。

真正的自由，是勇者才配得上拥有；而弱者，只需要口号上的自由！

我们之所以彷徨无助，是因为精神上的懦弱。当你要成为勇者，就注定要从自己的灵魂上跨过。

当你真正清醒了，世界在你的意念之内，同时世界的重量都压在你的灵魂之上。

……

慢镜头结束，痛感令我知觉现实——我被曾老师清脆利落地打了十下！

那天晚上我失眠了，许多原先不明白的道理似乎都突然松开了门锁，等我逐一推开探察内里的究竟。

曾老师说过："不要期望书籍文字能告诉你许多，十本书有时未必抵得上一阵晚风拂过胳膊激起的鸡皮疙瘩。触觉永远是成长中最重要的媒介与桥梁，我们要善于倾听身体对灵魂的说话。"

从那以后，我理解了契约精神的含义，从此力争做个守信的人。

曾老师

当晚决心惩罚小松是事先预定的计划。

事先和他约定好，设定公平规则，不让他找到言之未预的借口。当他犯规后，就以违反合约精神，自动触发惩罚机制兑现——借机达到教育目的。

帮助年轻人建立严谨的契约精神，对其一生都非常重要！出到社会后，不重视契约的人根本难以赢得他人的尊重，对各方面发展来说，都是个障碍。

这一课除了要教育他重视承诺之外，更重要的是带来精神和思想等多方面刺激，就像化学家在实验室器皿内添加适量的反应元素，只要辅以一次爆炸，利用激烈的反应过程产生新的排列组合。

在惩罚的过程中，由于彻底的真实度，将会引发强烈的精神感受。制造一种真实的情境，情境下的压力将给他带来种种情感体验，这些体验会真实地加快孩子走向思考和成熟的过程。

制造这种局面的灵感来源于美国电影《心理游戏》。有时高仿真的刺激经历，可以激发特定对象的情感机关，产生似假实真的多种感受。当设局者的手法足够隐秘，则风险代价很小，便能获得很多宝贵的人生经验，从而得到极高性价比的结果。

我把这种手法搬过来用在教学上，效果很好。孩子的年龄越大，心智越高，那么对设局者的要求也越高，成本也越大。

在高端的心理治疗领域和国家宣传、情报机关的工作中常常见到这种手法的身影。听说美国中情局就有专门研究如何控制人们精神意识的部门，并且将研究结果广泛应用于政治及商业领域。

我只不过是从其中借来一点灵感，用以帮助孩子成长。

有些设局即使在结束后坦然告知实验对象，对当事人而言已真相大白，但曾经触发过的强烈情感体验仍然引起当事人绵绵不断的思考。

著名的米尔格莱姆的"服从心理实验"就是一个典型案例。

1960年，为了研究服从心理，米尔格莱姆让许多试验志愿者通过按下电钮不断电击隔壁房间的A君，当然，A君是串通好的演员，也没有真的电流电他。但是A君发出了极为逼真的惨叫，甚至扛不住电压而假装死亡。

这过程中，试验志愿者经历了完全真实的激烈情感体验。哪怕实验结束后，志愿者全部知道真相，他们中的许多人依然无法原谅自己在实验中的行为，这一次试验对他们的思想产生了深远的影响！

米尔格莱姆的试验结束后，引发了科学试验应否顾及伦理道德的争议。

有时候为了帮助人，某些设局可能在道德上会踩到敏感地带，这就要小心对待了，假如会造成负面伤害，就要在事后告诉试验对象，争取减少负面的心理影响。

大部分人对"自由"的理解是片面的，曾经被剥夺过自由的人更有机会去深刻思考它的价值和内涵。我通过一些生活片断来实行机会教育，打算通过别出心裁的惩罚来刺激小松的身体进行思考。

对于小松，他的人生经验很少，我希望抓住各种时机在一些关键点上制造针刺的机会，令他可以在安全的环境下获得同龄人很难得到的深刻体验。

这种教育手段是性价比极高的方法。在人生长河中，何时开始上这一课，效果上的区别也很大。

人生的每一步关键成长，都是通过对重要议题的经历和思考获得的。

思考的过程就像填装火药，灵感或者正确的刺激就是火苗，而思考获得的结果就像一次小型爆炸，产生的能量推人进步。我们就在经验和思考相结合的化学反应中，节节升高。

小松的生活阅历非常浅薄，这是一个不容忽视的事实，因此只有找准"引爆点"和"引爆时机"的交叉结合位，才会获得事半功倍的高效率，力求帮助他在欠缺生活经历的情况下，依然能够大步前进。

一个生活经验极度贫乏，或者不善思考者，也必然是进步缓慢的人。原地踏步、蹉跎光阴就是他们人生故事中的常见剧情。

其实许多人的生活内容都是低效率的，无效配置，混乱搭配，导致在杂乱无章中浪费了大量珍贵时光。对于这一点，我希望小松及早明白过来。

第十三章

引导阅读

267 用猎奇心"设套"
268 巧避"大部头"持续阅读
272 详细讲解,帮助理解
276 调用电影,促进吸收
279 入门之后靠自修
280 书,是对所有人都公平的知识通道

曾老师

引导小松看书,帮助他爱上读书,这是我从始至终贯彻的工作重点。小松未来的生活中可以没有"曾老师",但不能没有书来相伴。

爱阅读、善于阅读的人才有资格当"读书人"。

如果我的学生以后是个不爱阅读、对书本毫无感情的人,那就是我教育上的失败了。

小松在我身边只有三年,这三年中要做的事情很多,阅读只是其中一部分。所以,重要的不是他在我身边期间读了多少书,而是离开之后,阅读能否成为他长久坚持的好习惯。

为此,我煞费苦心,连续几年进行不懈的引导,光是为了吸引他而进行的讲解,都肯定超过500万字了。

用猎奇心"设套"

我来到这里没几天,就被劝停了看玄幻小说。进入曾老师门下阅读的第一本书是小说《四面墙》。

这本书从文学上来说也算不上什么,可是题材很适合当时的我,让我好奇而饶有兴致地读完了。从阅读次序编排上,曾老师很务实。

曾老师

我当时推荐小松看《四面墙》这类关于监狱题材的小说,主要是借用他当时的兴趣点和好奇心而因势利导的策略。

之前经过旁敲侧击的了解,发现小松对黑社会的题材兴趣很大。也许是他原先所处的交往圈子的影响,也许是少年的好奇心,总之,尊重目前的事实,可以迂回引导但不必直接批判。先尊重他们,才能获得信任,让孩子觉得这个长辈很开明,他们才愿意对等交换。

《四面墙》的内容除了满足小松的猎奇心之外,本身也具有正面的教育意义。在引导小松转变阅读口味的计划上,它适合当第一块敲门砖。

结果他饶有兴趣地一口气看完了,这说明,他能阅读长篇小说,对喜欢的东西有正常的专注力。此后通过交流互动,就可以侦测他对哪些情节感兴趣,从而推测他的兴趣点在哪儿。

巧避"大部头"持续阅读

紧接着的第二本书是《明朝那些事儿》,这是网上红得发紫的热帖。在劝说我看这部小说之前,他做了一些铺垫介绍工作。

曾老师说:"我老婆平时是不怎么看小说的,可是这部《明朝那些事儿》居然能破天荒地让她看个通宵不肯放手,可见它的趣味性有多强。

"在保证足够历史知识养分的基础上,大量增强趣味性,所以这本小说的网上点击率创下了很高的纪录,并成为全国青年人追捧的热门话题。没想到历史小说也能成为时尚热门话题,能把两者结合好的作者不简单。为此,我还写了篇帖子给这部书的宣传添砖加瓦。"

接着他给我看了相关文章。

"我为什么要往柴火堆里扔根稻草呢?就为了一个长久的遗憾。

"你知道吗?多年来,我国的历史书枯燥无味的太多,生动有趣的太少。倒不是因为中国找不到能在嬉笑怒骂中表现深刻题材的好作家，而是文坛氛围太严肃死板了。好多作家好像都是泥菩萨，面无表情，不苟言笑，至少看他们开会是这样，不知道他们吃饭喝酒时是不是也那样。

"他们自己不笑不要紧，可是全国的读者们也被搞得缺乏幽默感了。这不是要不要笑的问题，而是该不该多元发展、能不能生动活泼的问题。

"我们从小被这些死气沉沉的扑克牌脸搞得很惨，有些人故作高深，写作时硬要把简单的东西涂抹得无比复杂玄乎，其实未尝不是心虚的表现。有人玩弄化简为繁的把戏，就像在一摊污水上故意铺上一层浮藻，想令人难以分辨深浅罢了。

"无趣的文字缺乏吸引力，也不利于知识的传播。我觉得大部分历史都可以讲得生动些，只要作者在态度上端正，别装大尾巴狼就行了。

"当然，别人是装大灰狼还是装小白兔我也管不着，你知道我很忙的，一般要发射核弹或者搞星球大战这种事情才会过问我一下。（我们都笑了！）

"现在进入了网络时代，民间的好写手就容易破壳而出了，于是许多文学性与思想性俱佳的作品纷至沓来，供应大家的视听餐桌。这很好，虽然《明朝那些事儿》没有发射核弹重要，但我也要表个态支持一下，不管这种闲事儿我会无聊的。（大家笑！）

"这么诙谐好玩的历史小说出现了，对小松你们这代年轻人是好事。为了对这桩中国文坛的喜事进行剪彩、纪念，我建议小松同学从今天开始就看看这本小说，以实际行动表示对国家大事的关心，如何？"

众人大笑，我也在笑声中接受了建议。

然后曾老师耐心地把小说从网上一段一段复制下来，给我阅读。这本书的确有趣，可读性很强，我就这么一直看下去，一口气看完了。后来把全套书也买了，推荐给表弟看。

读完《明朝那些事儿》之后，接着是二月河的《康熙大帝》《雍正王朝》和《乾隆王朝》这三部长篇小说，啃完后已经过了三个多月。此后我又不知不觉地啃完了二十多本小说。有一天，曾老师故意把它们全部叠起来"亮相",视觉冲击很强烈!我居然一下子读了那么多书,厚厚的高度让我隐隐觉得骄傲!

曾老师还告诉我这些书都是风靡全国的名著,我觉得自己还真够前沿的。

曾老师

当小松看完《四面墙》之后,为了趁热打铁,一气呵成,再为他选择一部趣味性强的小说便成为当务之急了。刚好《明朝那些事儿》正在网络上热得发烫,一来内容的确生动精彩,有足够吸引力;二来利用小松当时还比较喜欢追捧流行话题的心理,两相结合,应该会被他接受。

当时他还没喜欢上阅读,面对大部头的书肯定会心里发慌,所以我开始并不会买书给他,而是让他从电脑上一段一段地看,不见"大部头"也就不会被吓住,持续地看下去在开始阶段非常重要!

在他看书的过程中,我还时常和他探讨里面的内容情节,结合对现实生活发挥性的讲述,增强他对历史的兴趣和理解力。就像现在新上映的电影,在宣传时总要抛出点相关演员的八卦消息来带动观众的关注热情。

同样,我通过讲解互动为小松制造更多看点,他才能用心看下去。我爱人还跟他细细商讨喜欢书中哪个皇帝的问题,她跟小松就好像是"当年明月"的粉丝那样争论不休,营造出平等、分享的气氛。

这一切,都是为了把小松读书的兴趣捂热,为他能坚持阅读而增添一点黏性。只要他坚持阅读,自然就会逐级进阶。一项大目标要先拆解成多个小环节来着手,想要他以后热爱阅读,第一步就是找对切入点进行必要的热身。

等小松看完《明朝那些事儿》之后,他对历史书的兴趣也点燃了。这个过程中由于我花了大量时间进行延伸讲解,使他的理解力在不知不觉中被垫高了。我经常不失时机地表扬他,鼓励他多思考,使小松慢慢觉得自己原来是块能读书的料。万事开头难,这种心理暗示是第一步,只要开好头,后面就简单多了。

接下来是二月河的清朝系列历史小说。小松刚看完明朝历史,从时代脉络上自然延伸到了清朝,并且二月河这三套历史小说的可读性、趣味性本来就很不错。有了《明朝那些事儿》的开导,使他坚持看长篇也不觉得累了,接受二月河这些小说自然水到渠成。

在小松看这三套长篇的过程中，我一样给他介绍"花边新闻"。什么二月河凭借这套书成为作家中的富翁啦！销量如何牛啦！全国读者如何追捧啦！作者如何成为新一代作家的标杆人物啦！反正把听到的消息都用上了。

小青年的特点就是喜欢追踪热点，追踪最畅销的东西。等他看完二月河的系列小说之后，我告诉他，其实你已经读完了中国历史题材中最畅销的作品了，加上明朝那一套，你现在走进任何一家中学，都可以在明朝和清朝的历史知识上和同学们PK而不败了。

把小松看过的书适当"拔高"，为的是传递良好的心理暗示，让他因为无意中闯进了文学殿堂而受宠若惊，然后发觉自己原来已经入门了。这会点燃继续阅读的兴趣！

在小松看完几套长篇小说后，我突然把这些书的全部实物叠放在他面前，每一套都是大部头，摞起来的厚度可想而知。这种动作要自然流畅，似在不经意间，就会给少年带来强烈的视觉冲击和积极的心理暗示。

因为这些书本来块头就大，叠在一起厚厚的。那时对他的表扬不用多，轻微的赞许也就够了，因为摆在眼前的"厚度"就是说服力，无需多言，话多了效果反而不好。家长千万不要逞能、邀功，这会让孩子觉得自己的努力索然无味，搞不好就前功尽弃了。

另外，为什么要在头三个月给他看大量比较轻松的历史小说呢？因为大部分人进入阅读状态都需要有步骤地热身，需要有个调整的过程。一个从未进行过专注而持续阅读的人，他的身体和心理对书籍都会有距离感。

不少沉迷于摸麻将的成年人之所以不再摸书籍，主要是因为心里有个信号：这就是现在的我。正是你熟悉的现实经历谱写了内心的自我意象。因此，成年人即使有阅读的动力，在开始阶段也要适当讲究方法，最好是有步骤地引导自己热身，从易到难，从短时间阅读开始慢慢增长。就像长跑运动，要想持久，就必须注意调息和节奏，瞎跑一通的人一般很快就歇菜了。

人是一种情境动物，大部分情感与认识是通过经历与感官触觉建立的。了解这些特性后，为了帮助自己，必要时可以用身体来调动感官反应。在比赛之前运动员先要进场热身适应也是这种道理，通过调动身体机能，让身体做好爆发的准备。

小松之前对书籍感觉生疏，要改变这一点，就要帮他对阅读建立感情，突兀的理由容易遭遇抵抗。最好的办法是先让兴趣来穿针引线，顺着兴趣点开始阅读，最初的内容轻松些，先让人和书混个脸熟，让阅读时间介入每天的作息流程，让捧书成为不被生理排斥的动作，让内心感到"读书之乐"本是我生活和能力中不可分割的一部分。

开始时，形式比内容重要。预热之后，形式自然也会带领你由浅到深地循序渐进。人的经历和感官体验是最好的"说客"，经由自身感受和时间所建立的经验，胜过万语千言！

详细讲解，帮助理解

看完历史小说之后，告一段落。

有一天中午，曾老师聊天时问我："小松，你们大部分学生都应该想过怎么骗过老师和家长吧？"

"呵呵！那当然，和家长斗智斗勇简直是永恒的主题了。"我笑笑说。

"那你的骗术高明不？"他微笑着探问。

"我不行，老是忍不住要脸红的，我妈很容易看穿我的谎话。"

"呵呵！那你想不想学习一点技巧，增强自己说谎的水平呢？"他开玩笑似的说。

"啊？会有这样的事？"我有点惊讶，不相信曾老师居然会教我说谎技术。

这时他笑眯眯地递过来一本书，我接过一看，名叫《说谎心理学》。这是一本英国人写的书，内容关于如何识破说谎，包括说谎者的技巧、识破谎言的科学依据等。

我当时觉得有些兴奋，没想到撒谎也是正儿八经的知识，这是我感兴趣的，因为它不但可以加强自身的撒谎"修为"，同时也是可以向同龄人炫耀的资本。

有时，我觉得这个曾老师真不像一般的老师，倒像个不正经的灰色人物。邪派人物其实更有魅力，我喜欢他的风格！

没说的，我答应读这本书了。

这本《说谎心理学》相对于之前的历史小说算是很严肃的心理学著作了，但那些是我想了解的知识，带着目的性我耐心读下去。

曾老师让我读慢一点，经常跟我讲解里面的内容，他会举生活中的例子来帮助我理解书中的知识点。

他举的例子比书中的事例更好，因为总能够迁就我、结合我的生活经验来讲解。如果某个例子超出了我的经验范围，让我不能理解，那么他就立刻再举例，直到贴近我的生活。不管我过去的经历如何贫乏，他总能找到我听得懂的例子让我明白书中的原理。

后来曾老师告诉我：大部分看似深奥的道理其实都出身平凡，所以总能从最平凡的生活内容中提炼出相似的事例印证某些规律。琐碎的生活场景一样充满了哲理，金子一直无处不在，只不过常人没有掌握随时发现及提炼出金子的本领而已。

当你掌握了各种规律，并且融会贯通能在生活中随机运用后，将会领悟到武侠小说中描写的"摘花飞叶，皆可伤人"的意境。

就这样，我在曾老师的仔细护航下算是认真地读完了第一本心理学著作，并且获益匪浅！其实那时他已经在给我上心理学课程了，只不过没有列在课程表里，他也没有对我挑明那是课程。表面看只是在辅导我为满足好奇心而阅读一本书，其实是把我引往花丛更深处。

曾老师

当小松读了几个月的历史小说之后，他对阅读的兴趣已经预热起来了。这时他自然想换换口味，不要等他厌倦了之后主动说出来，时候差不多了我就及时更改内容，这样才能更好地保持他的阅读兴趣。

许多青少年都对"如何撒谎"这个题目感兴趣，因为那是他们生活中经常涉及应用的话题，这和"该不该撒谎"的道德主题无关。孩子跟家长、老师玩捉迷藏是很平常的事实，或许为了藏匿一本课外书，或许为了突破严密封锁获得一点点自我的空间，他们偶尔难免要编个谎言来帮助自己达到目的，因此"说谎"正是他们熟悉又刺激的课题。

别忘了，兴趣和疑问是最好的老师。其实告诉他们谎言与识破撒谎的技巧，不就像在学习高级捉迷藏的技巧吗？

所以我决定拿《说谎心理学》这本书作为引导小松接触心理学著作的导购小姐。这位导购小姐虽然长相没有《明朝那些事儿》那么甜美可人，衣着也比较严实，但胜在性感又神秘，一样诱惑！

只要对阅读的题材感兴趣，就能让小松忍受一部分冰冷文字造成的枯燥感。我不断地详细讲解，用活泼生动的语言结合他生活的经验来举例，都是为了缓冲文字的沉闷，让他能保持兴趣，方便吸收养分。

"一朝被蛇咬，十年怕井绳"的经验逻辑一直制约着人类心理。假如我不讲解，任他自己阅读的话，也许枯燥的文字和超出理解范围的深奥感将很快令小松投降。一旦投降，就容易留下厌恶感，不利于日后的深入学习。

因此，引导阅读的首发阵容很重要。第一轮攻击波务必要合理制订计划，循序渐进，由浅入深，并且不厌其烦，力求完整地把组合拳打完。

最高的效率就是一次成型，哪怕在开始时进度缓慢，只要坚持不辍，也比中途放弃了以后再重头来过要好。

通过给小松讲解这本书，帮他克服对学术类专著的畏惧，为以后渐渐走向深入阅读做铺垫。还好，这个目的总算达到了。

接下来曾老师推荐一本《日常行为背后的心理奥秘》，书中根据生活中常见的行为现象进行简单的心理学分析。虽然分析很浅显，可是重点突出，简明扼要，阅读起来比较轻松。

曾老师说："人们的日常行为其实深受各种心理规律的支配。如果你能解读他人行为的成因，也就等于同时给自己上了一门反侦查的训练课程。因为心理规律是一样的，当我们用它来分析别人，自然也明白自身同样也受这些规律的控制。

"有一个小故事：张三和李四都是煤矿的新工人，他俩第一天下去矿井工作。当下班后爬上地面来，张三发现李四的脸黑乎乎的，粘满煤灰，于是张三自己赶紧跑去洗脸了。他为什么看见李四的脸很脏，自己就赶紧跑去洗脸呢？这就是从别人身上推想到自己的镜子原理吧。

"当你学会用心理分析的镜子去透视别人的内心动机，想识破他人的行为奥秘时，同时也要将镜子用以反观自身，从而引发修正机制，逐步完善自己。"

"我点点头，觉得这本书可以帮助我看穿同学们的心理活动，似乎比地理和政治课更实用，有点迫不及待地想看了。

曾老师继续说："一般人总是害怕看专业性很强的学术专著，因为被冰冷的语言、深奥的逻辑唬住了。其实那些书里有许多浓缩精华，如果因为自己的阅读口味而厌恶它们，拒绝了解它们，最后受损的是自己。

"就像我们吃东西，小孩子专拣可口的来吃，会挑食。但是成年人不能完全由口感来控制自己的选择，理性会提醒我们，有些食物口感不好但营养丰富，照样要吃进去——这就是理性的可贵了！

"把阅读看作是主动吸取营养的手段，应当以内容的含金量为优先考量。遇到语言生动的读本固然好，假如此书行文严肃，身边又没有讲解生动的老师，是不是就不碰了呢？

"理性的人不能像小孩儿，等家长追着自己来喂饭，等作家迁就自己的口感来写作，这样不行的。理性的人懂得爱惜自己，主动寻求智慧，渴望进步，因此，作为理性的人就要学会调整自己的感官去适应环境。

"通过努力适应严肃作品的文字风格，尽量不因浅薄的感官支配而放弃营养食物。越能挣脱感官控制的人，自由的空间就越大。

"这本《日常行为背后的心理奥秘》是比较轻松的入门读本，比《说谎心理学》更轻松，你先随意看看，遇到感兴趣的片段随时找我讨论分析。看看你能够找出多少对自己生活有用的东西，从书里带出去使用。"

于是，我开始马不停蹄地阅读这本《日常行为背后的心理奥秘》。

调用电影，促进吸收

曾老师同样是为我耐心讲解这本书，为了剖析一种心理原理和弥补我生活阅历浅薄的困境，他还调用了许多电影片段及纪录片资料来配合我理解心理学。这一招很有用，有声光画电的直观展示，通过具体场景我就比较容易理解那些道理了。当然曾老师在背后花了不少准备资料的工夫。

他讲述心理学，调用的电影资料很多，几乎任何一部电影都可以找出片段来点评角色心理。他说，许多电影内容本身就是真实生活的切片，看电影就是通过别人的故事，获得自己的经验。

有些专门为心理学课题而制作的电影，他从头到尾完整播放，并进行同步的讲解。这种课程最轻松，而且容易吸收。

比如电影《死亡试验》，剧本是根据真实的"斯坦福监狱实验"改编的。同样的一群正常的普通人，在试验中被分成两种角色，一拨人演囚犯，另一拨人当狱卒。本来大家都知道这是虚拟的实验，可是在过程中，人们因为生活中的神态、语言冲突等细节而不由自主地进入非理性状态，很快忘记了本质上自己是身处游戏之中，继而引发了生死争斗。

曾老师说："这个试验揭示了生活中的许多行为真相。比如说我们看见一对父子常年在斗气，发生了许多不可思议的激烈交战，邻居作为旁观者一般都会依据简单的道德框架原则批评他们双方，一边说儿子不懂得尊老孝顺，另一边说父亲不懂得爱幼宽容。

"其实道理说起来很简单，但是当事双方能够就依据尊老爱幼的简单原则解开多年的恩怨吗？是不可能的！因为许多家庭矛盾都是由生活的细节、双方的处境互动慢慢累积出来的，庞杂的琐事引发了许多旁人无法感受到的情绪。

"正是生活中因双方性格互动而酿成的气氛在编织着彼此的关系，在这一层面上已不能依据框架性的道德原则来裁决家庭是非，所以经过历史总结，人们才发出'清官难断家务事'的感慨！

"'角色心理'是种很奇妙的东西，生活中，人们一旦进入某种角色，就同时进入了该角色身份所带来的相应情境和情绪应激模式，而人是一种情境动物，根据怎样的环境条件，自然萌生相应的行为方式。环境、场景每天就这么丝丝入扣地缠绕着我们，难以逃离。真应了我们古诗里说的'梦里不知身是客'呀！

"比如说，有些家庭成员，一起生活时彼此性格摩擦，冷战热战不休，如果分开两地生活，便很快又流泪吟唱'每逢佳节倍思亲'的诗句了。就是因为大家聚在一起生活，自然主要是依据'性格、现实、利害关系'来划定彼此的相处模式，而分开之后，就由血缘和道德观来主导抽象关系了。俗语说：相见易，相处难啊！"

又比如电影《浪潮》，讲述一个德国的高中老师带领学生们做一个实验，旨在说明极权专制下的政府是如何轻易地控制民众思想，形成独裁行为的。让现在的年轻人明白，从民主到极权管制只需三天时间。

曾老师说："所以，十八世纪法国大革命时的罗兰夫人在临上断头台前悲呼：'自由啊！自由！多少罪恶假汝之名而行！'这句话永远在政治和思想史的殿堂上回响！

在曾老师的解说中，我非常认真地看完这部电影。故事让我背脊发凉，因为太真实了，而且是用高中生做的实验。

后来我查找了这个实验原型的资料，对这种俘获群众心理的控制机制感到恐惧，也对脆弱的人性感到悲哀！结合历史线索来看，在大时代的背景中群众数量虽然庞大，但也不过是政客们豪宴画面背后那些色彩斑斓的背景而已——纵使山花烂漫、姹紫嫣红，亦难敌弄潮者的翻云覆雨手！

曾老师让我把这部电影结合《乌合之众——大众心理研究》和《群众与权力》一起来研读，会相得益彰。他笑着说，这些知识在和平时期有助于识破政治把戏或帮助自己从政，在动乱年代里，可以减少自己和家人被纷乱的马蹄踩死的几率。

再比如电影《迷雾》，讲述美国某小镇突然被一片神秘浓雾包围，浓雾中有些怪兽要吃人，有数十人被困在超级市场中抱团自救，在里面发生了许多人与人的精彩斗争。

曾老师让我注意故事里那位神婆，看她是如何利用危机的升级而一步步获得领袖权力的。人们处在巨大的危机中感觉无助，即使平常自以为理性的人，在恐惧面前也会臣服在超自然的力量下，哪怕所谓的超自然现象只是自己心中的幻象。对未知领域的恐惧、渴求解释与庇护，这就是人类历史上宗教的起源之一。

在神婆面前，理性的力量显得渺小。注意那个壮汉，开始跟随男主角寻求自救，但在危机升级之后就转而投靠了神婆，他表情坚定仿如忠贞不渝的护法使者。这种转变的心理动因耐人寻味。

《乌合之众——大众心理研究》中指出过一点：一个群体中的小头领往往也具有直觉般的心理知识，他们似乎天生就了解一些群众心理。

电影中的这个神婆并不见得是故意在利用人们的心理变化，她自身的行为表现和群众的心理变化是在形势的发展下自然契合的，双方的发展变化都符合人性的心理逻辑，自然而然丝丝入扣地配合互动起来。

如果神婆最终不被当机立断地打死，毫无疑问，群众将被恐惧的压力带入歇斯底里的疯狂之中，男主角那个阵营一定会被宗教情感消灭了肉体。在当时的局面下，双方已演变成你死我活的对立状态。

曾老师跟随着故事的发展来详细分析电影里每个重要角色在现场的心理活动，解释每个角色的想法为何会随着局势的发展而变化，他巨细无遗地完全用心理学理论剖析每个行动和表情的理由。

这节课让我非常震撼，感觉心理学太可怕了！它能洞察、解释许多人类行为，能预见行为转变的方向。电影里被曾老师分析的人物有十几名，每个脸谱都有其最终走向的内在必然性，要么是他的性格类型，要么是其社会阶层，要么是其知识结构等。

曾老师提醒我：各种心理规律一直存在并且支配着我们的行为，认识这种规律，破解行为背后的奥秘比化学家在显微镜下分析矿石的组合成分更有趣。因为识破人的行为奥秘，在一定程度上你可以成为生活中的"先知"。

入门之后靠自修

通过《日常行为背后的心理奥秘》这本书的引导，整个阅读过程再加上几部电影的讲解，其实我已经获得了十倍于此书的知识量。可以说是我第一次深入心理学的仓库，一个懵懂少年立刻被货架上五光十色、琳琅满目的各种规律所深深吸引了。

曾老师说："如果把你之前看的明朝和清朝历史小说比作精致饰品店，那么心理学著作就是出售武器的军火贸易市场了。那里陈列的不是装饰品，而是既能自保，也可以伤人的武器。"

回想起来，《日常行为背后的心理奥秘》和《说谎心理学》这两本书的开讲，拉开了我知识飞跃的帷幕。知识的大门和好奇心同时被打开之后，接着就不再是"要不要"的问题，而是"想要拿多少"的问题了。

根据这两本书和系列电影所组成的课程，给我极其强烈的感触。里面的道理令人久久不忘，它们太鲜活了！乃至一段时间里，我总觉得自己在街上看别人都觉得怪怪的，好像是小朋友在放学路上意外捡到了神奇科学怪人留下的一副X光奇妙眼镜，戴上眼镜之后，看别人的行为都像被各种规律牵扯着的木偶人。人的行为外衣一旦被X光穿透，那么就剩下各种规律和本质在行走，看上去就像一副副人体骨架在街上忙忙碌碌地转啊转！

后来，《动物庄园》《生命不能承受之轻》《1984》《血酬定律》《潜规则》《自由之路》《沉思录》《趣味逻辑》《苏菲的世界》和《乱世佳人》等，那么多不同类型的书籍从此依次对我展开。

阅读慢慢地成为我的生活习惯。从知识方面获得了超越同龄人的快感之后，我更喜欢看这类严肃作品了，社会学、政治学、哲学等都有所涉猎，这个过程一直坚持到现在。

曾老师经常对我说，阅读是一辈子的事情，但是在人生早年就要开个好头。现在已经有了一个好的开始，能否长久地在阅读之路上走下去，就要看自己如何把持了。

书，是对所有人都公平的知识通道

有一天傍晚，我和曾老师到海边散步，他又跟我谈起了读书的话题：

"小松，其实每个人都生活在笼子里。我们的生活环境、视野范围、思维能力、社交关系都是无形的樊篱，人，永远是活在巨大的局限中。

"人要先懂得这些囚困自身的局限性，然后才能发现哪些是自己的围墙，明白了身体和意识如何受到囚禁，然后才能寻找自由的出口。

"人的自由首先受制于身躯，躯体受控于诸多生理感受和规律。饥饿、性欲、舒适、权力等欲望都在支配着我们的思想和行为，令我们在不断满足基本欲望的同时也遭受它们的囚禁——因此我明白了笼子无处不在。

"幸亏比较早发现了笼子，于是空闲时我的大脑就在琢磨笼子有多大？怎样才能突破囚笼呢？

"追究一个问题，往往会衍生更多问题。解决问题的过程，也是拓展自由疆域的过程。

"囚笼是无形的，围墙也是无形的。找啊找！我又摸到了好几面围墙，是什么呢？

"一、自我意识醒觉的时间点，是一面墙；

"二、父母的条件，是一面墙；

"三、学校的教学内容，是一面墙；

"四、老师的水平，是一面墙。

"首先，看"自我意识醒觉的时间点"是什么。

"我发现生命是属于自己的，人生只有一次！

"每个人都是独立的，不管父母或者其他宣称深爱"我"的人如何将"我"紧紧拥抱，"他人"永远无法替代"我"的灵魂与感受。心灵注定只能孑然孤立地面对世界。

"人生的故事是由自己的脚印写就的，与他人无关。因此，世界上只有自己爱自己，只有"我"能够真正为自己负责，喜怒哀乐也只能独自承受。

"父母的爱是'他人'的爱，'他人'与'自我'有着本质上的距离，'他爱'和'自爱'截然不同。父母无法为我负责，假如弄砸了我的成长，他们除了遗憾还是只有遗憾而已！就像我们对别人的不幸也只能在口头上'表示深切的慰问和同情'！再精彩的空谈也无法代替'我'的感受和遭遇。

"我说的'自我意识'指的是：一个人感知并且经过严肃地思考之后，发现'自己'是与'他人'彻底区隔开来的独立生命，并且斩钉截铁地明白只有'我'能为'我的生命'真正负责。

"这种认识随着年龄和阅历的增长或早或迟出现。

"从励志的角度看，'朝闻道夕死可矣'，来了就好，不管早晚，挺浪漫的！但是从'自我命运'的务实角度看，感悟'自我意识'的时间点非常重要。差之毫厘，失之千里！

"因为每个幼小的生命都是一堆宝贵的原料，走向成年的过程就是从原料变成产品的过程，这基本上是不可逆转的，而且具有强烈的时效性。人就像一瓶打开瓶盖的胶水，黏性随着时间的流逝不断降低，状态不断固化。25岁之后，黏性和可塑性便所剩无几了。

"试想：如果我是那瓶打开盖的胶水，当黏性还很强时，'胶水'自己会思考，顿然明白到自己处于急速固化的过程之中，'我希望自己的未来成为哪种形状？'当他生出与胶水凝固特性抢夺时间、设计自己未来模型的念头时，那么情况会怎样呢？

"当年华逝去，蓦然回首，才发现自己'曾经'是一堆原料，可现在已经基本上固化了，又情何以堪？

"你能够说这两个不同的醒觉时间点对人生的意义是相等的吗？

"所以，醒悟的时间点出现在14岁之前最好，出现在24岁之后太迟，出现在30岁之后大多只剩下唏嘘和'关爱下一代'的谈资了。

"因此醒悟的时间点很重要，对自我的生命发展而言，时间点就是一面围墙。"

"接下来看，'父母的条件'是什么。

"我降生在什么家庭是无法选择的，遇上怎样的父母也只能接受。

"'父母'这个词有多种属性，但从生物学上解释，就是一雄一雌两个性成熟的生物，结合之后将新生命带到了这个世界，这两人就被称为'父、母'，并且永远拥有这个身份。

"所以进入'父母'这一行，其实门槛很低，和知识多寡、性情好坏、智力高低全无关系，只要性功能成熟了就可以。不管是博士、官员、杀人犯、智障者或是最卑微的人，只要有生育能力，三教九流，芸芸众生，皆可以当'父母'。'父母俱乐部'是真正的免票入场，来者不拒。

"假如我醒觉得早，想设计自我未来，志向高远，但是父母的教育观念、性格、文化层次和'我的目标'不匹配，怎么办？

"经过一番理性思考，充分论证之后，如果还是证明了自己的想法是比较正确的，那么请勿责怪他们。'父母'只是一些平凡人，他们也处于自己的人生局限当中，所以也应该允许他们犯下平常人会犯的错误。

"他们也许不能理解我的想法，可能无力对我提供更有用的信息指导和帮助，但人非圣贤，孰能无过呢？

"眼睛是'我'了解世界的窗子，'我'的灵魂躲在窗子背后。父母无法代替我吃饭，无法代替我感受，无法代替我活着，所以我要去的地方，不总是和父母的愿望相一致的。

"假如父母在我的性格形成上，在知识的指导上带我走了弯路，父母会为我负责吗？也不会，因为在'既成事实'面前谈'负责'简直是个笑话!

"我和父母本质上是彼此独立的人,我是他们的'别人',他们也是我的'别人'。把'我'和'父母'的关系放在'这一生'的大视野下看,他们只不过是'我'早期阶段的重要人物。

"在人生的赌局前,'我'赔上青春和命运,别人最多赔给你眼泪罢了。

"哲学家萨特说过:我不是任何人的儿子,我是我自己的原因。

"所以,'父母'也可能是一面墙。如何逾越这道障碍呢?这是醒觉之后要考虑的问题。"

"再来看'学校的教学内容'是什么呢?

"每个学生都是一块原材料,家长是原料的监护人。监护人花钱把原料送到工厂,拜托加工厂把原料加工成产品。

"但原料自己和家长其实都没有发言权。原料把自己的青春时光奉上,家长把银两奉上,任由工厂怎么弄都行,工厂里的生产程序是千篇一律的。

"'原料'该思考自己的命运吗?'原料'该有自己的想法吗?'原材料自己的人生目标'和'政府的设计'是一样的吗?假如'原料'自己志向远大,而某些通往目标的必需科目工厂又不教我,怎么办?

"比如中学时应该开始的逻辑思维训练、公民意识培养等,'工厂'不但不教这些科目,他们还挤满我的时间,不给我留下自习的空间,令我无暇阅读实现自主目标的书籍,怎么办?'工厂'这样做是善意的还是恶意的呢?

"'原料'被切割成型之后就损失了'可能性',宝贵的人生早期是无法追回的,如果被别人操弄成为一堆四不像的块状疙瘩,除了原料为自己来之不易的生命悲惜之外,还有谁会为我这一辈子伤心呢?凭什么我要完全信任'工厂',将身心和前程完全交由他们把弄?

"以前工厂加工了产品还负责推销,不管好坏,还给成品分配个工作。现在是只管加工,不管销售。钱也赚了,原材料变为了成品,送出厂门就不管了。他们不担心没业务,其他家长照样源源不断送原料进去求他们加工。

"谁会最关心原材料的未来呢？不是家长也不是学校，而是'自己'。原料自己才是加工好坏的终端用户，但当事人却无权干预一切，按照合同法的精神，这种交易关系显失公平！

"可是不公平又如何？独此一道，别无选择！

"这一系列问题都是在心里胡思乱想中找到头绪的。我得出的结论是：对学校不应寄望过高，学校也可能是制约个体发展的围墙。"

"最后来看看'老师的水平'。

"一如既往，通过胡思乱想，我发现'老师'只是一种职业名称，它和'司机'或'厨师'一样，是某种职业人群的统称。

"既然是一种职业，'司机'里面有技术好的也有技术差的，水平有高也有低。并且无论哪个社会，哪个职业，行业中的优秀精英都属于稀缺资源。

"所以，就算你所在的学校有两位优秀老师（这里说的优秀老师是真正在教育水平和职业道德上堪称优秀者），他们未必会碰巧担任你这个年级和你所在这个班的老师。就算他们在你这个班授课，在众多学生里，也未必能对你特别重视，因为每个人的精力真的非常有限！

"年轻人常常容易以自我为中心来看待自己与世界的关系，似乎一切最好的资源都理应围着自己转，这是误区，类似于白日梦！你没有客观的视角，就难以建立清醒的认识。

"其实'我'只是《我的一生》这出肥皂剧里的主角，离开自己这出戏，对于别人、对于整个社会，'我'仅仅是空气中的一粒微尘罢了。在别人眼中，渺小的'我'不值一哂！

"其实'名师'永远是可遇而不可求的。得之，我幸；不得，我命！如是而已。

"此生无缘得遇良师本也平常。不管在什么时代里，一个学生想要碰上很有爱心、很敬业、很高水准、又肯对你特别重视的老师都是一件低概率的事情。既然我们明白不能靠买彩票中大奖来养家糊口，所以也不要将自己一生的成败高度寄望于是否碰上名师。对自己无法控制的因素，不必枉费心机，徒然等待。

"所以我发现在自己的成长道路上，'老师'还是一堵墙。"

"这许多面墙合围起来，将我们囚禁其中，制约着人生发展的种种'可能性'，尽管它们无影无形，但又真实存在着，就像宇宙中的黑洞，影响巨大。

"当时还处于原料阶段的'我'，发现这些无形的围墙该怎么办呢？

"如果你甘愿跟随环境条件而随波逐流，那么就安心坐着小船，别操心，别睡不着，并且发誓以后也别抱怨家长、老师和学校。

"如果你小时候不安分，萌生远大志向，并且也意识到围墙已经成为一种现实制约，自己就可以动脑筋寻找合理的办法，努力突破局限！

"跟随主流有时显得平庸，但是走非主流的道路一定要付出代价！

"少年的我还发现，'教育'这个词的意思不是'你别动，只能等我来弄你'。'教育'和'制造'一样，是个动词，并没有指定操刀者。我自己可以'弄'自己，就像为自己选择衣服款式，为自己修剪指甲那样，完全可以对自己的前途采取主动措施。

"出生在什么家庭我管不着；遇上怎样的父母我管不着；工厂的施工图纸我管不着；在学校能够遇到什么老师我也管不着——唯一可自控的只有自己的大脑和双脚！

"很显然，自我教育，自行选择未来应该成为一种重要选项。是否走这条路另说，但头脑里至少要清醒地知道有这条路径的存在。

"其实，实现人生目标＝寻找路径＋坚定不移的行动力。

"通过阅读、思考和修正，结合坚毅的步伐，是突破障碍接近目标的最佳方式。只要步伐足够坚定，老师、学费、名校、功课、家长、朋友、经历等等都不过是一些成长手段，不要被这些环节绊倒、困死——须知囚笼里依然有不可褫夺的自由！

"各种无形的囚笼一直制约着我们的成长自由,可怕的不是高墙本身,而是我们没能尽早察觉它的存在。当你真正明白到环境的局限性,意识到无形的高墙无处不在时,那么距离真正的自由已经不远了。

"突破的出口到底在哪儿呢?就是——自由的阅读,通过各种书籍拥抱知识的海洋!

"如果你是个不甘平庸、志向高远的人,能想清楚父母和学校都未必能给你输送充足的发育养分,那么突破局限、成本最低廉的办法就是自由阅读。

"所有希望超越现实环境制约的青少年,一旦将目光投向书籍,就会发现其背后那片辽阔纵深的海洋。阅读正是一个相对公平和自由的出海口!

"就像电影《楚门的世界》那样,那个'全世界都知道,就是你自己不知道'的楚门被困居在海岛上,陆路和天空都被封锁了,冲不出去。可是,一旦他的自由意志苏醒了,没有推不倒的墙。最后他发现辽阔的海洋竟是唯一的出口。

"楚门发现,原来自己童年时就产生对海洋的恐惧感都是导演故意种植的,目的是为了防止囚徒经海洋出走。如果你现在厌恶阅读,不善于阅读,那就像'楚门'被故意植入对乘船出海的恐惧感那样,失去了生命中最重要的成长通道。

"既然对某事的恐惧都能被故意植入,依此类推,那么许多所谓的'心理阴影'或者某某情结也许都不过是些假象而已。

"电影中,'楚门'鼓起勇气挑战种种假象,向命运的控制者宣告自由意志的力量,最终他克服了别人植入的恐惧感,顽强地冲破围墙!

"这部电影和现实世界有诸多相似之处。以前的学生有时间,但出版物的数量少,人们难以得到好书,难以从阅读中获得重要知识。

"现在出版物的品种多了范围大了,书籍市场表面繁荣,但大量功课和应试挤占了学生们的时间,学生们自由阅读的空间小了。

"目前想要通过自由阅读去突破围堵,对一般学生而言代价仍然很大!

"不管代价如何,毕竟还有路可走。书籍也是一条吸管,通过它,到知识的海洋中汲取,获得源源不绝的能量。况且获得智慧并不需要吞下整个海洋,能够捕捉一些关键的闪光点,就足以照耀自己的航程了。

"我就是这样突破围墙的限制,使自己成长起来的。在整个学生阶段,都没有遇到过能带领我走出黑暗的老师,幸好自己早想通了,抛弃幻想,动手动脚,让古今中外的名家透过书籍来给我进行跨时空的远程授课。

"感谢尼采、罗素、康德、叔本华、萨特、维特根斯坦、南怀瑾、金庸等人,他们都是我的老师,给了我许多知识和灵感,带给我坚定的信念和智慧的火光。

"所以,尽早培养阅读的兴趣,对成长极其重要。如果能在人生早期就想明白'阅读'是突破自身环境局限的重要手段,那意味着你已经思考了很多,克服了很多。真正明白了之后,人就不必再纠缠于眼前的束缚。

"动手造船吧,争取早日出海!

"小松,今晚和你谈这一番话,请记住一个重点:书不是普通商品,而是对所有人都基本公平的一条知识通道。对于被局限在困顿中的人而言,它是一架帮你翻墙的长梯;对于身处狭隘谷底的人而言,它是带你飞出困境的翅膀;它是跨越财富等级、跨越名校差距、跨越社会阶层的最公平的工具!"

曾老师

通过学习获得超越别人的优越感,是莘莘学子普遍的学习动力之一,这就像大自然的力量,家长要善于引导。就像人类利用河水与风能那样,能量是一直在的,关键看你如何将自然能量转化为前进动力了。

在校学生的多数学习活动,本质上都是为了日后能在社会上出人头地,在社会竞争中获得优势地位。

如果目的是到达彼处,方法何妨多姿多彩呢?学子们本来可以在绿荫大道上欢歌笑语地前行,却偏偏被种种不当的设计搞成了持续十多年穿越沙漠的生存苦旅。

何必呢？

青少年时期本来就对"我与社会"、"我与他人"的关系感到好奇，这是探索及形成人生观和世界观的重要阶段。心理学知识可以指导生活应用，只要是贴近生活的实用知识，都能轻易引起学生的学习兴趣与精神共鸣。同时心理学具有启发反省的功效，我对小松所做的，无非是突破常规次序，灵活供应他所渴求的知识而已。

知识本身具有自动延伸和引发疑问的能力，只需将一些关键的知识点适时交到他们的手上，剩下的唯有静观其体内将要发生的裂变反应，如同往化学实验室里的试管中滴入试剂，将注定会产生新变化。

当一个少年提出疑问并渴望寻找答案，说明他体内的某些知识点正在发生裂变增长，这是一种积极发展的信号。对此有心理准备的家长应该充分提供思考、解惑的养分，而不是蛮横地以面对考试为理由将孩子拉回到枯燥的课业书本面前。

要知道，缺乏兴趣和能动性的学习任务，也是一种负面感受。虽然通往知识殿堂的路途并不总是鸟语花香，往往需要直面困难的毅力，老师应当尽量对学生提供松紧有度、结合务实与效率的学习指导——能轻松的尽量别紧绷，能自律的就别动用他律。

我通过电影故事作为视觉题材，或结合某本书来发挥，就像制造一棵圣诞树，先找到一棵树干做支撑架，然后往枝丫上挂满彩灯与贺卡，一番打扮之后，气氛浓厚的圣诞树就有了。在带领学生装点圣诞树的过程中，他们获得了直观的知识，把抽象的东西具体化了，以方便理解和吸收。

可是万事开头难，如果前面开了好头，后面就轻松多了。

我希望引导小松喜欢上心理学，继而关注社会学和哲学知识。

哲学、社会学、政治学对青少年未来的人生发展太重要了，可以说是脑内的知识结构决定了你未来的职业选项和人生规划。许多人都知道它们是好东西，但它们在书架上面目严肃，常常令人望而生畏，不敢去碰！其实并不是因为它有多难，而是人们还没开始便先畏惧了那些深奥枯燥的外衣。

学术著作的文字结构、行文习惯就是一些外衣。在开始阶段，小松需要一点引导和帮助，如果不赶紧帮助小松克服对这些外衣的恐惧心理，越过这道心理门槛，他就难以顺利走进浓缩的知识宝库。

在现实中，学校要考试的"那些哲学"编得太无趣，学校不考试的"其他哲学"书又没人逼着你读，结果就成了今天看到的现象：你知道好东西在那里，但始终不去碰，所以某些知识永远与你无缘！

识破此类规律与表象之后，我觉得未免太遗憾了！许多人就因为畏惧那些枯燥的外衣而与好东西失之交臂。我想，缔结孩子伸手触碰它们的机缘，也许需要一点外力的帮助。

于是，为了帮助小松适应心理学和哲学的语言文字风格，我采取循序渐进、灵活多变的办法，把好东西慢慢带到他眼前，让他建立起初步的好印象。一旦接受之后，适应了那些风格，过了那道坎儿，推开了门，自己便会不知不觉地深入进去。

正如穆勒说过的：当你领略过高级的快乐，就再也不愿意回去低级的状态了！

通过两年的努力，我已经帮助小松建立起通过自发阅读来引导自己成长的通道，接下去就是深化他的知识结构，让知识点逐渐开枝散叶，使知识的深度和广度也逐渐延伸开去。

小编阿文的话

多年前,当我第一次读到这个故事的感觉,毫不夸张地说,如同在我的内心世界投放了一枚原子弹。当时它还是天涯的点击量过60万的热帖,故事里的曾老师被誉为"命运规划师",他改变了小松的命运,十五岁的问题少年在曾老师的教导下,历时三年许,成长为卓尔不凡、胸怀大志、有行动力的青年。这个故事,给了我莫大的激励。

我也不满意自己平庸的人生,但我该往何处用力?!迷茫、寻找、放弃、痛苦、再寻找、努力或是放弃,这样的循环在人生的各个阶段都曾上演过。少年时一次一次的立志,都没有能够真正实现。如何克服人性的缺陷?如何改变已有的思维模式和行为惯性?已然落后的状态下奋起直追还有可能吗?……太多太多的疑问,太多太多的惶恐,直到我遇到这个故事,才有了答案。曾老师在这里把他数十年宝贵的智慧毫无保留地讲述出来。读到的时候,喜极而泣、遇见恨晚!

在这本书的指引下,我看到个人成长的蓝图,发现要建筑人生大厦所需的能力砖块和堆砌技巧,体会到自由意志的宝贵。一步一步走来,这些尝试让我觉得生活充满希望和激情。不仅仅如此,对孩子的教育也有了方向,不再盯着衣食住行,而是着眼于更宏观的层面——培养他的能力,保护他的好奇心,滋养他的理想,引导他对自我的思考和对社会正义的关怀。

我把这个故事里涉及的资料列出来,希望给幸运买到这本书的你一点方便。也愿你如我一般珍爱此书,并从中觅得宝藏。

电影

1. 《阿甘正传》
2. 《霸王别姬》
3. 《楚门的世界》
4. 《大话西游》
5. 《钢琴别恋》
6. 《钢琴师》

7. 《故园风雨后》
8. 《海上钢琴师》
9. 《黑客帝国》
10. 《黑鹰72小时》
11. 《蝴蝶效应》
12. 《活着》
13. 《甲方乙方》
14. 《卡萨布兰卡》
15. 《浪潮》
16. 《卢旺达大饭店》
17. 《乱世佳人》
18. 《迷雾》
19. 《命运规划局》
20. 《人工智能》
21. 《闪亮的风采》
22. 《死亡试验》
23. 《肖申克的救赎》
24. 《心理游戏》
25. 《勇敢的心》
26. 《最终剪辑》

视频资料

1. 哈佛视频教程《公平与正义》
2. 德国"死亡博士"哈根斯的医学解剖视频
3. 《锵锵三人行》节目

书

1. 《1984》乔治·奥威尔
2. 《冰鉴》曾国藩
3. 《曾国藩》唐浩明
4. 《沉默的大多数》王小波
5. 《沉思录》马可·奥勒留
6. 《存在与自由》让松
7. 《道德经》老子
8. 《东方文化集成》季羡林
9. 《动机与人格》马斯洛
10. 《动物庄园》乔治·奥威尔
11. 《孤独六讲》蒋勋
12. 《金刚经》鸠摩罗什（译）
13. 《康熙大帝》《雍正皇帝》《乾隆皇帝》二月河
14. 《老子他说》南怀瑾
15. 《乱世佳人》玛格丽特·米切尔
16. 《明朝那些事儿》当年明月
17. 《潜规则》吴思
18. 《清代学术概论》梁启超
19. 《趣味逻辑》彭漪涟, 余式厚
20. 《全球通史》斯塔夫里阿诺斯
21. 《群众与权力》埃利亚斯·卡内提
22. 《生命不能承受之轻》米兰·昆德拉

23. 《说谎心理学》维吉
24. 《苏菲的世界》乔斯坦·贾德
25. 《通往奴役之路》弗里德利希·冯·哈耶克
26. 《瓦尔登湖》亨利·大卫·梭罗
27. 《万历十五年》黄仁宇
28. 《维特根斯坦传记》
29. 《文化交流的轨迹：中华蔗糖史》季羡林
30. 《乌合之众——大众心理研究》古斯塔夫·勒庞
31. 《笑傲江湖》金庸
32. 《血酬定律》吴思
33. 《长短经》赵蕤
34. 《自由之路》罗素

音乐

1. 张清芳的《出塞曲》
2. 罗大佑
3. 张国荣
4. 王杰
5. 林忆莲
6. 阿炳的《二泉映月》
7. 《梁祝协奏曲》
8. 披头士的 Let It Be
9. 艾顿·约翰的 Candle in the Wind
10. 芭芭拉·史翠珊的 Memory
11. 唐妮·布莱斯顿的 Un-Break My Heart
12. 邓丽君的《我只在乎你》
13. 李宗盛的《当爱已成往事》
14. 贝多芬的《命运交响曲》
15. 禹黎朔的《我歌我泣》

诗歌散文

1. 《雨巷》戴望舒
2. 《人群》波德莱尔
3. 《辛弃疾诗词》辛弃疾

名人

罗素	陈寅恪	丘吉尔	康德
摩尔	老舍	施密特	叔本华
维特根斯坦	艾宾浩斯	赖斯	萨特
王国维	毛泽东	尼采	北岛

曾赞军老师介绍

- **2012年** — 出版《人生转轨处》。
- **2012-2017年** — 博思园开始做高端家庭教育咨询诊断。
- **2017年** — 创办"博思园网校",通过线上课程,把多年来精心研究的一套对所有家庭都有效的家庭教育独特配方提供给会员,成功帮助了许多家庭。经过七年,该课程方案的良好效果已经获得了时间的验证。目前精英家教系统继续开办,还在帮助更多家庭。
- **2017年** — 制作《教育闲谈》系列视频节目,谈自己的教育方法和心得,目前已经制作了110集。
- **2018年** — 受邀北京电视台制作了一期《书香北京》。
- **2019年** — 受邀到中央电视台,接受著名主持人朱迅的《追梦人》栏目专访。
- **2020-2021年** — 开办帮助家长成长的《睿智家长课堂》,用两年时间,制作了许多传授经验的视频节目。
- **2020年** — 与《正面管教》的翻译者、著名美籍华人翻译家玉冰老师夫妇一起制作了182集视频节目《详解正面管教》,对这本影响力很大的教育名著进行了详细解析,帮助读者更好地理解和吸收。
- **2021年** — 制作141集《详解教育漫话》视频,对英国哲学家约翰洛克的教育思想做详细分拆和点评。
- **2012-2023年** — 每年举办夏令营,亲自带领孩子们游历祖国大好河山。
- **2019-2024年** — 为助力所倡导的精英家庭教育理念,为会员孩子们制作了一千集综合节目,致力于培养孩子们"国事家事天下事事事关心"的情怀,成为视野开阔的新时代少年。

《人生转轨处》读书会邀您同行

尊敬的读者,您好!

《人生转轨处》这本书自2011年问世以来,一直深受家长们的喜爱。当年它成书之前在天涯网上就是爆火的热帖,有近百万的点击量。后经无数网站的转载和出版上市后,累计读者超百万之众。

许多读者反映,此书故事引人入胜,回味无穷,教育深刻,尤其吸引高知人群。因书中有众多引人深思的金句,让不少读者将它作为枕边书,常翻常新。它在豆瓣上一直被大家不停地分享和讨论,甚至在互联网上留下众多精彩的读后感,足见其魅力经得起时间考验。

从2011年到2024年,《人生转轨处》上市十多年来,一直被家长们热议、推荐和学习,除了内容精彩之外,更主要的原因是读者被书中所展现的曾老师的教育手法和理念所震撼和吸引,大家甚至在热烈地讨论故事是真实的吗?那些看似神奇的教育手法是现实可行的吗?会不会像是武侠小说那样的成年人的神话呢?为此,十多年来不少家长费尽心思挖掘答案。不管是出于好奇,还是家长们心里向往着,想要获得书中那些神奇精妙的教育方法来帮助自己的孩子成长或转轨,读者们努力找寻,想与书中的曾老师联系,愿力汇聚下,于是有了这个《人生转轨处》读书会!

诚挚邀请

我们在内心深处拥有共通的故事和共鸣,诚邀您加入《人生转轨处》读书会。这不仅是一个能分享您独到见解的社区,更是在广阔世界中,寻找到那些能与您教育理念同频共振的伙伴,共同搭建高质量学习生态圈层的窗口。

每个人的生命故事都是一段特殊的动人旋律,等待着被聆听与共鸣。此书因为故事生动有趣,家长和孩子都会被吸引,因为教育手法精妙且深刻,每次阅读都能读出不同的新意。如果您在阅读《人生转轨处》之后也有强烈的共鸣,或者您渴望与志趣相投的人深入探讨心中理想的教育,又或者您希望了解曾赞军老师还有多少更精妙、同时具实用性和可操作性的教育妙方,那么读书会诚挚邀请您的加入!

在读书会里，您会遇到许多高质量的书友，能看到这十多年来无数在曾老师教育方案下受益家庭的心得反馈，为什么大家都说，千里迢迢寻寻觅觅后，才发现这里是"宝矿最多的最后一站"。我想，这些宝贵经验是不幸走了弯路后的泣血心声，价值千金。

我们会共同讨论和研究曾老师的教育方案，探讨其教育方法的精髓，并且会无偿提供曾老师的一些家庭教育秘方，帮您和孩子受益。这里是一个充满惊喜的富矿，也是一个共享和成长的社群平台。相信在《人生转轨处》读书会里滋养的家长，定能扫除对未来的迷茫，寻求到教育的真经满载而归。

· 加入读书会的方法 ·

1. 微信添加"曾赞军"公众号，在"关于我们"栏目点击参加读书会。
2. 微信添加"博思园频道"公众号，点击右下角"加入会员"参加读书会。
3. 发送电子邮件，邮件中请写明来意，并且留下您的电话号码，我们将会有专人电话邀请您免费加入读书会。电子邮箱：0755abc@sina.com

《人生转轨处》读书会

理事：马代祯　邹耘　黎冰芳